青海省科学技术学术著作出版基金资助出版

国家盐湖创新指数
2024

Evaluation of National Salt Lake
Innovation Index 2024

葛飞　李雷明　主编

化学工业出版社

·北京·

内容简介

本书基于盐湖科技成果等权威数据，从知识创新、技术创新、协作创新3个方面构建指标体系，定量测算 2000～2023 年我国盐湖创新指数以及相关机构的盐湖创新指数。本书客观评价了我国国家及盐湖相关机构的创新能力，切实反映了我国盐湖创新质量和效率。同时，总结了我国主要盐湖相关机构的不同研究重点，为盐湖领域的发展提供信息支撑。

本书构建的国家盐湖创新指数，旨在通过科学、客观、全面的评价体系，评估我国盐湖资源开发利用的现状和潜力，揭示盐湖产业创新发展的内在规律和趋势，为相关决策提供科学依据，促进国内盐湖产业的交流与合作。本书可为盐湖领域相关科研人员以及盐湖资源提取的相关企业人员，提供有益参考。

图书在版编目（CIP）数据

国家盐湖创新指数 . 2024 / 葛飞，李雷明主编 . --北京 : 化学工业出版社，2024. 11. -- ISBN 978-7-122-46988-5

Ⅰ . F426.7

中国国家版本馆CIP数据核字第20241KL231号

责任编辑：林　洁　傅聪智
责任校对：田睿涵
装帧设计：王晓宇

出版发行：化学工业出版社
　　　　　（北京市东城区青年湖南街 13 号　邮政编码 100011）
印　　装：北京建宏印刷有限公司
787mm×1092mm　1/16　印张 12　字数 206 千字
2024 年 11 月北京第 1 版第 1 次印刷

购书咨询：010-64518888　　　　　　　　售后服务：010-64518899
网　　址：http://www.cip.com.cn
凡购买本书，如有缺损质量问题，本社销售中心负责调换。

定　　价：168.00元　　　　　　　　　　版权所有　违者必究

《国家盐湖创新指数2024》编委会

主　　编：葛　飞　李雷明

副 主 编：王金平　赵治宇　姜莹莹　李宝兰

编　　委：葛　飞　李雷明　王金平　赵治宇　姜莹莹　李宝兰
　　　　　梁　丹　任　静　侯殿保　陈松丛　刘　佳　侯　靖
　　　　　卞之舸　胡从延　李　娜　刘普斌　周　馨　王　辉
　　　　　魏艳红　高兴旺　苏一帆　杨　泮　王月恒　崔恒林
　　　　　王兴艳　郑卫新　李　岩　吕向颖　王勤花　安　朝
　　　　　孙平婷　李咨莹　马　茹　孔祥宇　逯启昌

前言 PREFACE

为加快盐湖产业发展，青海省人民政府与工业和信息化部2022年联合印发了《青海建设世界级盐湖产业基地行动方案（2021～2035年）》，方案明确提出：到2035年盐湖产业产值达到1200亿元、世界级盐湖产业基地基本建成的目标；同时要加强技术研发和创新能力建设，推动盐湖资源综合利用技术不断突破，提升产业核心竞争力。

为了响应国家盐湖创新战略、服务国家创新体系建设，中国科学院青海盐湖研究所相关人员自2024年着手开展盐湖创新指数试评估的研究工作。初步尝试构建国家和机构盐湖创新指数，旨在通过科学、客观、全面的评价体系，评估我国盐湖研究现状和潜力，促进国内盐湖产业的交流与合作。该项工作启动之时，限于人员和精力，评估体系数据来源限定较为集中，选定标准围绕"盐湖"这个关键词，后续将根据读者的反馈继续完善评估体系和方法。

《国家盐湖创新指数2024》试评估基于盐湖科技成果等权威数据，从盐湖知识创新、盐湖技术创新、盐湖协作创新3个方面构建指标体系，试评估了2000～2023年我国盐湖创新指数以及盐湖相关研究机构的创新指数。本书力求客观呈现国家及盐湖相关研究机构的创新能力，切实反映我国盐湖创新质量和效率。同时，本书总结涉及盐湖化工的主要研究机构，研究内容基础均来自指标体系对SCI文献检索的要求，不能代表该机构盐湖相关的全部研究内容。

《国家盐湖创新指数2024》是多家研究机构相关科研人员共同完成的研究成果。中国科学院青海盐湖研究所相关人员提出试评估的整体思路，中国科学院西北生态环境资源研究院文献情报中心相关人员参与评估方法和文献数据的相关分析，中国科学院武汉文献情报中心相关人员参与项目数据分析，中国科学院青海盐湖研究所、中国科学院化学研究所、中国地质科学院、江苏大学、新疆大学、青海省地质调查局、中国地震局地质研究所、中国科学院大学、西宁市科技创新促进中心、青海省科技信息研究所等单位的相关人员参与机构成果总结。在此对参与编写、提供数据和技术支持的科研人员，表示由衷感谢。

希望《国家盐湖创新指数 2024》能够成为全社会认识和了解我国盐湖创新发展的窗口。敬请各位同仁批评指正，编写组将听取各方面专家学者的宝贵意见，不断完善国家盐湖创新指数的评估体系和方法。

葛 飞 李雷明

2024 年 8 月

目录 CONTENTS

第 1 章
中国盐湖资源概述

    主要参考文献 ·· 004

第 2 章
评价体系和主要数据分析

    2.1   评价体系 ·· 007
    2.2   主要数据分析 ··· 007
        2.2.1   Web of Science 论文 ··· 007
        2.2.2   专利 ·· 014
        2.2.3   标准 ·· 027
        2.2.4   国家基金项目 ·· 029

第 3 章
国家盐湖创新指数评估

    3.1   国家盐湖创新指数综合评估 ·· 045
        3.1.1   国家盐湖创新指数 ·· 045
        3.1.2   国家盐湖创新指数一级指标 ································ 046
    3.2   国家盐湖知识创新分指标评估 ·· 049
        3.2.1   盐湖知识创新产出 ·· 050

3.2.2　盐湖知识创新影响 ··· 052
　3.3　国家盐湖技术创新分指数评估 ·· 054
　　3.3.1　盐湖技术创新产出 ··· 055
　　3.3.2　盐湖技术创新质量 ··· 056
　　3.3.3　盐湖技术创新影响 ··· 057
　3.4　国家盐湖协作创新分指数评估 ·· 058
　　3.4.1　盐湖创新主体规模 ··· 059
　　3.4.2　盐湖创新协作水平 ··· 061

第 4 章
机构盐湖创新指数评估

　4.1　机构盐湖创新指数综合评估 ·· 064
　4.2　机构盐湖知识创新分指标评估 ·· 066
　　4.2.1　盐湖知识创新产出 ··· 067
　　4.2.2　盐湖知识创新影响 ··· 068
　4.3　机构盐湖技术创新分指标评估 ·· 069
　　4.3.1　盐湖技术创新产出 ··· 070
　　4.3.2　盐湖技术创新质量 ··· 071
　　4.3.3　盐湖技术创新影响 ··· 072
　4.4　机构盐湖协作创新分指标评估 ·· 073
　　4.4.1　盐湖创新主体规模 ··· 074
　　4.4.2　盐湖创新协作水平 ··· 075

第 5 章
国内部分盐湖研究机构

- 5.1 中国科学院青海盐湖研究所 ……………………………… 078
  - 5.1.1 盐湖化学化工 ……………………………… 079
  - 5.1.2 盐湖地质 ……………………………… 094
  - 5.1.3 盐湖生态环境 ……………………………… 104
  - 主要参考文献 ……………………………… 105
- 5.2 中南大学 ……………………………… 118
  - 5.2.1 盐湖化学化工 ……………………………… 118
  - 5.2.2 盐湖地质 ……………………………… 121
  - 主要参考文献 ……………………………… 121
- 5.3 北京化工大学 ……………………………… 122
  - 主要参考文献 ……………………………… 125
- 5.4 华东理工大学 ……………………………… 126
  - 主要参考文献 ……………………………… 130
- 5.5 中国科学院过程工程研究所 ……………………………… 133
  - 主要参考文献 ……………………………… 138
- 5.6 浙江大学 ……………………………… 140
  - 5.6.1 盐湖化学化工 ……………………………… 140
  - 5.6.2 盐湖生物 ……………………………… 142
  - 5.6.3 盐湖地质 ……………………………… 144
  - 主要参考文献 ……………………………… 144
- 5.7 清华大学 ……………………………… 146

  5.7.1 盐湖化学化工 ··147

  5.7.2 盐湖地质 ··149

  5.7.3 盐湖生物 ··150

  主要参考文献 ··150

5.8 江苏大学 ··152

  5.8.1 盐湖化学化工 ··152

  5.8.2 盐湖生物 ··154

  主要参考文献 ··155

5.9 天津科技大学 ··158

  5.9.1 盐湖化学化工 ··158

  5.9.2 盐湖生物 ··163

  主要参考文献 ··163

附录 / 167

附录一 国家及机构盐湖创新指数评估原则 ···168

附录二 国家盐湖创新指数指标体系 ···169

附录三 机构盐湖创新指数指标体系 ···175

第1章
CHAPTER 1

中国盐湖资源概述

盐湖是在特定气候和自然环境下形成的，现代盐湖是指第四纪地质时期或现代形成的盐湖，是干旱半干旱湖泊发展的末期产物。一般将湖泊水体盐量超过 50 g/L 的湖泊称为盐湖，广义上的盐湖也包括表面卤水干涸、由含盐沉积与晶间卤水组成的干盐湖（地下卤水湖）（马培华，2009；郑绵平 等，2009）。中国拥有众多现代盐湖，这些盐湖不仅是自然资源的璀璨明珠，更是无机盐矿藏的丰富源泉。盐湖卤水中不仅富含钾、钠、氯、镁、锂、硼等重要资源，也蕴藏着铷、铯等稀有元素，储量相当可观（刘海宁 等，2019；马培华 等，1995；马培华 等，1999），此外盐湖区还蕴藏大量耐盐碱生物资源，主要包括水禽类和喜盐虫类（贾沁贤 等，2017；刘振敏 等，1992；史楠楠 等，2023；余冬梅 等，2022）。

中国盐湖分布范围广、数量庞大、种类丰富、稀有元素储量大，在全球自然资源版图中占据了举足轻重的地位，成为了令人瞩目的无机盐资源宝库（郑绵平，2001）。据不完全统计，全国已发现各类盐湖 1500 多个，主要集中于大兴安岭、太行山、秦岭以西的广袤地域，形成了四大分布区域：青藏高原盐湖区、西北盐湖区、东北盐湖区以及东部分散区。其中西藏自治区、青海省、新疆维吾尔自治区、内蒙古自治区盐湖分布较多，分别为西藏盐湖区（碳酸盐-硫酸盐型盐湖居多）、青海盐湖区（硫酸镁-氯化物型盐湖居多）、新疆盐湖区（硫酸盐型与硝酸盐型盐湖居多）、内蒙古盐湖区（碳酸盐型盐湖居多），富含稀有元素且钠、钾、镁、锂、硼的储量极大（程芳琴 等，2011；杨绍修，1989；马培华，2009；宋彭生 等，2011；张利珍 等，2012）。

西藏盐湖区位于中国盐湖带的西南部，即昆仑-唐古拉山脉与喜马拉雅山脉山间地区，是世界上湖泊密度最大，湖面海拔最高的湖区。全区共计大小湖泊近 2000 个，占西藏自治区总面积的 2.25%（张彭熹 等，1999）。盐湖有 234 个，其总面积为 8150.18 平方千米，约占全区盐湖总面积（8225.18 平方千米）的 99%（刘喜方 等，2017；张苏江 等，2022）。西藏盐湖锂资源量占全国盐湖的 33%，共有富锂盐湖 61 个，其中碳酸盐型约占 53.6%、硫酸钠亚型约占 26.6%、硫酸镁型约占 16%。现已探明龙木错、结则茶卡、扎仓茶卡、查波错、鄂雅错、班戈湖、当雄错、扎布耶、拉果错、麻米错、捌仟错 11 个盐湖的氯化锂总储量高达 1381 万吨。西藏盐湖锂资源品位高，此外还富含硼、钾、铷、铯、溴等重要资源，具有极高的开发价值（姜贞贞 等，2021）。

青海省是我国盐湖分布面积最大的省份，盐湖主要分布于柴达木盆地和可可西里高原，全区计有湖泊363个，面积约2万平方千米，占全省面积的2.79%（张彭熹 等，1999）。柴达木盆地分布着察尔汗、东西台吉乃尔、大柴旦、马海、昆特依、一里坪、察汗斯拉图、大浪滩、尕斯库勒等各种大小不同的地表卤水湖、半干涸湖和干涸盐湖共计33个，现已发现盐湖矿床70余处，盐类沉积面积为3万平方千米（邓小川 等，2018；郑绵平 等，2017；葛飞 等，2021）。青海省拥有三个全球盐湖面积排名前十的盐湖，分别是察尔汗干盐湖（第三大）、大浪滩干盐湖（第四大）、昆特依干盐湖（第五大）。已探明柴达木盆地地区盐湖的无机盐总储量约4000亿吨，其中氯化钾约7.50亿吨，镁盐约65.04亿吨，伴生锂矿约1848.96万吨，硼矿约8197.9万吨，溴矿约18.25万吨，碘矿约1.02万吨（刘国新 等，2019）。位于柴达木盆地南部的察尔汗盐湖以富钾闻名，已探明钾资源储量约5.4亿吨，是中国最大的钾盐生产基地，此外氯化镁探明储量近40亿吨，占中国探明储量的99.9%、全球探明储量的40%，氯化锂探明储量约为1204.2万吨，居中国首位，是发展循环经济优势产业的基础和支撑（熊增华 等，2021；孙景文 等，2021；刘佳 等，2022）。

内蒙古自治区是我国盐湖分布数量最多的地区，共探明盐湖375个、总面积1441平方千米，内蒙古盐湖分布不均，区域特征明显，根据地质构造与自然环境可分为呼伦贝尔高原盐湖区、锡林郭勒高原盐湖区、鄂尔多斯高原盐湖区和阿拉善高原盐湖区四个主要区域（郑喜玉 等，2002；张燕霞 等，2013）；且绝大多数盐湖面积较小，仅西居延海和吉兰泰盐湖面积超过100平方千米，其他诸如古乃尔、哈登贺少、鸡龙同古、查哈诺尔等373个盐湖的面积均小于100平方千米（张利珍 等，2012）。内蒙古盐湖卤水浅，以晶间卤水为主、湖表卤水次之，盐类矿产资源以芒硝、碱、石盐为主，其中已探明天然碱储量占全国盐湖的90%以上，是我国重要的碱资源库。

新疆盐湖区是我国面积最大的干旱/半干旱盐湖区，已探明诸如罗布泊、苟苟苏、玛纳斯、乌尔禾等盐湖（卤水湖和干盐湖）超110个，主要分布在阿尔泰山、天山、昆仑山-阿尔金山山间盆地（如准噶尔盆地、塔里木盆地），其中塔里木盆地东部的罗布泊盐湖面积高达20000平方千米，是我国最大的干盐湖（张利珍 等，2012）。新疆盐湖盛产石盐和芒硝，罗布泊盐湖氯化钾储量超过3.5亿吨，其中给水度储量为1.18亿吨、孔隙度储量为2.5亿吨，且平均品位高达 1.51%，约占全国盐湖钾储量的 1/4，属仅次于察尔汗盐湖的超大型优质钾盐矿床（郑绵平 等，2006；李守江，2019），新疆盐湖盐质优、品位高，适宜生产钾盐、纯碱、氯碱等重要化工原料，以及深层次提炼生产钠、镁、溴等高附加值盐化工产品（张苏江 等，2022）。

主要参考文献

程芳琴，成怀刚，崔香梅，2011. 中国盐湖资源的开发历程及现状 [J]. 无机盐工业，43(07): 1-4, 12.

邓小川，朱朝梁，史一飞，等，2018. 青海盐湖锂资源开发现状及对提锂产业发展建议 [J]. 盐湖研究，26(04): 11-18.

葛飞，高洁，王瑜，等，2021. 盐湖化工产业专利导航 [M]. 北京：知识产权出版社.

贾沁贤，刘喜方，王洪平，等，2017. 西藏盐湖生物与生态资源及其开发利用 [J]. 科技导报，35(12): 19-26.

姜贞贞，刘高令，卓玛曲西，等，2021. 我国锂资源供需现状下西藏盐湖锂产业现状及对策建议 [J]. 盐湖研究，29(03): 104-110.

李守江，2019. 罗布泊硫酸盐型盐湖钾盐浮选的理论与工艺研究 [D]. 武汉：武汉理工大学.

刘国新，李长俊，2019. 对青海省盐湖资源开发利用管理工作的探讨 [J]. 青海国土经略，(02): 22-26.

刘海宁，叶秀深，张慧芳，等，2019. 盐湖稀有元素吸附分离提取研究 [J]. 盐湖研究，27(03): 11-20.

刘佳，葛飞，钟永恒，等，2022. 建设世界级盐湖产业基地的战略思考 [J]. 无机盐工业，54(10): 30-36.

刘喜方，郑绵平，2017. 西藏盐湖的钾盐资源 [J]. 科技导报，35(12): 62-66.

刘振敏，邓小林，1992. 巴里坤盐湖卤虫资源及其在芒硝成矿中的作用 [J]. 化工地质，(04): 24-30.

马培华，王政存，1995. 盐湖资源的开发和综合利用技术 [J]. 化学进展，(03): 214-218, 230.

马培华，2009. 科学开发我国的盐湖资源 [J]. 化学进展，21(11): 2349-2357.

马培华，张彭熹，1999. 中国盐湖锂资源的可持续开发 [J]. 中国科学院院刊，(03): 210-213.

史楠楠，王智超，程勇，等，2023. 新疆巴里坤盐湖浮游生物群落特征分析 [J]. 水产学杂志，36(06): 78-86.

宋彭生，李武，孙柏，等，2011. 盐湖资源开发利用进展 [J]. 无机化学学报，27(05): 801-815.

孙景文，吴霜，李铭全，2021. 深耕青海察尔汗，中国盐湖钾锂资源的战略性龙头 [R]. 深圳：五矿证券有限公司.

熊增华，王石军，2021. 察尔汗盐湖资源开发利用现状及关键技术进展 [J]. 化工矿物与加工，50(01): 33-37.

杨绍修，1989. 青藏高原盐湖的形成与分布 [J]. 湖泊科学 1(1): 28-36.

余冬梅，王建萍，陈亮，等，2022. 察尔汗盐湖区生物种类调查及评价 [J]. 盐湖研究，30(02): 27-41.

张利珍，谭秀民，张秀峰，2012. 我国盐湖资源开发利用的现状及对策分析 [J]. 盐业与化工，41(11): 7-10, 18.

张彭熹，张保珍，唐渊，等，1999. 中国盐湖自然资源及其开发利用 [M]. 北京：科学出版社.

张苏江，张琳，姜爱玲，等，2022. 中国盐湖资源开发利用现状与发展建议 [J]. 无机盐工业，54(10): 13-21.

张燕霞, 韩凤清, 马茹莹, 等, 2013. 内蒙古西部地区盐湖水化学特征 [J]. 盐湖研究, 21(03): 17-24.
郑喜玉, 张明刚, 徐昶, 等, 2002. 中国盐湖志 [M]. 北京: 科学出版社.
郑绵平, 2001. 论中国盐湖 [J]. 矿床地质, 20(2): 181-189.
郑绵平, 侯献华, 2017. 青海盐湖资源综合利用与可持续发展战略 [J]. 科技导报, 35(12): 11-13.
郑绵平, 齐文, 2006. 我国盐湖资源及其开发利用 [J]. 矿产保护与利用, (5): 45-50.
郑绵平, 卜令忠, 2009. 盐湖资源的合理开发与综合利用 [J]. 矿产保护与利用, (01): 17-22.

第 2 章
CHAPTER 2

评价体系和主要数据分析

2.1 评价体系 / 007

2.2 主要数据分析 / 007

2.1 评价体系

国家和机构盐湖创新指数评估体系建立的基础是数据公开可检索,根据这个基本的原则,国家盐湖创新指数评估体系选取了 25 个指标作为数据分析的基础(附录二),机构盐湖创新指数评估体系选取了 23 个指标(附录三)。具体指标及定义请见附录二和附录三。整体创新指数评估原则详见附录一。

国家和机构盐湖创新指数主要数据来源为 Web of Science 引文数据库核心数据合集、IncoPat 专利数据库、中国标准服务网和 Letpub 基金数据库。本章对选取的数据进行整体态势分析,数据分析表明我国盐湖科技创新发展迅速,盐湖研究的相关论文、专利数量明显增加,盐湖创新条件和环境得到显著改善。

2.2 主要数据分析

2.2.1 Web of Science 论文

2.2.1.1 数据来源

本部分数据来自 Web of Science(WoS)引文数据库核心数据合集,以题目和英文摘要是否含有盐湖相关表述进行文献检索,检索词如表 2-1 所示,文献的地区来源是中国,截至 2024 年 7 月 3 日共检得文献数据 1532 条。采用 VOSviewer、Anaconda、Gephi 软件,基于上述 WoS 数据库相关统计数据和引文报告,对盐湖相关研究的发文数量、学科类别、机构分布、方向趋势、发展时间进行可视化分析。

表 2-1 文献检索词表

序号	主要关键词
1	salt lake
2	brine lake

续表

序号	主要关键词
3	salt flat
4	lake bittern
5	playa lake
6	playa brine
7	salty lake
8	bitter lake
9	salt water lake
10	saline playa
11	lake playa
12	salt playa
13	dry lake
14	playa deposit
15	hypersaline NEAR/1 lake
16	hypersaline lagoon
17	undersand lake
18	hypersaline lake
19	hypersaline brine
20	Salar de

2.2.1.2 学科类别分析

根据 WoS 的学科分类，在符合条件的全部研究成果中，总共涵盖和涉及了 97 种不同的学科类别，其中化学工程（Engineering, Chemical）、地球科学多学科（Geosciences, Multidisciplinary）、环境科学（Environmental Sciences）、微生物（Microbiology）、材料科学多学科（Materials Science, Multidisciplinary）、水资源（Water Resources）、化学多学科（Chemistry, Multidisciplinary）等占比较多。工程化学是一个广泛的领域，它涉及化学原理在工程问题中的应用，包括但不限于材料科学、化学工程、环境工程等；地球科学含了多个子学科，每个子学科都专注于研究地球的特定方面；环境科学是一门跨学科领域专业，它结合了自然科学和社会科学的多个分支，核心在于研究人类活动与自然环境之间的相互作用，以及这种相互作用对生态系统的影响。由学科分布范围可见，"盐湖"相关的研究综合性极强，不仅涉及多学科多领域的交叉，各个相关学科本身也多为综合交叉性学科。

2.2.1.3　发文量统计分析

从 1982 年至 2023 年，"盐湖"相关领域的发文量随着时间的变化总体呈上升趋势，且整体基本无太大波动（图 2-1），2001 年之前相关研究数量较少，2001 年之后有关研究明显增加且增长趋势较为稳定，2019 年论文数量增幅明显加大，2022 年呈现陡增趋势，发文量相较 2021 年增长约 52%，次年发文量虽然有所下降，但仍然保持很高数量，2022 年度发文量最大（234 篇），当前"盐湖"相关领域内的发文数量仍然呈上升趋势。

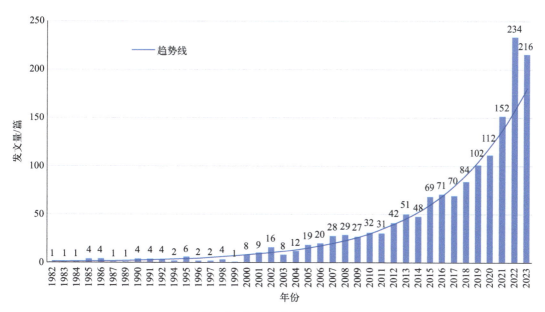

图 2-1　年度发文量和趋势图

2.2.1.4　文献施引与被引分析

WoS 引文报告显示，1532 篇盐湖研究相关文献中，施引文献共 20014 篇，累计被引频次 32852 次，篇均被引频次为 21.44 次，h 指数为 83。在全部施引文献中，文献类型主要包括研究型论文 18168 篇，综述型论文 1507 篇，其他类型文献 339 篇；总共涉及 176 个学科类别，其中以地球科学、环境科学、工程化学、微生物等十一个领域为主（图 2-2）。

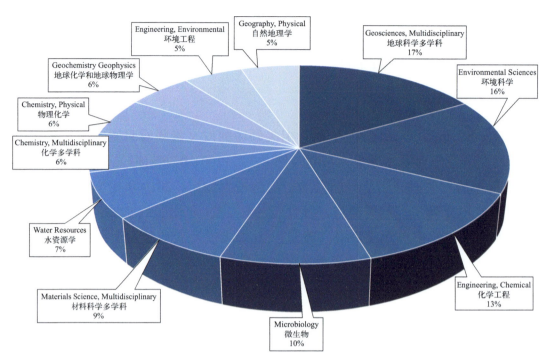

图 2-2　引用文献排名前 11 领域

2.2.1.5　发文机构分析

在相关文献集的全部 1532 篇文献分别来自 1339 个不同的机构，其中国内发文数量位居前十的机构如表 2-2 所示，中国科学院及其研究所在盐湖研究领域的发文量占据全部的 63.51%，其中中国科学院遥遥领先（35.90%），中国科学院青海盐湖研究所与中国科学院大学次之（15.34%、12.27%），其他机构发文量较少且相互之间差距较小。

表 2-2　国内发文量排名前十的机构

排序	机构名称	发文数量	占比
1	中国科学院	550	35.90%
2	中国科学院青海盐湖研究所	235	15.34%
3	中国科学院大学	188	12.27%
4	中国地质大学	118	7.70%
5	中国地质调查局	81	5.29%
6	中国地质科学院	68	4.44%

续表

排序	机构名称	发文数量	占比
7	青海大学	59	3.85%
8	华东理工大学	52	3.39%
9	天津科技大学	51	3.33%
10	云南大学	51	3.33%

2.2.1.6 研究趋势分析

本分析的关键词共现网络图绘制使用了 VOSviewer 软件，对 1902～2023 年期间发布的全部文献信息涵盖的所有关键词进行共现分析（图 2-3），展示了"盐湖"相关领域研究中的主要关键词及其相互关系。

根据分析结果，关键词共现网络图全面展示了盐湖生态、生物多样性、青藏高原地质演化以及锂提取技术等不同研究主题及其相互之间的关系。所有关键词可以分为 5 个聚类，其中蓝色、红色和绿色三个区域的共现关系最为显著——蓝色区域的核心关键词为盐湖（salt lake）、脱氧核糖核酸（deoxyribonucleic acid）、分类（classification）、序列（sequences）、生物多样性（diversity）等，主要涉及盐湖生态系统中的生物多样性、微生物分类和基因研究，尤其关注极端环境下的生物群落；红色区域核心关键词为青藏高原（tibetan plateau）、演化（evolution）、地球化学（geochemistry）、柴达木盆地（qaidam basin）、沉积物（sediment）等，主要研究青藏高原及其周边盆地的地质演化、沉积物形成和地球化学特征；绿色区域核心关键词主要为锂（lithium）、分离（separation）、回收（recovery）、吸附（adsorption）、性能（performance）等，说明集中于盐水中锂的提取和回收，涉及分离技术、吸附材料性能以及水处理技术。

图中节点的大小反映了关键词出现的频次，连线表示关键词在同一文献中的共现频次。通过节点和连线的分布可以看出，锂提取与回收（绿色区域）是当前的研究热点，相关技术和方法的研究频次较高。此外，图中还展示了不同研究主题之间的跨领域联系，例如盐湖与地质研究以及锂提取技术之间的关联等。

根据不同关键词在时间线上出现的频次变化（图 2-4），可以窥见该领域研

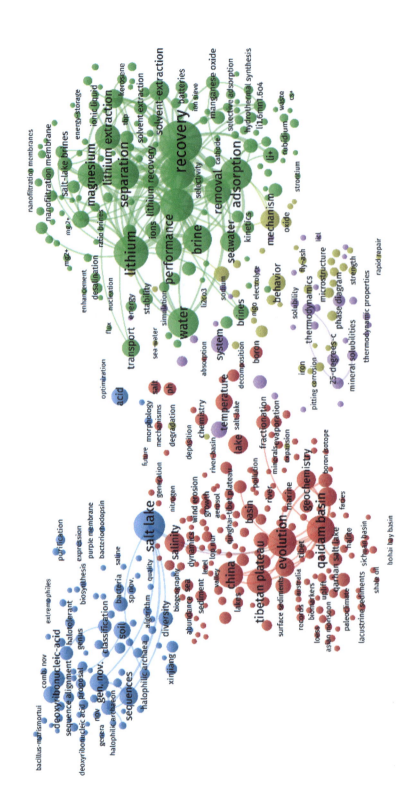

图2-3 关键词共现网络图

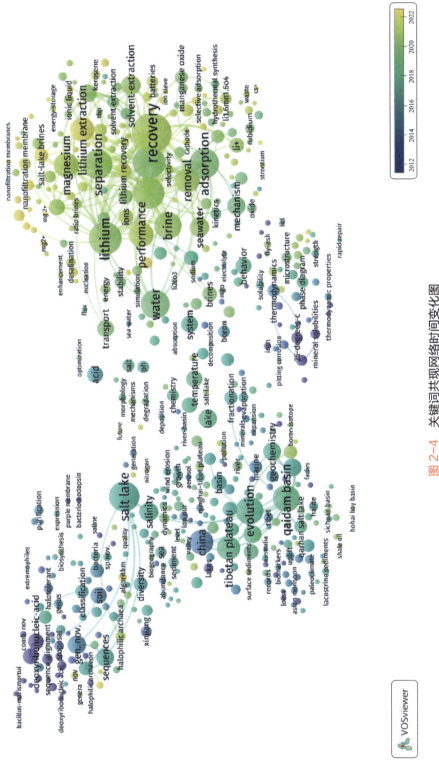

图 2-4 关键词共现网络时间变化图

究热点的时间变化——图中的颜色从蓝色到绿色再到黄色，表示关键词在时间上的演变。蓝色表示较早的研究热点，绿色表示中期的热点，而黄色表示近期的研究热点；节点的大小也反映了关键词在文献中出现的频次，节点越大表示该关键词出现的频次越高。早期主要集中在生物多样性和基因研究，中期则更多关注地质演化和地球化学，而近期的研究热点明显转向了锂的提取和回收技术。黄色区域的节点较大且密集，说明锂提取与回收技术是当前的研究热点，相关技术和方法的研究频次较高。

2.2.1.7 学科共现分析

本分析的学科共现网络数据旨在分析统计"盐湖"方向之下不同学科间的交流与合作现状，根据数据，在全部1532篇论文中，一共有731篇文献有学科共现关系，共涉及88个学科（含二级学科）。

最突出的学科是"Environmental Sciences（环境科学）"、"Materials Science, Multidisciplinary（材料科学多学科）"、"Geosciences, Multidisciplinary（地球科学多学科）"和"Engineering, Chemical（化学工程）"，这些领域当中与其他学科合作较为密切，为核心合作领域。在"盐湖"领域内，合作最密切的学科有"Engineering, Chemical（化学工程）"和"Polymer Science（高分子科学）"，"Geosciences, Multidisciplinary（地球科学多学科）"和"Geography, Physical（自然地理学）"，"Chemistry, Physical（物理化学）"和"Materials Science, Multidisciplinary（材料科学多学科）"，"Engineering, Environmental（环境工程）"和"Engineering, Chemical（化学工程）"等。总的来讲，盐湖创新领域的跨学科合作具有重要意义，涉及环境科学、化学、工程学、生物学、地质学等多个学科，通过整合多学科的知识和技术，可以全面解决盐湖资源开发利用中面临的复杂问题，实现经济效益、社会效益和环境效益的协调发展。

2.2.2 专利

2.2.2.1 数据来源

本部分数据来源于IncoPat专利数据库，检索要求为标题或摘要中含有"盐湖"或"卤水"，排除IPC分类中A23大类，国内专利数据检索的截止日期为2023年12月31日，数据处理包括数据去噪和重点数据标引。

2.2.2.2 国内盐湖领域专利总览

本节从中国盐湖领域专利申请量的变化趋势、申请人地域分布和主要申请人等角度出发，对盐湖的地区分布、主要竞争市场、主要竞争者进行分析。从图 2-5 可以看到，中国在盐湖领域的专利申请主要可以分为三个阶段：2007 年前的初始成长阶段，2008～2015 年间的成长期以及 2016 年至今的高速发展期。

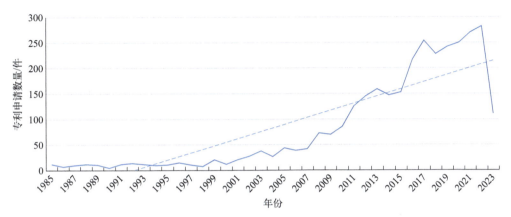

图 2-5　中国盐湖领域专利申请趋势

初始成长阶段（2007 年前）。自中国专利制度建立起，就有盐湖相关的专利出现，在 1985 年，有 11 件专利申请，主要集中在盐湖中的混合物的提取及卤水的利用等方面。在 2007 年以前，每年均会有少量专利申请，但数量很少，均低于 10 件，2000 年后略有增长，直到 2007 年每年新申请专利在 70 件左右，该阶段属于盐湖利用的成长阶段，该阶段还主要集中于盐湖提取技术的研究和相关设备的制造等攻关阶段。

缓慢成长期（2008～2015 年）。在 2008～2015 年间，该阶段的专利申请数量与之前相比，有了一定的提升，能达到每年 100 件左右，这是对盐湖前期的技术积累与准备后，针对盐湖的利用与盐湖产业化开发的重要阶段，该阶段为后期盐湖利用的高速发展奠定了深厚的基础。

高速发展期（2016 年至今）。2016 年开始，盐湖领域的专利申请在中国呈直线上升，2017 年专利申请量已达到 253 件，短短两年时间，申请量已达到 2015 年的近 2 倍。在政府相关政策的引导下，新资源的开采和运用能力不断提升，盐湖资源的利用得到重视。因此，目前盐湖资源开发利用在中国有迅猛发展的势头，也将是未来资源提取利用的关键所在，随着技术不断更新，盐湖资源的开发和利用也即将迎来跨越式发展。

2.2.2.3 专利类型与法律状态分析

从图 2-6 中可以看出有关盐湖的中国专利申请中，发明专利约占 60%，实用新型专利约占 40%。说明了在中国范围内发明专利所占的比例较高，且在发明专利中，已有近 90% 的专利获得授权。同时也不能忽视实用新型专利的数量，实用新型往往配合发明专利，一案双申的情况也较多出现。这种专利申请是以发明为主、实用新型为辅的形式，侧面反映出申请人在盐湖领域中掌握了较多的高质量技术。

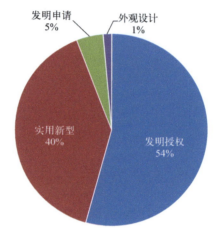

图 2-6　盐湖领域相关的中国专利类型

图 2-7 显示了有关盐湖中国专利的法律状态分布，可以看到目前有 70% 的专利处于授权状态，30% 的专利处于无效状态，其中未缴年费放弃的专利占 26%，期限届满的专利占 3%，避重放弃的专利占 1%。

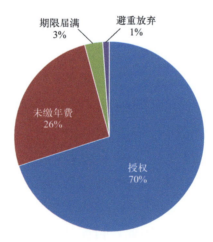

图 2-7　盐湖领域相关中国专利的法律状态

从有效和失效专利的比例看，盐湖相关技术的可专利性较高。未缴年费是该领域专利失效的主要原因，由此可见，该领域技术的更新迭代较快，新技术的出现和应用会导致原来技术的放弃。另外，该领域避重放弃的专利有 34 件，说明该领域一案双申的情况也较多出现，可工业性较强。

2.2.2.4　专利申请区域分布分析

表 2-3 为盐湖相关专利的申请人来源地区，可以看到目前在中国提交的专利申请中，申请人源自国外的专利申请有 25 件，其余 3300 余件专利的申请人来自国内各省、市、地区。

表 2-3　中国盐湖相关专利申请人来源地区

	排名	申请人来源	专利数量
国外申请		国外	25
国内申请	1	青海省	377
	2	江苏省	339
	3	山东省	302
	4	北京市	215
	5	湖南省	190
	6	天津市	148
	7	广东省	127
	8	四川省	124
	9	上海市	103
	10	湖北省	102

从表 2-3 可以看出，国内申请量排名前五的省份分别是青海省、江苏省、山东省、北京市和湖南省，青海省目前专利申请量居全国首位。青海省有丰富的盐湖资源，对盐湖资源的提取与利用始终处于全国的前端，青海省有众多的高校、科研院所以及企业始终围绕盐湖的提取开展相关科研攻关，产出大量技术。江苏省和北京市也走在盐湖产业发展的前沿，以 339 件和 215 件专利申请位居第二和第四，江苏省作为新能源电池产业的中心，其产业链上下游较平衡。北京市聚集了一批优秀的高校和研究机构，如中国科学院过程工程研究所。山东省以 302 件的专利申请量排名第三，主要由于山东有较多的化工企业，在海洋与盐湖的资源利用等领域均有深入研究。在中国前五地区中，来自湖南

省的专利申请有 190 件，主要是中南大学在盐湖领域一直有较强的技术背景。

2.2.2.5 专利申请技术构成分析

针对专利 IPC 分类号小类分析，如表 2-4 所示。从分析中可以看出，碱金属，即锂、钠、钾、铷、铯元素等的化合物制备的专利申请数量最多，达到 940 件，其中从混合物中生产非金属元素或无机化合物的专利较多；还有 500 件集中于水的处理，主要集中于处理水、废水或污水生产装置或特殊设备等；分离技术主要包括用湿法从固体中分离固体、固体物料从固体物料或流体中的磁或静电分离，利用高压电场的分离等；金属铍、镁、铝、钙、锶、钡、镭、钍的化合物、或稀土金属的化合物是盐湖资源利用的主要方面，含有金属元素化合物的合成为该领域的重点；金属的生产或精炼与非金属元素及其化合物的制备是伴随着盐湖利用的结果，其采用的物理或化学方法、设备和借助的各种仪器和手段都是该领域的专利申请技术主要方向。

表 2-4 IPC 分类号含义及盐湖相关专利数量

IPC 分类号（小类）	含义	专利数量
C01D	碱金属，即锂、钠、钾、铷、铯或钫的化合物	940
C02F	水、废水、污水或污泥的处理	500
B01D	分离	491
C01F	金属铍、镁、铝、钙、锶、钡、镭、钍的化合物，或稀土金属的化合物	238
C22B	金属的生产或精炼	238
C01B	非金属元素；其化合物	203
E21B	土层或岩石的钻进	188
B01J	化学或物理方法	176
C25B	生产化合物或非金属的电解工艺或电泳工艺	127
G01N	借助于测定材料的化学或物理性质来测试或分析材料	119

2.2.2.6 专利申请技术用途功效构成分析

针对专利进行关键词提取，同一专利可能分配两个以上的技术标签。针对出现频次排名前 20 的关键词，进行技术用途与功效分析，如图 2-8 所示。

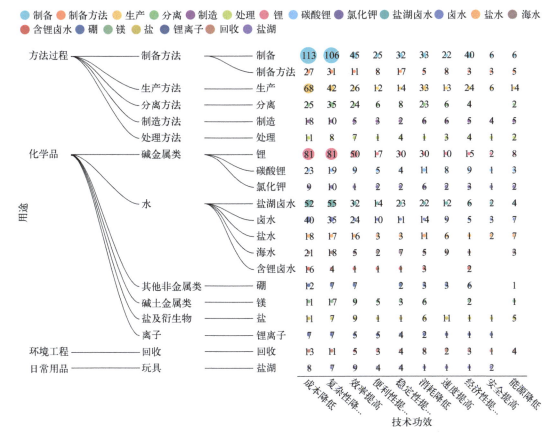

图2-8 技术用途功效构成分析

在盐湖领域,中国专利主要集中在方法过程、化学品制备等方面。制备方法的专利数量较多,其主要涉及锂及锂化合物的制备,另外还涉及硼、镁、钾等元素或化合物的提取与利用。在技术功效对比中可以看出,目前的专利技术主要关注的问题在成本的降低、复杂性降低、提高效率和便利性及降低能耗等领域,以及盐湖中各种金属资源及化合物的提取与制备等方面。

盐湖资源是复合型资源,硼、钾、锂、镁都有较大的市场应用价值。单一产品开发必然造成资源的浪费,同时增加后续开发的难度与成本。在2000年之后,盐湖资源提取领域,多种资源协同开发的专利比例越来越高,这是盐湖资源开发技术完善与成熟的重要表现。专利文献中综合开发技术方案基本包括:卤水采集—卤水浓缩—卤水中提取钾钠—提取镁—提取硼—纯化锂盐。在资源综合开发的同时,水资源也是综合利用的重要方向,不同生产阶段的水都会残留一定的产品,因此很多专利技术重点研究水的循环使用过程,以求提高产品收率,减少污水的排放。

通过技术革新实现多种资源综合开发、实现收益最大化是未来发展的趋势。由于不同提取方法具有自身特点与优势，随着企业盐湖资源开发能力的提升，技术应用的成熟，多资源融合、多种方法的融合、多种新技术的整合是未来的发展趋势。

2.2.2.7 主要申请人分析

从图 2-9 可知，中国盐湖领域专利申请排名前十位的申请人均为本土企业或科研机构，无外国申请人。在国内企业中，目前青海盐湖工业股份有限公司在中国的盐湖领域有较强的研发实力，共有 60 件专利申请。青海盐湖工业股份有限公司位于青海省格尔木市，是中国目前最大的钾肥工业生产基地。该公司现有 10 个控股公司，5 个分公司，9 个全资子公司，6 个参股子公司，1 个国家级盐湖资源综合利用工程研究中心，1 个青海省省级盐湖资源综合利用工程中心，1 个青海省省级企业技术中心，1 个省级盐湖资源综合利用重点实验室，1 个院士工作站，1 个博士后工作站，1 个盐湖资源开发中试基地。拥有 500 万吨 / 年钾肥生产能力，产能位列全球第四位；拥有 3 万吨 / 年碳酸锂生产能力，卤水提锂产能位列全国第一。

图 2-9　中国盐湖专利申请前十申请人排名

江苏久吾高科技股份有限公司成立于 1997 年，是一家专注从事新材料研发与整体解决方案的高科技企业。2017 年 3 月在深交所 A 股创业板上市。公司建成了从新材料研制、技术开发、工艺设计、成套设备制造到提供整体解决方案、项目运营等完整的业务产业链。特别在盐湖提锂、电池正极材料、废盐综合治理、生物燃料乙醇、氯碱化工、生物制品等多个细分领域实现了突破性的创新应用。专利申请数量排名第八。

从以上企业情况来看，国内盐湖企业不断扩展技术研发方向，积极向盐湖资源中高端产品扩产。并且随着新能源的快速发展，中国智能行业高速发展，伴随着电子化、信息化的趋势，盐湖资源特别是金属资源在新能源设备、智能手机、智能电视、平板电脑等各个显示领域的应用将加速渗透，而国内相关企业投入研究，可为将来在市场竞争中占据有利位置。

除上述企业外，在该领域中，国内的科研机构也占据着重要位置，为盐湖资源利用的技术扩展和研发方向的纵向延伸，提供思路和方向。中国科学院青海盐湖研究所、中国科学院武汉岩土力学研究所、中国科学院上海有机化学研究所是科研院所的主要代表。中国科学院青海盐湖研究所立足世界盐湖科学和技术前沿，面向国家对农业钾肥，以及锂、硼、镁等重要原材料高端产品的战略需求，面向我国西部区域经济的发展，主要从事盐湖资源与化学、盐湖成因与演化，以及盐湖资源综合开发利用的基础、应用基础和技术研发等研究工作。中国科学院上海有机化学研究所致力于发展绿色高效金属萃取剂，聚焦新能源战略关键金属等领域中盐湖提锂、钴镍分离、稀土分离。

中南大学、天津科技大学等高校在本领域中的专利申请数量都位居前列。中南大学赵中伟院士长期从事有色金属冶金的人才培养和科学研究，是我国稀有金属提取冶金领域的学术带头人，发明了难冶钨资源深度开发应用关键技术、低品位白钨矿硫磷混酸协同浸出技术、选择性沉淀法钨钼分离技术、钼焙砂强碱分解-离子交换转型除杂技术，为我国钨钼冶炼技术水平引领世界作出了突出贡献；发明了电化学脱嵌法盐湖卤水提锂技术，为我国盐湖卤水锂资源绿色高效提取提供了重要技术支撑。

2.2.2.8 重点技术分析

盐湖资源的开发与利用是盐湖领域专利技术申请的重要关注点，根据2.2.2.5 节专利申请技术构成分析，本节主要选取专利申请量排名前两位的技术进行重点分析，为盐湖专利技术的申请指明方向和路径。选取的重点方向为化学资源领域和盐湖处理。

（1）化学资源领域专利分析

在盐湖的开发利用中，钾、锂、硼和镁是目前研究较为集中且市场价值较高的领域。盐湖提钾的方法主要包括冷分解-浮选法、冷结晶-浮选法、反浮选-冷结晶法、热溶法、兑卤法等；涉及的处理方法包括分解、浮选、反浮选、冷结晶、热溶、兑卤等。由于盐湖资源较为复杂，不同盐湖中盐种类、含量存在差异，因此在资源开发过程中会选用不同的提取方法，并对工序进行适当的调整，以获得较优的收益。

锂资源提取技术已经进入相对成熟的阶段，一段时间内较高的产品价格为之前开发难度较大的新工艺方法创造了在产业界测试完善的机会，从而有机会将技术优势转化为竞争优势。在盐湖卤水提锂工艺中，首先需将原始卤水中的锂进一步蒸发浓缩，然后再采用适当的分离技术对浓缩卤水中的锂进行分离、提取，最终制备碳酸锂。从浓缩卤水中分离锂的工艺主要有太阳池升温沉锂法、沉淀法、煅烧法、吸附法、膜法和溶剂萃取法等。从实际应用情况看，太阳池升温沉锂法主要适用于高锂、低镁锂比值的碳酸盐型卤水；沉淀法较为适用于中低镁锂比值的卤水；煅烧法较为适用于高镁锂比值的卤水；而吸附法具有应用于锂浓度较低且镁锂比值较高的卤水的潜力。此外，由于有机溶剂易造成环境污染、萃取工艺条件较为苛刻以及耗能较高等因素，溶剂萃取法在盐湖卤水锂矿碳酸锂生产中未获得广泛应用。

目前国内外研究卤水提硼的方法很多，主要包括酸化法、沉淀法、萃取法、分级结晶法和吸附法。而硼下游产品用途丰富，由于硼及其化合物具有独特的性质，可以应用于耐高温、耐磨环境中，尤其部分化合物具有特殊的化学物理性质，在国民经济各个部门都有应用，如冶金、玻璃陶瓷、阻燃防火、农业、日用化工品等。

我国镁资源开发的主要产品有六水氯化镁、硫酸钾镁肥和阻燃级氢氧化镁等，现阶段已经研发出来的工艺流程包括用直接沉淀法、水热法、诱导法等制取氢氧化镁，采用碳酸化法、沉淀法、酸解法、氨法制备氧化镁等，但这些技术的工程可操作性尚有待实践检验。又如，金属镁的生产工艺包括硅热法和电解法，具体又可细分为皮江工艺、马格尼特工艺等多种形式，但生产的经济性和竞争力还需要进一步加强。

该领域专利经申请号合并后，共1601件专利申请。从图2-10可以看出，化学资源领域专利申请总体呈现波动上升趋势。

图中主要显示近20年的专利申请态势，2010年前该领域专利申请处于每年50件以下，2010～2015年间，专利申请稳步上升，但始终未突破100件，从2016年开始至今，专利申请大幅度提升，每年均在100件以上。该领域专利数量的变化趋势与国家和盐湖相关省份政府出台的关于盐湖资源的开发与利用各种政策的趋势一致，在国家及各级政府的大力支持和引导下，各研究主体都加大了盐湖资源研究，特别是化学资源的开发与应用，随之产生了一系列技术创新成果。

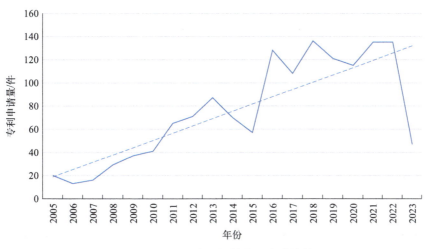

图 2-10　化学资源领域专利申请趋势

如图 2-11 所示，通过对专利申请人的专利申请量进行统计，得出排名前十位的申请人分别为中国科学院青海盐湖研究所、中盐金坛盐化有限责任公司、中南大学、青海盐湖工业股份有限公司、中国科学院上海有机化学研究所、江苏久吾高科技股份有限公司、化工部长沙设计研究院、陕西省膜分离技术研究院有限公司、天津科技大学和西藏国能矿业发展有限公司。

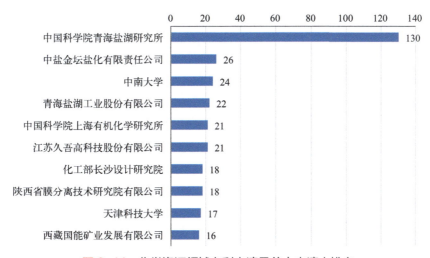

图 2-11　化学资源领域专利申请量前十申请人排名

从竞争格局来看，排名前十的申请人中，大学及研究所五个，企业五个。企业与研究机构数量基本相当，说明了企业在化学资源领域也紧跟最新技术的发展，并占有一席之地。

通过对该领域的专利进行聚类分析，得到分子图如图2-12所示。分子图的圆圈大小代表不同聚类主题的专利数量多少，一个圆点代表一件专利，与地图方式类似，可以根据不同类别进行统计并在图中呈现。不同颜色代表不同的专利权人。

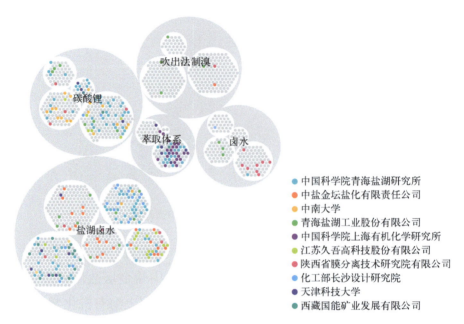

图 2-12 化学资源领域专利申请技术聚类分子图

从图中可以看出，该领域专利聚类后，共分为五大方向，分别为盐湖卤水、萃取体系、碳酸锂、卤水和吹出法制溴。其中盐湖卤水又涉及碳酸盐型卤水、软钾镁矾、制盐系统、卤水精制和吹出塔；萃取体系又涉及盐湖卤水、甲氧基乙酰胺、乙氧基化衍生物、提取锂和二价阴离子；碳酸锂中涉及离子筛、复合纳滤膜、杂多酸盐和高强钢筋；卤水涉及太阳能风力发电站、镍基高温合金、盐田、晶间卤水和盐湖；吹出法制溴涉及盐湖卤水、造粒干燥、吹出塔和气泡发生器。其中，盐湖卤水方向的专利最多，碳酸锂和吹出法制溴次之，然后是卤水方向的专利，萃取体系的专利最少。

根据不同专利权人的技术特点进行分析，中国科学院青海盐湖研究所在盐湖卤水、碳酸锂和萃取体系的研究上有一定技术基础；中盐金坛盐化有限责任公司在盐湖卤水技术方向上专利最多；中南大学主要涉及碳酸锂技术领域，在盐湖卤水方向有一定基础；青海盐湖工业股份有限公司在碳酸锂技术领域专利最多，但也涉猎盐湖卤水、卤水和吹出法制溴；中国科学院上海有机化学研究所仅研究萃取体系；江苏久吾高科技股份有限公司主要涉及盐湖卤水领域；陕西省膜分离技术研究院有限公司的技术主要集中于卤水分离；化工部长沙设计研究院主要涉及盐湖卤水领域；天津科技大学在萃取体系和盐湖卤水领域有一定研究；西藏国能矿业发展有限公司主要涉猎盐湖卤水领域。

（2）盐湖处理专利分析

全世界盐湖资源分布十分有限，而中国是少数拥有丰富盐湖资源的国家。与南美资源禀赋较好的盐湖相比，我国盐湖资源存在镁锂比高、品位低、开发成本高等特点，因而导致我国盐湖资源的开发进程受到诸多因素的影响。以盐湖卤水提锂为例：盐湖锂资源占全国锂资源总储量较高，但我国每年80%的锂产品来源于矿石提锂。但正由于镁锂比高的原因，国内也涌现了大量高镁锂比盐湖卤水提锂的高价值专利，为世界盐湖资源的开发贡献先进技术。

该领域专利经申请号合并后，共324件专利申请。从图2-13可以看出，盐湖处理领域专利申请总体量不大，处于上升阶段。

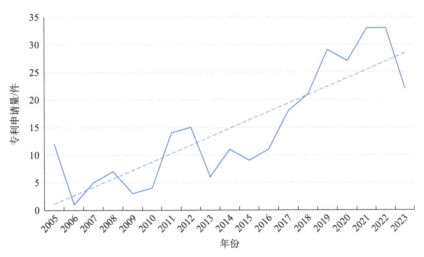

图2-13 盐湖处理领域专利申请趋势

图中主要显示近20年的专利申请态势，2010年前该领域专利申请每年大都在10件以下，2010～2017年间，专利申请量稳步上升，但始终未突破20件，从2018年开始至今，专利申请量提升，每年均在30件左右。该领域专利数量的变化总体和化学资源利用相关专利数量的变化趋势相一致，盐湖的前处理是为化学资源的提取和再运用提供基础，相关技术的研究是盐湖资源化利用的关键，该领域的很多技术和资源提取利用技术合并一起申请专利，所以导致单独盐湖处理的专利数量并不是很多。

如图2-14所示，通过对专利申请人进行统计，得出前十位申请人分别为潍坊东元连海环保科技有限公司、ELS HANS JOSEF VAN（个人）、中盐金坛盐化有限责任公司、冯静（个人）、南京大学、四川久大制盐有限责任公司、山东海化公司、杜文娟（个人）、湖北可赛化工有限公司和西藏阿里拉果资源有限责任公司。

图 2-14　盐湖处理领域专利申请量前十申请人排名

从竞争格局来看，在排名前十的申请人中，大学一个，企业六个，个人三个。企业占比数量较多，说明了企业在盐湖处理领域也紧跟最新技术的发展，并占有一席之地。

通过对该领域的专利进行聚类分析，得到分子图（图 2-15）。从图中可以看出，该领域专利聚类后，共分为四大方向，分别为氯碱工业、盐湖卤水、淡化水

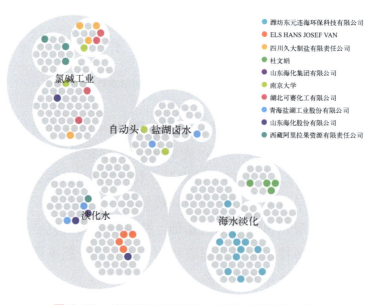

图 2-15　盐湖处理领域专利申请技术聚类分子图

和海水淡化。其中盐湖卤水又涉及盐湖、离子电极和电容去离子；淡化水涉及海水淡化、脱盐设施、反渗透海水淡化、闭合回路；氯碱工业中涉及氯碱工业、防垢剂、盐湖卤水、石膏型等；海水淡化涉及盐湖卤水、地下卤水和太阳能风力发电站等。其中，氯碱工业、淡化水和海水淡化领域专利数量均较多，盐湖卤水方向专利数量相对较少，还有极少专利涉及自动头，此处不进行单独分析。

根据不同专利权人的技术特点进行分析，潍坊东元连海环保科技有限公司在海水淡化领域有一定的基础，在该领域同样拥有专利的是杜文娟（个人）；ELS HANS JOSEF VAN（个人）主要在淡化水领域进行研究，同样地，山东海化公司在该领域也有一定的专利申请；四川久大制盐有限责任公司主要研究集中在氯碱工业领域，湖北可赛化工有限公司和西藏阿里拉果资源有限责任公司也是如此；南京大学在氯碱工业领域和盐湖卤水领域均有研究；青海盐湖工业股份有限公司在淡化水和盐湖卤水领域开展研究。

2.2.3 标准

2.2.3.1 盐湖产业标准现状

通过中国标准服务网对盐湖产业相关现行标准进行检索、统计和梳理，关键词为"盐湖"或"卤水"，检索时间为 2024 年 6 月，检索时间范围为 1946 年 1 月至 2024 年 6 月，经过逐条信息的查看和筛选，共检得标准 83 项。

2.2.3.2 盐湖产业标准层级现状

对 83 项标准按国家标准、行业标准、团体标准、地方标准等不同层级进行统计，见图 2-16：国家标准 1 项，《卤水碳酸锂》；行业标准 7 项，主要分布在地质、海洋、化工、建材和轻工等行业；团体标准 57 项，主要由青海省标准化协会等社会团体归口管理；地方标准 16 项，主要由青海省、山东省制定。

当前，盐湖产业发展进入振兴发展、转型升级、提质增效关键阶段，绿色发展、生态优先成为工业发展的重点，在世界盐湖产业发展的进程中需要以解决实际问题为导向，从检索到的各层级标准分布现状可见：具有话语权的标准极少；国标很少，大部分标准未上升到行业共识，未形成统一的标准体系，不利于推进"加快建设世界级盐湖产业基地"的顶层设计。

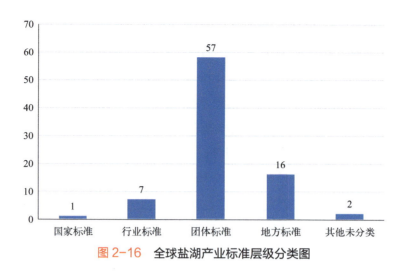

图 2-16　全球盐湖产业标准层级分类图

2.2.3.3　盐湖产业标准分布领域

根据标准的技术种类，83 项标准分为基础通用标准、资源调查标准和资源综合利用标准和其他等四类体系。对四类标准体系的分级梳理如表 2-5 所示：基础通用标准 3 项，资源调查标准 16 项，资源综合利用标准 64 项，其他 0 项。

表 2-5　全球盐湖产业标准分级分类表

	基础通用	资源调查	资源综合利用	其他	合计
国际标准	0	0	0	0	0
国家标准	0	0	1	0	1
行业标准	1	5	1	0	7
团体标准	0	3	54	0	57
地方标准	0	8	8	0	16
其他未分类	2	0	0	0	2
合计	3	16	64	0	83

（1）基础通用标准

盐湖基础通用标准 3 项：《盐湖工业劳动安全技术规程》《卤水净化工》《盐湖采掘工》，主要涉及盐湖劳动者的相关技术规程等。

（2）资源调查标准

盐湖产业资源调查标准 16 项，主要涉及勘查规范、施工技术规范、堤坝工程等方面。16 项标准主要以地方标准为主，地方标准共 8 项，全部为青海省地方标准，其中青海盐湖工业股份有限公司为主要起草单位。

（3）资源综合利用标准

盐湖产业资源综合利用标准 64 项，占全部的 77%。其中，通用的分析测试方法 57 项，包括团体标准 52 项，青海省地方标准 4 项，行业标准 1 项。在资源综合利用中，涉及锂生产与加工标准 6 项，硼 1 项，钾、镁、钠、硼、稀散元素等均未出现在检索范围内。

通用分析方法标准中，分析方法现行标准 54 项，在盐湖产业相关标准中占比最大。按照适用范围分为专用分析方法 2 项和通用分析方法 52 项，专用分析方法包括锂和硼分析方法各 1 项。通用分析方法中主要为卤水中离子的测定，包括重量法、离子色谱法、电感耦合等离子体质谱法、等离子体发射光谱法、分光光度法等，制定年份主要为 2019 年和 2021 年。主要参与标准制定的单位为：青海省地质矿产测试应用中心、青海省柴达木综合地质勘查院、海西州盐化工产品质量检验中心、青海省盐化工产品质量监督检验中心，以事业单位为主。

由此，盐湖产业标准分布领域主要为资源综合利用中的分析测试方法，基础通用的较少，生态保护并未在检索的范围内。在产业端，锂产业为优势产业，在标准中可见国家标准、团体标准和地方标准，整体布局较为完善。但钾产业作为青海的优势产业，因资源禀赋等原因，在检索范围内并未见到相应标准。同时，制定单位多为政府事业单位，除龙头企业外，并未见相应的企业参与到标准的制定中，不利于企业参与到核心竞争中，须加大标准的宣贯力度。

2.2.4 国家基金项目

2.2.4.1 数据来源

本节研究数据主要来源于 Letpub 基金数据库，数据收集范围为 1973～2023 年受资助的国家自然科学基金项目，检索策略为项目名称含有关键词"盐湖"或"卤水"；为了确保原始项目数据的准确性和科学性，联系了领域的相关专家，对原始项目数据进行人工筛选，最终得到 1997～2023 年国家自然科学基金委员会（NSFC）对盐湖研究的资助项目共 304 项。

为了深入了解盐湖研究领域的发展趋势、热点问题以及相关机构、项目等信息，本节运用科学计量学、社会网络分析、语义网络分析、可视化等方法，对资助项目进行全面研究。对盐湖研究的资助年度、资助金额、依托单位、资助类别、项目名称等进行统计和分析，同时采用社会网络分析和语义网络分析，以揭示关键词之间的语义关系。ROST-CM6 是由武汉大学研发的辅助人文社会科学类研究的免费社会计算平台，主要功能是完成文本分析和内容分析，可以实现分词、中英文词频分析、TF/IDF 词频分词等功能。本节利用 ROST-CM6 中文分词软件进行数据的预处理，利用分词、词频分析、社会网络分析和语义网络分析四个模块。在此基础上，利用 Tableau 和 VOSviewer 进行数据可视化。

2.2.4.2 资助项目总体情况

从 1997 年到 2023 年，盐湖领域共资助了 304 个基础研究项目，资金总额达到 20278.10 万元，平均每个项目获得资助 66.70 万元。通过图 2-17 分析可以看出，盐湖领域的资助项目数量和资金投入呈现出波动上升的趋势。

图 2-17　1997～2023 年 NSFC 盐湖领域的资助项目时间趋势

根据项目数量和资金分布的时间特征（表 2-6），可将盐湖研究项目分为起步期、探索期和发展期三个阶段。在 1997 年至 2010 年的起步期，每年资助项目数量均低于 10 个，平均资助金额约为 65.91 万元/年，平均资助强度是 25 万元/项，资助水平相对较低。2011 年至 2017 年的发展期内，项目数量开始超过 10 个，资金投入显著增加，平均每年资助项目数达到 22 项，平均资助金额为 1539.16 万元/年，平均资助强度为 69.06 万元/项。特别是 2014 年，资助总额达到 3407 万元，共资助 43 个项目，创下发展阶段的一个高峰。这可能与国家自然科学基金委员会和青海省人民政府联合设立的"盐湖联合基金项目"有关，该项目针对盐湖资源开发和环境问题展开基础研究，提升了盐湖科学研究水平。"盐湖联合基金项目"设立后，2014 年之后盐湖研究项目数量和项目金额显著增加。2018 年至 2023 年间，平均每年资助项目数为 19 个，平均每年资助金额 1463.2 万元/年。尽管项目数量和资金有所回落，但值得注意的是 2020 年资助强度达到 123.07 万元/项，是二十多年来资助强度最大的一年，并且近年来项目数量保持在 20 个左右，呈现稳定发展态势。

表 2-6　1997～2023 年 NSFC 盐湖领域的资助项目数量、金额及资助强度

年度	立项数量/项	资助金额/万元	资助强度/（万元/项）
1997	3	47	15.67
1998	3	147	49.00
1999	3	53	17.67
2000	1	22	22.00
2001	2	23	11.50
2002	1	28	28.00
2003	3	84	28.00
2006	2	18	9.00
2008	2	67	33.50
2009	2	66	33.00
2010	7	170	24.29
2011	10	514	51.40
2012	13	744	57.23
2013	7	213	30.43
2014	43	3407	79.23
2015	26	1377	52.96
2016	37	1952	52.76
2017	20	2567.1	128.36
2018	19	1086	57.16
2019	18	1598	88.78
2020	29	3569	123.07
2021	17	955	56.18
2022	20	737	36.85
2023	16	834	52.13
合计	304	20278.1	66.70

2.2.4.3 资助项目类别分析

在 1997 年至 2023 年的时间跨度中，盐湖领域的资助项目类型多样，包括联合基金项目、面上项目、青年科学基金项目、地区科学基金项目以及重点项目等。根据图 2-18 和图 2-19 所示的数据，可以看出不同类型项目在项目数量和资助金额上的占比。值得注意的是，委托任务/软课题经费、国际（地区）合作与交流项目、科学部主任基金项目/应急管理项目，以及重大研究计划和重点项目在项目数量和金额方面占比较小，合计不足 10%。而联合基金项目、面上项目和青年科学基金项目则占据了主导地位。其中，面上项目数量最多，共计 87 项，占比 28.6%，资助金额高达 4818 万元，占比 23.8%。青年科学基金项目数量为 85 项，占比 28.0%，资助强度稳定在 25 万元/项，总计资助金额为 2118.1 万元，占比 10.4%，显示出 NSFC 对于学科

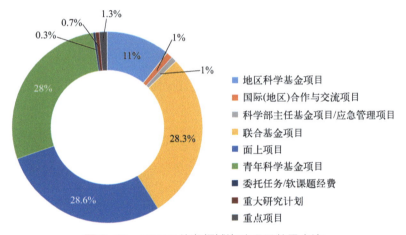

图 2-18　NSFC 盐湖领域资助项目数量占比

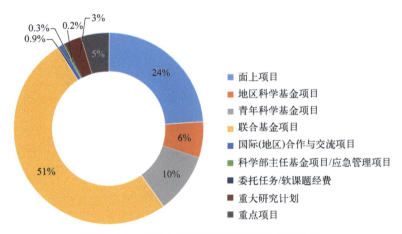

图 2-19　NSFC 盐湖领域资助项目金额占比

前沿探索和科技创新人才的重视。值得关注的是，联合基金项目在盐湖领域的 NSFC 资助项目中占据重要地位，数量占比为 28.3%，资助金额占比高达 51%，是盐湖研究领域国家自然科学基金资助的"主力军"。尽管联合基金项目设立时间较晚，从 2014 年开始资助，但资助覆盖范围较广。以 2014 年为例，NSFC 共资助盐湖领域 29 项联合基金项目，占当年资助总数的 80.6%。另外，盐湖研究领域的地区科学基金项目也有 33 项资助，占比 10.9%，资助金额共计 1239 万元，占比 6.1%。

根据图 2-20 所示的数据变化趋势，可以看出从 1997 年到 2023 年不同类型项目在数量和资助金额上的时间变化趋势。面上项目是数量最多的项目类型，每年均有新增立项项目，资助金额和数量均呈现波动变化，总体趋势是上升。对比面上项目和青年科学基金项目的变化趋势，二者呈现出"此消彼长"的态势。地区科学基金项目在数量和金额上稳定增长。总体来说，2010 年以后，各类型项目数量和金额较 2010 年以前有较大幅度的增长，体现了 NSFC 对该领域加大了投入力度。

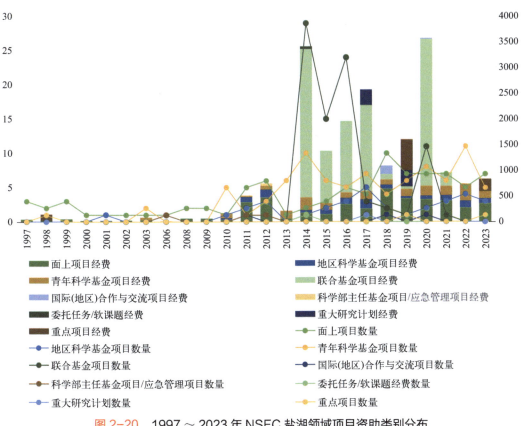

图 2-20　1997～2023 年 NSFC 盐湖领域项目资助类别分布

2.2.4.4 资助项目依托单位分布

从资助项目依托单位分析来看，NSFC 盐湖领域资助项目依托单位可以分为高等院校（大学研究机构）、中国科学院（国家科研机构）、其他科研院所（省、市科学院）、其他事业单位、企业五种类型。根据图 2-21 显示，资助项目依托单位为高等院校的基金项目占比为 58.55%，高等院校在各项目类型上的参与较为广泛，涵盖了重点项目、青年科学基金项目、面上项目、联合基金项目、科学部主任基金项目/应急管理项目、国际（地区）合作与交流项目以及地区科学基金项目。其次是中国科学院，占比为 31.25%。图 2-22 显示，中国科学院参与了重点项目、重大研究计划、青年科学基金项目、面上项目、联合基金项目、科学部主任基金项目/应急管理项目和国际（地区）合作与交流项目，其中青年科学基金项目和联合基金项目数量较多。这表明，高校和中国科学院作为盐湖领域国家自然科学基金项目的主要申请和承担单位，是我国盐

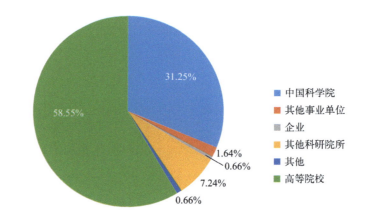

图 2-21　1997～2023 年 NSFC 盐湖领域资助项目依托单位占比

项目类型	高等院校	中国科学院	其他科研院所	其他事业单位	企业
地区科学基金项目	33				
国际(地区)合作与交流项目	1	2			
科学部主任基金项目/应急管理项目	2	1			
联合基金项目	53	31	2		
面上项目	50	29	5	2	1
青年科学基金项目	37	30	14	3	1
委托任务/软课题经费			1		
重大研究计划		1			
重点项目	2	1	1		

图 2-22　1997～2023 年 NSFC 盐湖领域资助项目类型与依托单位分类

湖研究领域的主力军。数量占比排名第三的是其他科研院所，这类科研机构占比 7.24%。其他事业单位和企业单位参与的项目类型相对较少，主要集中在青年科学基金项目和面上项目上。

根据表 2-7 统计数据，自 1997 年以来，盐湖研究领域共有 304 个项目分布在全国 94 个不同单位。其中，在资助项目数量方面，中国科学院青海盐湖研究所（52 项）、中国地质科学院矿产资源研究所（18 项）、青海大学（17 项）、天津科技大学（12 项）和中国科学院过程工程研究所（12 项）排名前五。有 4 个单位的资助金额超过 1000 万元，分别是中国科学院青海盐湖研究所（4529 万元）、天津科技大学（1227 万元）、中南大学（1226 万元）和中国地质科学院矿产资源研究所（1222 万元）。这些科研单位分布在 25 个地区，主要集中在北京（22 所）、山东（6 所）、新疆（6 所）和陕西（5 所）。中国科学院青海盐湖研究所在项目数量和资助金额表现突出，是该领域的主要研究单位。此外，天津科技大学、中南大学和中国地质科学院矿产资源研究所也在项目资助金额上表现出色。

表 2-7　1997～2023 年获 NSFC 盐湖领域项目资助主要单位及研究分支领域

序号	单位	资助项目数	金额/万元
1	中国科学院青海盐湖研究所	52	4529
2	天津科技大学	12	1227
3	中南大学	5	1226
4	中国地质科学院矿产资源研究所	18	1222
5	北京化工大学	7	866
6	华东理工大学	9	860
7	中国科学院上海高等研究院	8	845
8	中国科学院过程工程研究所	12	787
9	青海大学	17	626
10	中国科学院微生物研究所	2	352
11	江苏大学	7	342
12	浙江大学	5	337
13	青岛海洋地质研究所	2	322
14	中国科学院空天信息创新研究院	2	295

续表

序号	单位	资助项目数	金额/万元
15	大连理工大学	5	272
16	山西大学	1	260
17	成都理工大学	6	246
18	合肥工业大学	4	236
19	北京师范大学	4	224
20	武汉理工大学	4	208
21	中国地质大学（北京）	6	187
22	南京工业大学	3	180
23	中国海洋大学	3	178
24	东华理工大学	4	162
25	湘潭大学	2	160
26	青海师范大学	4	154
27	新疆大学	4	149
28	清华大学	3	146
29	太原理工大学	2	124
30	青岛大学	2	124
31	中国科学院宁波材料技术与工程研究所	2	116
32	西安交通大学	2	116
33	天津工业大学	2	116
34	陕西师范大学	2	116
35	兰州理工大学	3	115
36	武汉工程大学	2	106
37	湖南大学	2	100
38	塔里木大学	3	97
39	新疆师范大学	2	91
40	湖南工业大学	2	90
41	南京大学	2	88
42	中国科学院寒区旱区环境与工程研究所	1	85

续表

序号	单位	资助项目数	金额/万元
43	江西理工大学	2	83
44	河海大学	1	80
45	中国科学院新疆生态与地理研究所	3	76
46	临沂大学	2	75
47	中国石油大学（北京）	1	71
48	中国地质科学院水文地质环境地质研究所	3	69
49	河北科技大学	1	66
50	中国地质大学（武汉）	3	64
51	运城学院	2	62
52	西北大学	1	62
53	中国科学院长春应用化学研究所	1	60
54	中国科学院合肥物质科学研究院	1	60
55	北京工业大学	1	60
56	吉林大学	1	58
57	自然资源部第一海洋研究所	1	54
58	重庆大学	1	54
59	武汉大学	1	52
60	矿冶科技集团有限公司	1	50
61	东北大学	1	50
62	中国科学院地球环境研究所	1	48
63	中国地质调查局天津地质调查中心	2	48
64	新疆农业大学	1	45
65	中国科学院动物研究所	3	42
66	中国科学院高能物理研究所	1	40
67	石河子大学	1	40
68	兰州交通大学	1	36
69	内蒙古农业大学	1	35

续表

序号	单位	资助项目数	金额/万元
70	内蒙古科技大学	1	35
71	中国科学院南京地理与湖泊研究所	1	34
72	中国科学院地质与地球物理研究所	1	30
73	中国科学院大学	1	30
74	中国科学技术大学	1	30
75	西安建筑科技大学	1	30
76	深圳大学	1	30
77	平顶山学院	1	30
78	宁波大学	1	30
79	承德医学院	1	30
80	中国科学院金属研究所	1	28
81	中国科学院青藏高原研究所	1	26
82	中国地质科学院地质力学研究所	1	26
83	中化地质矿山总局化工地质调查总院	1	25
84	中国科学院地球化学研究所	1	25
85	新乡学院	1	25
86	南阳理工学院	1	25
87	陕西理工大学	1	24
88	北京交通大学	1	24
89	中国石油天然气股份有限公司勘探开发研究院	1	23
90	河北北方学院	1	20.1
91	自然资源部天津海水淡化与综合利用研究所	1	20
92	中国科学院广州地球化学研究所	1	19
93	山东农业大学	1	19
94	沈阳建筑大学	1	18

2.2.4.5 资助项目重点领域分析

根据资助项目一级学科代码分析重点领域，1997～2023年盐湖领域获得

NSFC 资助项目涉及一级学科共有 25 个，其中金额超过 100 万元的重点学科共 12 个，见图 2-23。化学工程与工业化学、地质学、地球化学、环境地球科学、冶金与矿业 5 个领域项目资助金额占同期盐湖领域资助项目总金额的 85.6%。

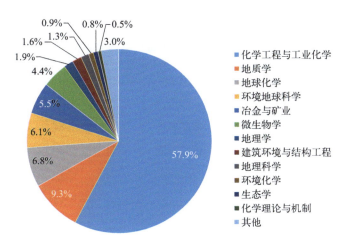

图 2-23　1997～2023 年 NSFC 盐湖资助项目重点领域

项目标题是对项目内容的高度概括，可以直接反映国家自然科学基金的项目分布和关注热点。因此本节利用 ROST-CM6 对已经获得资助的项目标题进行分词处理，将分词后的文本、停用词表导入到软件中进行统计分析，得到所有关键词的词频，将结果导入到 EXCEL 表中，将关键词按照词频降序排列。为了更加直观地展示出词频分析的结果，利用微词云在线词云图生成器制作关键词词云，结果如图 2-24 所示。从图 2-24 可以看出，目前盐湖领域的研究热点主要是"卤水""制备""分离""卤水体系""高镁锂比""提锂""提取""环境"等关键词。

图 2-24　1997～2023 年 NSFC 盐湖资助项目关键词云图

通过提取关键词，过滤无意义的词，共得到 811 个关键词，选取词频大于 2 的 172 个关键词进行聚类分析，"卤水"是频次出现最多的词汇，共有 139 个，是唯一一个频次超过 100 的词汇，其次是"分离""制备""提锂""提取"等与资源处理和利用相关的内容。表 2-8 展示了词频大于 5 的关键词。

表 2-8 1997～2023 年 NSFC 盐湖重点领域资助项目高频词情况

序号	关键词	词频	序号	关键词	词频	序号	关键词	词频
1	卤水	139	21	演化	12	41	混凝土	8
2	分离	40	22	卤水体系	12	42	离子液体	8
3	制备	39	23	锂镁分离	11	43	锂资源	8
4	盆地	37	24	微生物	11	44	低温	8
5	柴达木	34	25	察尔汗	11	45	变化	7
6	提锂	25	26	沉积	10	46	西藏	7
7	结构	21	27	体系	10	47	复合材料	7
8	提取	20	28	成因	10	48	嗜盐	7
9	高镁锂比	20	29	特征	10	49	相图	7
10	吸附	20	30	强化	9	50	吸附剂	7
11	相平衡	18	31	纳米	9	51	青藏高原	7
12	高效	18	32	萃取	9	52	锂镁	7
13	规律	18	33	元素	9	53	离子筛	7
14	材料	18	34	新疆	9	54	成矿	7
15	性能	17	35	耦合	9	55	金属	7
16	环境	16	36	技术	9	56	协同	7
17	资源	15	37	罗布泊	9	57	多样性	7
18	选择性	15	38	构筑	9	58	复合	6
19	富钾	13	39	地下卤水	9	59	锂同位素	6
20	铷铯	13	40	富集	8	60	优化	6

通过词频分析并不能揭示出各个关键词之间的内在关联，所以将分词后的文本、经过人工筛选的 172 个高频词文档、停用词表导入到软件中，利用 ROST-CM6 的社会网络和语义分析模块构建共现矩阵，绘制高频关键词的共现网络图谱，如图 2-25 所示，由图可以清晰地看到各个关键词节点之间的共现

关系。图中节点之间的有向连线代表位于两端的关键词之间的共现关系，由图可知"卤水""制备""分离""提取"多个关键词之间都有共现关系，与多个关键词之间都有连线，是所有高频词汇中的核心词汇。

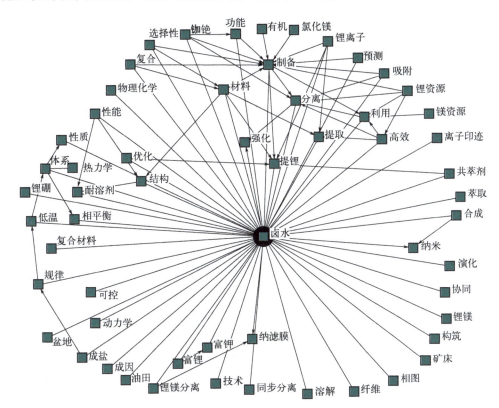

图 2-25　1997～2023 年 NSFC 盐湖资助项目关键词共现网络图

在此基础上，将语义网络导入 VOSviewer 中进行聚类分析，以探索国家自然科学基金对盐湖领域的资助热点，共形成 6 个主要聚类。

聚类 1：分离、利用、制备、卤水、吸附、提取、提锂、材料、选择性、锂离子、锂资源。

聚类 2：低温、成盐、规律。

聚类 3：体系、性质、相平衡。

聚类 4：性能、结构、耐溶剂。

聚类 5：富钾、富锂。

聚类 6：纳滤膜、锂镁分离。

1997～2023 年 NSFC 盐湖资助项目的共词网络聚类结果见图 2-26。

结合每个聚类分析和关键词共现分析，将盐湖领域资助项目主题分为盐湖资源目标元素分离与利用技术、盐湖体系相图、盐湖资源保护、盐湖元素规律与机制四个类别。

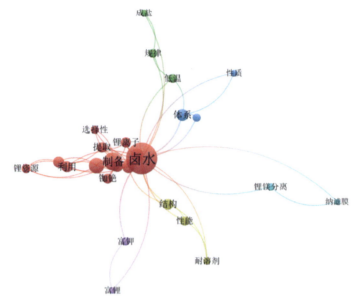

图 2-26　1997～2023 年 NSFC 盐湖资助项目共词网络聚类结果

（1）盐湖资源目标元素分离与利用技术

盐湖资源中蕴含丰富的锂、镁等元素，因此提取和分离这些资源成为研究者们关注的焦点。盐湖卤水提取技术面临着锂浓度较低、高镁锂比、高钙锶比以及分离难度大等挑战。当前，针对盐湖卤水中的目标元素，研究者们采用各种技术方法进行高效提取与分离研究，包括沉淀法、膜分离法、吸附法、萃取法和反应结晶等关键技术。在新材料方面，设计制备离子印迹纤维、正电纳滤膜、复合多级孔材料等新材料，旨在提高盐湖卤水中镁、锂等元素的选择性分离效率。电渗析、铝热还原等方法则致力于实现盐湖卤水中的锂资源能源化利用，强调对能源化过程的高效性能调控研究。膜分离技术在分离提纯领域具有重要优势，如操作连续、过程绿色环保等，近年来在盐湖提锂过程中备受关注。资助项目中主要采用纳滤膜和电渗析两种工业化膜分离方法。吸附法项目涉及多层次孔结构吸附法、离子印记技术选择性吸附和离子筛。离子筛因其高吸附容量和优异选择性而成为研究重点。萃取法分为萃取分离和溶剂萃取法，其中溶剂萃取法因效率高而备受青睐，萃取剂包括酚类、协同萃取剂和离子液体。这些技术方法的研究旨在提高盐湖卤水中镁锂等元素的选择性分离效率，促进盐湖资源的有效利用和能源化利用。

（2）盐湖体系相图

盐湖体系相图研究是与盐类相关的重要课题，涉及了热力学性质、相平衡、化学模型、材料体系构筑、机理研究等多方面内容。这些研究旨在深入了解不同盐湖体系中的元素特性及其间的相互作用，从而为优化提取和分离过程提供理论基础和技术支持。研究主题包括热力学性质与化学模型研究、相平衡动态预测、纳米材料合成、离子印迹技术应用、相传质机制探索、介稳相性质研究、体系稳定相平衡等。通过对盐湖中不同元素、离子组合的特性和行为进行深入研究，有助于开发出更有效的提取工艺、优化材料选择和提高分离效率。

（3）盐湖资源保护

盐湖生物资源保护内容广泛，包括放线菌资源勘探、卤虫带分类、生物量估算、嗜盐细菌多样性、嗜盐藻类研究、盐湖微生物和原核微生物多样性、古菌演化研究、底栖动物群落研究、真菌多样性研究、火星环境微生物研究等。这些研究致力于探究盐湖生物资源的保护和利用，涉及微生物种类、生态系统特征、生物多样性、资源开发前景、生态适应机制等方面。通过这些研究，可以深入了解盐湖生态系统的特点、生物资源的多样性以及生物在盐湖环境中的生存机制，为盐湖生物资源的可持续利用和保护提供科学依据和技术支持。土壤中含有的重金属离子往往表现出隐藏性、累积性、滞后性和不可逆性等特点，这些离子会限制微生物的活性与植物的生长，也会利用食物链持续积累并扩散给人类，对人类的身体健康构成威胁。因此，近年来在盐湖领域对于环境保护的研究受到关注。在环境保护主题方面，包含盐湖水文地球化学研究、盐湖古气候环境研究、盐湖"镁害"问题研究、盐湖水文环境演变、盐湖卤水能源化、防腐阻锈剂研究、高盐湖泊湿地二氧化碳排放机制、盐湖资源环境承载力变化评价、盐湖地下卤水开采过程研究等。这些研究围绕盐湖环境展开，包括地球化学特征、水文地质参数、资源开发对环境的影响、气候变化对盐湖生态系统的影响、盐湖资源的可持续利用等。

（4）盐湖元素规律与机制

盐湖元素规律与机制主题主要涉及盐湖地区的地质、地貌、矿产资源、水文地质、沉积学、矿物学、成因学、地球化学等多个领域的研究。具体包括盐湖沉积作用与黄土关系、盐湖地表盐分累积与释尘机制、盐湖老卤体系动态相平衡、盐湖地貌研究、盐湖资源元素损耗过程与机制、盐湖矿集区成矿机制、盐湖储卤层渗流溶解过程、盐湖周边地貌演化、盐湖环境沉积物特征研究、盐湖钾锂硼分布规律、盐湖带演化研究等内容，这些研究旨在深入探讨盐湖地区的地质特征、矿产资源分布、地貌演化、水文地质过程、矿床成因、矿物形成机制等问题，为盐湖地区的资源开发、环境保护和地质灾害防治提供科学依据和技术支持。

第3章
CHAPTER 3

国家盐湖创新指数评估

3.1 国家盐湖创新指数综合评估 / 045
3.2 国家盐湖知识创新分指标评估 / 049
3.3 国家盐湖技术创新分指数评估 / 054
3.4 国家盐湖协作创新分指数评估 / 058

3.1 国家盐湖创新指数综合评估

国家盐湖创新指数是一个综合指数,是由盐湖知识创新、盐湖技术创新和盐湖协作创新的 3 个一级指标,盐湖知识创新产出、盐湖知识创新影响、盐湖技术创新产出、盐湖技术创新质量、盐湖技术创新影响、盐湖创新主体规模、盐湖创新协作水平 7 个二级指标构成。考虑盐湖创新活动的全面性和代表性,以及基础数据的可获得性,国家盐湖创新指数选取 25 个三级指标(指标体系见附录二),以反映盐湖创新的质量、效率和能力。

3.1.1 国家盐湖创新指数

根据国家盐湖创新指数测算方法,对所有的指标原始数据进行标准化处理,本测算方法在原始评分的基础上利用 min-max 归一化,使被评估对象评分映射在 [0, 100] 区间,经过计算,2000 年国家盐湖创新指数得分为 5.28,2021 年为 61.44 达到峰值,2023 年得分为 55.87(图 3-1)。2000～2023 年国家盐湖创新指数平均得分为 28.99,年均增长率为 10.80%。

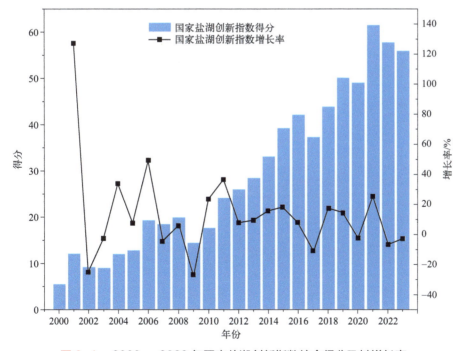

图 3-1 2000～2023 年国家盐湖创新指数综合得分及其增长率

2000～2023年国家盐湖创新指数得分整体上呈上升趋势，2022年和2023年因盐湖知识创新影响和盐湖技术创新影响的得分需要一定时间的积累，所以出现2022年和2023年得分略低于2021年的情况，后续评估中每年的评估指数会根据各个指标的变化而产生变化。国家盐湖创新指数增长率的变化幅度较大，最高值出现在2001年，为126.84%，其余年份增长率均低于50%，部分年份出现负增长的现象。"十五"期间，国家盐湖创新指数得分由2000年的5.28增长为2005年的12.76，年均增长率达19.30%；"十一五"期间，国家盐湖创新指数得分由2005年的12.76增长为2010年的17.58，年均增长率达6.62%；"十二五"期间，国家盐湖创新指数得分由2010年的17.58增长为2015年的38.96，年均增长率达17.25%；"十三五"期间，国家盐湖创新指数得分由2015年的38.96增长为2020年的48.83，年均增长率达4.62%，在此期间，国家对盐湖创新的投入逐渐加大，效果开始显现，越来越多的科研机构从事盐湖相关研究。

3.1.2 国家盐湖创新指数一级指标

盐湖知识创新、盐湖技术创新和盐湖协作创新三个指标对国家盐湖创新指数的影响各不相同，呈现不同的上升态势（表3-1，图3-2）。三个指标得分与国家盐湖创新指数得分的变化趋势较为相似。

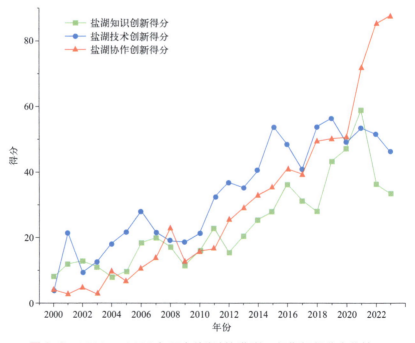

图3-2　2000～2023年国家盐湖创新指数一级指标得分变化情况

盐湖知识创新是盐湖创新活动顺利开展的重要保障。自 2000 年起，我国盐湖创新的总体环境得到了极大的改善，2000～2023 年盐湖知识创新一级指标总体呈上升趋势（表 3-1），在 2000～2012 年期间得分变化幅度较小，并且得分相对较低，从 2013 年开始出现较高的增长，2021 年达到峰值 58.94。

表 3-1　2000～2023 年国家盐湖创新指数及其分指数得分变化

年份	国家盐湖创新指数	分指数		
		盐湖知识创新	盐湖技术创新	盐湖协作创新
2000	5.28	7.86	3.93	4.07
2001	11.99	11.97	21.26	2.72
2002	9.04	12.80	9.49	4.83
2003	8.85	11.26	12.56	2.75
2004	11.90	7.88	18.18	9.64
2005	12.76	9.75	21.76	6.76
2006	19.12	18.57	28.01	10.77
2007	18.40	19.99	21.58	13.62
2008	19.69	17.50	18.83	22.75
2009	14.22	11.66	18.66	12.33
2010	17.58	16.02	21.01	15.70
2011	24.04	23.19	32.29	16.63
2012	25.88	15.41	37.01	25.22
2013	28.35	20.62	35.24	29.18
2014	32.92	25.51	40.27	32.97
2015	38.96	27.75	53.82	35.30
2016	41.99	36.51	48.39	41.07
2017	37.14	31.23	40.87	39.33
2018	43.76	27.80	53.97	49.52
2019	50.00	43.31	56.49	50.21
2020	48.83	46.98	48.96	50.54
2021	61.44	58.94	53.54	71.84
2022	57.66	36.22	51.43	85.34
2023	55.87	33.62	46.18	87.81

盐湖技术创新指标的变化趋势较为平缓，最高分出现在 2019 年，说明盐湖相关技术应用在这个阶段最为活跃。

盐湖协作创新指标从 2009 年开始呈明显上升趋势，并且自 2017 年以后得分均高于国家盐湖创新指数得分，说明盐湖协作创新指标对国家盐湖创新指数得分的增长有较大贡献。

2000～2023 年，盐湖知识创新指标总体呈上升趋势（表 3-2），年均增长率为 6.52%；盐湖技术创新指标呈现波动式增长趋势，年均增长率为 11.31%，2001 年增长率最高，为 440.97%，部分年份出现负增长率；盐湖协作创新指标年均增长率为 14.29%，2004 年增长率最高。

表 3-2　2000～2023 年国家盐湖创新指数及其分指数增长率变化

年份	国家盐湖创新指数增长率 /%	分指数增长率 /%		
		盐湖知识创新	盐湖技术创新	盐湖协作创新
2000	—	—	—	—
2001	127.08	52.29	440.97	-33.17
2002	-24.60	6.93	-55.36	77.57
2003	-2.10	-12.03	32.35	-43.06
2004	34.46	-30.02	44.75	250.55
2005	7.23	23.73	19.69	-29.88
2006	49.84	90.46	28.72	59.32
2007	-3.77	7.65	-22.96	26.46
2008	7.01	-12.46	-12.74	67.03
2009	-27.78	-33.37	-0.90	-45.80
2010	23.63	37.39	12.59	27.33
2011	36.75	44.76	53.69	5.92
2012	7.65	-33.55	14.62	51.65
2013	9.54	33.81	-4.78	15.70
2014	16.12	23.71	14.27	12.99
2015	18.35	8.78	33.65	7.07
2016	7.78	31.57	-10.09	16.35
2017	-11.55	-14.46	-15.54	-4.24
2018	17.82	-10.98	32.05	25.91
2019	14.26	55.79	4.67	1.39

续表

年份	国家盐湖创新指数增长率 /%	分指数增长率 /%		
		盐湖知识创新	盐湖技术创新	盐湖协作创新
2020	−2.34	8.47	−13.33	0.66
2021	25.82	25.46	9.35	42.14
2022	−6.15	−38.55	−3.94	18.79
2023	−3.10	−7.18	−10.21	2.89
年平均	10.80	6.52	11.31	14.29

3.2 国家盐湖知识创新分指标评估

知识创新是科技创新发展的重要源泉。本书分别从知识创新产出和知识创新影响两个方面评估目标年份的知识创新水平。在瞬息万变且竞争激烈的创新氛围中，知识创新能力成为研究领域构筑竞争优势不可或缺的基石。学术论文，作为知识创新成果的核心展现形式，其产出数量直接映射了该研究领域的知识生产活力与效率。而当这些学术成果受到广泛瞩目、被频繁引用及专业认可时，则标志着知识创新的影响力已跨越边界，实现了广度与深度的双重拓展。此外，引入标准制定及获得国家基金项目资助的情况，不仅是对其学术价值与实践意义的双重肯定，更是对知识创新活动全面评估的重要维度。这一过程不仅考量了知识的原创性与前沿性，还强调了其在推动社会进步、促进产业升级中的实际应用价值，为全面评估知识创新情况提供了多维度的视角。

由图 3-3 可知，国家盐湖知识创新产出和知识创新影响二级指标总体上呈现增长态势。国家盐湖知识创新产出得分在 1.37～59.71 之间，2000～2009 年盐湖相关知识创新产出均较低，得分较高的集中在 2019～2023 年，峰值出现在 2021 年，国家在这几年提出建设世界级盐湖产业基地，使盐湖领域热度持续升高；国家盐湖知识创新影响得分在 14.34～58.17 之间，变化幅度较国家盐湖知识创新产出较小，得分峰值出现在 2021 年，2022 年和 2023 年得分相对较低，这是因为处于成果产出初期，经过后期积累后会出现数值的变化。

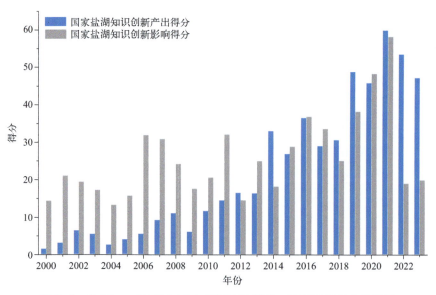

图 3-3　2000～2023 年国家盐湖知识创新二级指标得分变化情况

3.2.1　盐湖知识创新产出

盐湖知识创新产出选取如下 5 个指标。

① D1：盐湖相关 Web of Science 核心合集论文数；
② D2：盐湖相关 Web of Science 核心合集论文被引排名前 10% 论文数；
③ D3：盐湖相关 Web of Science 核心合集中 Q1 区期刊论文数；
④ D4：盐湖相关国家/地方标准起草数；
⑤ D5：盐湖相关国家基金项目数。

所有指标在原始数据的基础上利用 min-max 归一化，使被评估对象评分映射在 [0, 100] 区间，得分结果如图 3-4 所示。

盐湖相关 Web of Science 核心合集论文数是指 Web of Science 核心合集中收录的盐湖相关的论文数量（论文标题和摘要中含有盐湖相关表述）。在本评估中，主要考量被核心合集的科学引文索引数据库（Science Citation Index Expanded, SCIE）收录的研究论文（Article）和综述（Review）。由图 3-4（a）可知，盐湖相关 Web of Science 核心合集数得分整体呈上升趋势，2000～2015 年得分均小于 30，2016～2021 年增长迅速，2022 年达到峰值，说明在 2022 年盐湖学术活跃度最高。

从图 3-4（b）中可知，盐湖相关 Web of Science 核心合集论文被引排名前 10% 论文数指标需要时间的累积，该指标最高分出现在 2019 年（100 分），说明在本年度出版的文章质量较高，被引频次较高。

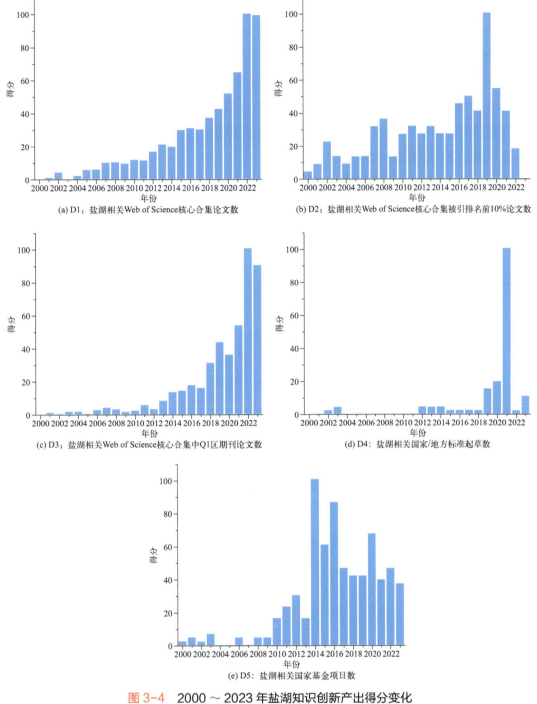

图 3-4　2000～2023 年盐湖知识创新产出得分变化

盐湖相关 Web of Science 核心合集中 Q1 区期刊论文数是指盐湖相关 Web of Science 核心合集论文中处于 Q1 区期刊的数量。Q1 区期刊是指影响因子在该领域排名前 25% 的期刊，发表在 Q1 区期刊上的论文往往具有较高的学术影响力和引用价值。图 3-4（c）中盐湖相关核心合集 SCIE 中 Q1 区期刊论文数整体呈上升趋势，2000～2017 年得分均小于 20，2018 年后得分增长较快，2022 年达到峰值，表明盐湖相关研究科研人员越来越关注发表文章的影响力。

盐湖相关国家/地方标准起草数为标题中含有"盐湖"或者"卤水"，并人工排除含有卤水但与盐湖卤水不相关的标准。从图 3-4（d）可知，起草标准数量最多的年份为 2021 年，其余年份均相对较少，盐湖相关标准起草的工作起步较晚，应加强该领域的工作。

盐湖相关国家基金项目数，项目题名中须含有"盐湖"或者"卤水"，并人工排除含有卤水但与盐湖卤水不相关的国家基金项目。从图 3-4（e）可知，盐湖相关国家基金项目数量得分在 2021～2023 年持续低迷，最高出现在 2014 年。

3.2.2 盐湖知识创新影响

盐湖知识创新影响选取如下 4 个指标。
① D6：盐湖相关 SCIE 篇均论文被引频次；
② D7：盐湖相关 SCIE 论文使用频次；
③ D8：盐湖相关 SCIE 论文提及频次；
④ D9：盐湖相关 SCIE 论文社交媒体频次。

盐湖知识创新影响的 4 个指标采用 PlumX 工具进行统计。PlumX 是一种评估科研成果的指标工具，通过分析科研成果的不同维度（如下载量、社交媒体分享、引用数等），来评估其在学术及社会上的影响力。所有指标在原始数据的基础上利用 min-max 归一化，使被评估对象评分映射在 [0, 100] 区间，得分结果如图 3-5 所示。

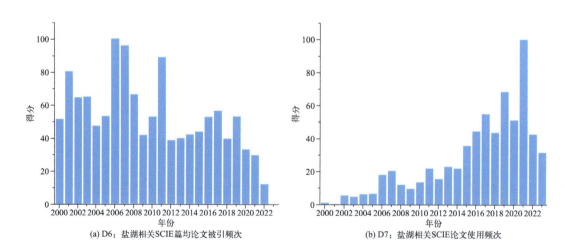

(a) D6：盐湖相关SCIE篇均论文被引频次

(b) D7：盐湖相关SCIE论文使用频次

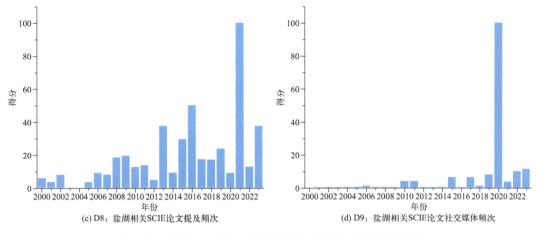

图 3-5　2000～2023 年盐湖知识创新影响得分变化情况

盐湖相关 SCIE 篇均论文被引频次是指一组盐湖相关论文所获得的平均引用次数，通过论文被引频次总数除以该组论文数量计算得到。与大多数指标的发展趋势不同，盐湖相关 SCIE 篇均论文被引频次得分在 2011 年以前普遍高于 2012 年以后［图 3-5（a）］，峰值出现在 2006 年，该指标取决于文章质量及发表的时间，所以会出现随着年份增长但平均被引频次整体下降的情况。

盐湖相关 SCIE 论文使用频次反映一组盐湖相关论文满足用户信息需求的次数，是摘要浏览次数、点击次数、下载量、播放次数等的总和。评估年份每篇论文使用频次的总和为该年份的使用频次。从图 3-5（b）看出，每年发表的盐湖相关 SCIE 论文使用频次随着年份的增长呈现逐渐上升的趋势，2021 年得分达到峰值，2016～2022 年得分较其他年份高，说明用户对 2016～2022 年盐湖领域的研究关注度及使用率较高。

盐湖相关 SCIE 论文提及频次是指一组盐湖相关论文的博客提及数、评论数、论坛主题数、新闻提及数、问答网站提及数等总和，有助于发现人们如何与研究产生互动。评估年份中每篇论文提及频次的总和为该年份的提及频次。该指标与盐湖相关 SCIE 论文使用频次相比整体偏低，得分较高的出现在 2016 年和 2021 年，说明这两年科研论文的社会影响力较高［图 3-5（c）］。

盐湖相关社交媒体频次是指在社交媒体平台关于一组论文的喜欢、分享、评分和转发数量等总和。评估年份中每篇论文社交媒体频次的总和为该年份的社交媒体频次。由图 3-5（d）可知，盐湖相关研究成果在社交媒体的热度仅 2020 年较高，说明盐湖相关研究的社交媒体曝光度相对较低。

3.3 国家盐湖技术创新分指数评估

　　技术创新构成了科技创新的核心驱动力，它是决定研究领域在竞争中脱颖而出的核心要素。专利文献作为技术创新成果的重要载体，是衡量一个领域技术实力与创新能力的关键标尺，它不仅揭示了技术演进的脉络，还为我们洞察技术前沿、预判未来科研方向提供了宝贵的视角。技术创新的广度与深度，即其产出成果的数量与质量，直接映射了技术创新的活跃程度与成熟水平，因此，评估企业的技术创新能力需综合考虑这两大维度。更为重要的是，技术创新如同一股强大的渗透力，广泛而深刻地影响着社会的每一个角落，它不仅是经济持续增长与转型升级的重要推手，更是驱动新一轮科技革命与产业变革的关键力量。因此，围绕技术创新影响设定的系列指标可反映创新领域对技术变革产生的影响与贡献，系统衡量技术创新成果的科学价值、技术价值、经济价值和社会价值。

　　国家盐湖技术创新二级指标得分变化如图 3-6 所示，其中国家盐湖技术创新产出得分呈现明显的增长态势，得分在 0.00 ～ 85.71 之间，峰值出现在 2023 年。2000 ～ 2009 年盐湖相关的技术创新产出较少，也存在知识产权保护工作未被大多数科研人员认识和了解的情况；2010 ～ 2017 年为技术创新产出的缓

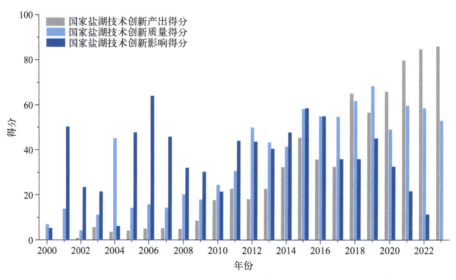

图 3-6　2000 ～ 2023 年国家盐湖技术创新二级指标得分变化情况

慢增长期，得分在 17.59～45.26 之间；2018～2023 年为盐湖技术创新产出的快速发展阶段。国家盐湖技术创新质量得分也呈现出较为平缓的增长态势，得分在 4.17～68.03 之间，峰值出现在 2019 年。国家盐湖技术创新影响得分范围为 0.00～63.73，得分规律与技术创新产出和技术创新质量的变化规律不同，峰值出现在 2006 年（63.73），从得分变化来看，技术创新影响由技术的实际作用效果决定，与时间的累积并没有直接的关系。

3.3.1 盐湖技术创新产出

盐湖技术创新产出选取如下 2 个指标。
① D10：盐湖相关发明专利授权数；
② D11：盐湖相关 PCT 专利数。

所有指标在原始数据的基础上利用 min-max 归一化，使被评估对象评分映射在 [0, 100] 区间，得分结果如图 3-7 所示。

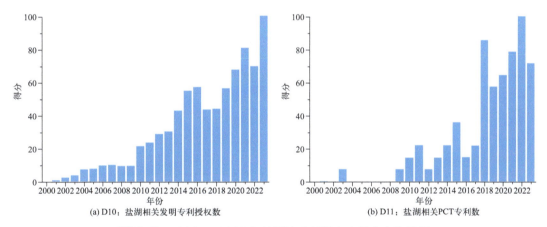

图 3-7　2000～2023 年盐湖技术创新产出得分变化情况

盐湖相关发明专利数是指被各个国家/地区专利受理机构授权或向世界知识产权组织（WIPO）提交申请并公开的盐湖相关发明专利数量。从图 3-7（a）可以看出，每年盐湖相关发明专利数随着年份的增长呈现逐渐上升的趋势，2023 年得分达到峰值，不仅说明近几年盐湖相关领域关注知识产权工作，同时也说明相关的技术创新产出多元化。

PCT 专利（Patent Cooperation Treaty）通常被认为是有较高的技术价值。PCT 缔约国的任何国民或居民均可提出这种申请。一般可以向申请人为其国民或居民的缔约国的国家专利局提出申请；也可以按申请人的选择，向设在日内瓦的 WIPO 国际局提出申请。从图 3-7（b）中可知，在 2000～2008 年期间，PCT 专利申请极少，仅 2003 年有部分申请，2009～2017 年发展也较为缓慢，2018～2023 年发展较为迅速，2022 年达到峰值。

3.3.2　盐湖技术创新质量

盐湖技术创新质量选取如下 4 个指标。
① D12：盐湖相关高被引专利数；
② D13：盐湖相关专利转让数；
③ D14：盐湖相关专利平均权利要求数；
④ D15：盐湖相关专利家族国家数。

所有指标在原始数据的基础上利用 min-max 归一化，使被评估对象评分映射在 [0, 100] 区间，得分结果如图 3-8 所示。

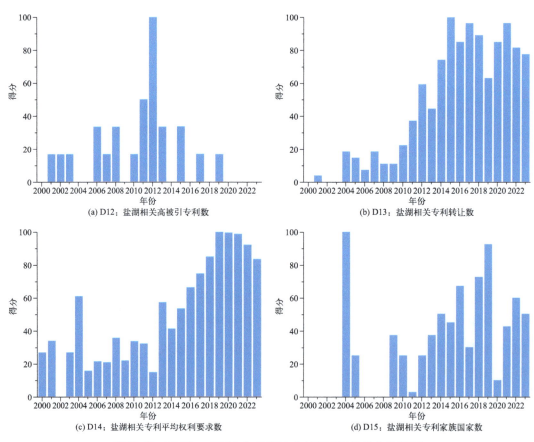

图 3-8　2000～2023 年盐湖技术创新质量得分变化情况

高被引专利是指被引频次大于 10 的专利。盐湖相关高被引专利数是指评估对象拥有被标记为高被引的盐湖相关专利数量。盐湖相关高被引专利数得分普遍较低 [图 3-8（a）]，峰值出现在 2012 年，说明 2012 年授权专利质量较高。

专利转让是指专利权人将其拥有专利的申请权或专利权转移给他人的行为。在专利权转让中，转让专利权的一方为"转让方"，接受专利权的一方为"受让方"。一旦发生专利权的转让，转让方就不再对该专利拥有任何权利，受让方即成为该专利新的专利权人，有权行使专利权的所有权利。盐湖相关专利转让数是指评估对象拥有的专利中有发生转让行为的盐湖相关专利数量。由图 3-8（b）可知，2013 年前盐湖相关专利转让量较少，从 2014 年开始转让量迅速增长，峰值出现在 2015 年，说明近十年盐湖相关专利价值较高。

发明或实用新型专利权的保护范围以其权利要求的内容为准，权利要求以科学术语定义该专利所给予的保护范围，它们不论在专利申请还是专利诉讼中都起着最关键的作用。专利权利要求项数的多少则反映专利覆盖的深度和保护层次设计。在本书中，盐湖相关专利平均权利要求数是指评估对象所拥有的盐湖相关专利中的权利要求项数的平均水平。从图 3-8（c）可知，盐湖相关专利平均权利要求数随时间整体呈上升趋势，得分峰值出现在 2019 年，2014～2023 年得分均较高，说明科研机构提高了专利保护范围的覆盖度。

专利家族是指具有共同优先权的，在不同国家/地区或国际专利组织多次申请、多次公布或批准的内容相同或基本相同的一组专利文献。WIPO《工业产权信息与文献手册》将专利族分为六种：简单专利族、复杂专利族、扩展专利族，本国专利族、内部专利族和人工专利族。当前国际主流数据库（包括 Inpadoc、Derwent Innovation、Fampat、智慧芽、Incopat 等）所采取的专利归并方式各不相同，也不直接对应 WIPO 的六种专利族。本报告中采用的是来自 Incopat 专利索引的专利族。盐湖相关专利家族国家数是指评估对象所拥有专利文献的盐湖相关专利家族分布的国家/地区或国际专利组织数量，该指标能够反映盐湖技术创新质量。盐湖相关专利家族国家数得分峰值出现在 2004 年，2000～2023 年大部分年份得分均较低 [图 3-8（d）]。

3.3.3　盐湖技术创新影响

盐湖技术创新影响选取如下 2 个指标。
① D16：盐湖相关专利篇均被引频次；

② D17：盐湖相关专利施引国家数。

所有指标在原始数据的基础上利用 min-max 归一化，使被评估对象评分映射在 [0, 100] 区间，得分结果如图 3-9 所示。

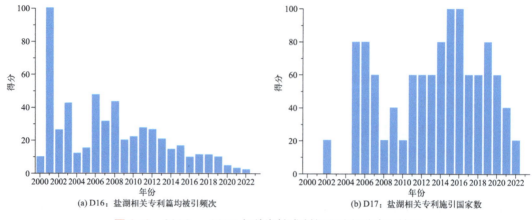

图 3-9　2000～2023 年盐湖技术创新影响得分变化情况

盐湖相关专利篇均被引频次是指一组盐湖相关专利所获得的平均引用次数，通过专利被引频次总数除以该组专利数量计算得到。从图 3-9 可知，盐湖相关专利篇均被引频次随着年份增长呈整体降低趋势，峰值出现在 2001 年。

盐湖相关专利施引国家数是指一组盐湖相关专利施引专利的来源国家数量，可以用来分析专利影响力在地域上的分布广度。从图 3-9 中可知，盐湖相关专利施引国家数在 2005～2007 年、2011～2020 年得分均较高，说明分布于这些年度的专利影响力相对较高。

3.4 国家盐湖协作创新分指数评估

优化资源配置的关键策略在于强化创新合作机制。在科技创新领域，人才资源作为核心要素，其活力与创造性是推动创新不断前行的根本动力。因此，打造一支规模庞大、结构完善、能力出众的创新人才队伍，成为加速创新进程、提升创新效能的必由之路。此外，各创新主体在合作过程中的角色定位与互动表现，也是衡量其协作创新能力的重要指标。本报告将从创新主体规模和创新协作水平两个维度出发，深入剖析并展示国内盐湖研究领域在协作创新方面的现状与成就，为未来的发展方向提供参考。

由图 3-10 可知，国家盐湖创新主体规模和盐湖创新协作水平二级指标总体上呈现增长态势。国家盐湖创新主体规模得分范围在 3.50～88.70 之间，2000～2003 年国家盐湖创新主体规模得分较低，从 2004 年开始，创新主体规模逐渐增长，并从 2010 年后迅速增长，峰值出现在 2022 年，创新主体规模的扩大说明参与盐湖领域研究的机构在逐步增多。盐湖创新协作水平得分范围在 1.67～94.87 之间，与创新主体规模变化规律较为相似，峰值出现在 2023 年，说明盐湖相关领域协作创新意识在不断提高。

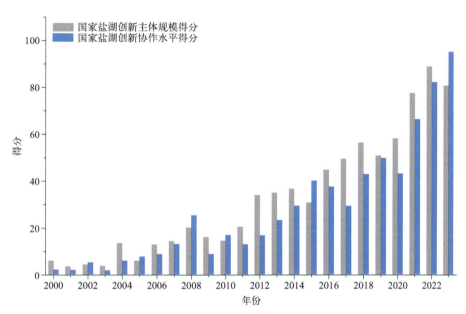

图 3-10　2000～2023 年国家盐湖协作创新二级指标得分变化

3.4.1　盐湖创新主体规模

盐湖创新主体规模选取如下 5 个指标。
① D18：盐湖相关 SCIE 论文作者数量；
② D19：盐湖相关 SCIE 论文发文机构数；
③ D20：盐湖相关专利发明人数量；
④ D21：盐湖相关专利申请人数量；
⑤ D22：盐湖相关博士毕业人员数量。
所有指标在原始数据的基础上利用 min-max 归一化，使被评估对象评分映射在 [0,100] 区间，得分结果如图 3-11 所示。
盐湖相关论文作者数量是指一组盐湖相关论文中所有作者的总和。由

图 3-11（a）可知，盐湖相关 SCIE 论文作者数量在 2002～2020 年期间呈波动式增长趋势，2021～2023 年迅速增长，2023 年达到峰值。

盐湖相关 SCIE 论文发文机构数是指论文作者所属机构数量的总和。图 3-11（b）中盐湖相关 SCIE 论文发文机构与作者数量的增长较为相似，整体呈平稳增长趋势，2008 年和 2016 年增长较为突出，峰值出现在 2022 年。

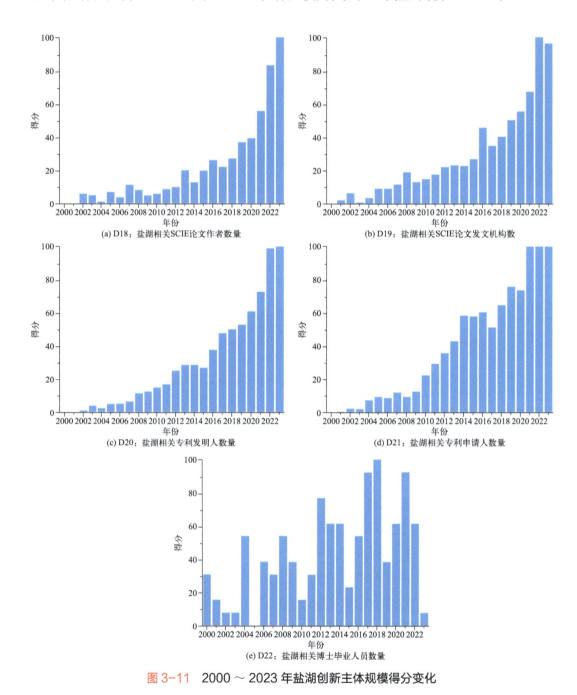

图 3-11　2000～2023 年盐湖创新主体规模得分变化

盐湖相关专利发明人数量是指评估对象所持有的盐湖相关专利中所有发明人的数量。该指标囊括被评估对象所持有专利的全部发明人。若同一发明人在多个专利中出现，仅统计一次。盐湖相关专利发明人数量得分整体上呈现增长态势，2000~2007年增长比较缓慢，2008~2019年增长趋势比较明显，2020~2023年增长较为迅速，峰值出现在2023年。相关专利发明人数量增长趋势与论文作者数量相同，部分论文作者与专利发明人重叠。

盐湖相关专利申请人数量是指评估对象所持有盐湖相关专利的申请人数量。盐湖相关专利申请人数量与盐湖相关SCIE论文发文机构数的增长趋势较为相似，2021~2023年得分相同，说明在2021年后未出现新增盐湖相关专利申请人，相关专利申请人已达到峰值。

盐湖相关博士毕业人员数量是指研究机构所培养博士的毕业论文中标题中含有盐湖或者卤水的人数总和。从图3-11（e）中可知，盐湖相关博士毕业人员数量波动较大，得分峰值在2018年，2017年和2021年得分也较高，其他年份得分相对较低，应持续关注盐湖相关人才的培养。

3.4.2 盐湖创新协作水平

盐湖创新协作水平选取如下3个指标。
① D23：盐湖相关国际合作论文数；
② D24：盐湖相关国内合作论文数；
③ D25：盐湖相关合作专利数。

所有指标在原始数据的基础上利用min-max归一化，使被评估对象评分映射在[0,100]区间，得分结果如图3-12所示。

盐湖相关国际合作论文数是指一组盐湖相关论文中含两个或多个国家单位的论文总数。如图3-12（a）所示，盐湖相关国际合作论文数得分整体呈现上升趋势，峰值出现在2023年。2000~2018年增长较为缓慢，期间有个小峰值，出现在2008年，2019年后得分均高于60分，说明2019年后盐湖相关国际合作较为频繁，出现较好的学术交流氛围。

盐湖相关国内合作论文数是指一组盐湖相关论文有两个或多个单位并且所有地址都在国内的论文。由图3-12（b）可知，盐湖相关国内合作论文数得分在2000~2020年呈平稳上涨趋势，自2021年开始上涨速度加快，2022年达到峰值，但相较盐湖相关国际合作论文数整体偏低，需加强盐湖相关领域国内机构的合作力度。

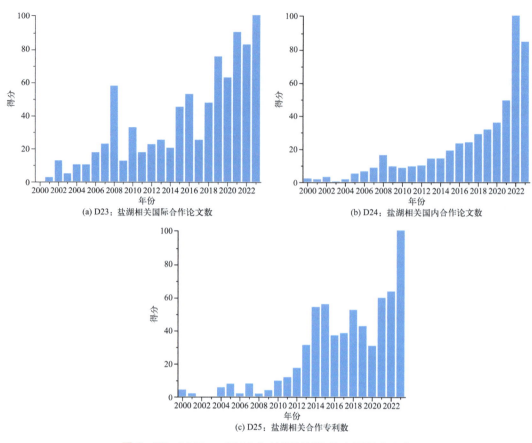

图 3-12　2000～2023 年盐湖创新协作水平得分变化

盐湖相关合作专利数是指被评估对象持有两个及以上非个人申请人的专利数量。从图 3-12 中可知，2000～2010 年期间，盐湖相关合作专利数得分较低，2011 年后盐湖相关的合作专利逐步增加，在 2023 年达到峰值，但从得分看，超过 60 分的年份仅有 2022 和 2023 年，应加强机构间技术研发的相关合作，促进盐湖领域的快速发展。

第4章
CHAPTER 4

机构盐湖创新指数评估

4.1 机构盐湖创新指数综合评估 / 064
4.2 机构盐湖知识创新分指标评估 / 066
4.3 机构盐湖技术创新分指标评估 / 069
4.4 机构盐湖协作创新分指标评估 / 073

4.1 机构盐湖创新指数综合评估

机构盐湖创新指数评价指标体系由知识创新、技术创新和创新协作三个一级指标构成，具体指标体系构成及各个指标的定义见附录三。各维度的主要观测点构成了机构盐湖创新指标体系的二级指标，知识创新是科技创新的重要源泉，该维度涵盖知识创新产出、知识创新影响和知识创新扩散3个方面；技术创新是科技创新的核心支撑，该维度考察技术创新产出、技术创新质量和技术创新影响3个方面；创新协作是资源优化配置的关键途径，该维度评估创新主体规模、创新主体地位和创新协作水平3个方面。机构盐湖创新指数得分情况见图4-1。

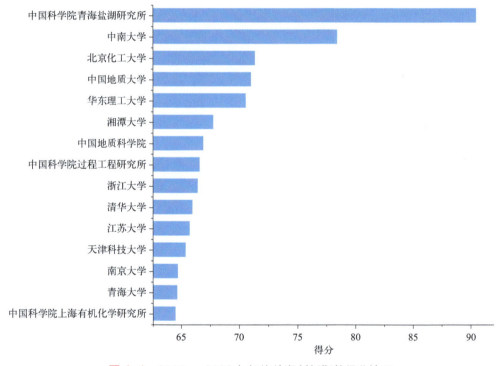

图4-1　2000～2023年机构盐湖创新指数得分情况

经征询领域专家意见，本报告将机构创新指标的权重设置为等权重。此外，三级指标采取平权处理，三级指标的平均值即为二级指标数值。指标体系如附录三所示。与国家盐湖创新指数指标体系相比，机构盐湖创新指数删除指标"盐湖相关SCIE论文发文机构数"和"盐湖相关专利申请人数量"，其他指标与国家盐湖创新指数相同。所有指标的数量为该机构2000～2023年所有成果总和。

选定的机构盐湖创新指数评估对象为SCIE论文数大于等于20篇或授权

发明专利数量大于等于 12 件的高等院校或科研院所。由于创新指标体系各项指标的数据量纲存在差异，因此需要对所有指标的原始数据进行标准化处理，本测算方法在原始评分的基础上利用 min-max 归一化，使被评估对象评分映射在 [0,1] 区间，在上述基础上，本研究将被评估对象的基础得分设置为 60 分，使被评估对象各级指标的得分范围为 [60,100]，即排名第一的评估对象得分为 100 分，排名最后的评估对象得分为 60 分。

初步选定的机构经过计算后，排名前 15 的机构得分范围为 65.05～90.98，得分最高的机构为中国科学院青海盐湖研究所（90.44），其次排序为中南大学（78.33）、北京化工大学（71.33）、中国地质大学（71.03）、华东理工大学（70.52）、湘潭大学（67.76）、中国地质科学院（66.90）、中国科学院过程工程研究所（66.62）、浙江大学（66.41）、清华大学（65.99）、江苏大学（65.71）、天津科技大学（65.36）、南京大学（64.73）、青海大学（64.64）和中国科学院上海有机化学研究所（64.50）。

图 4-2 为 2000～2023 年机构盐湖创新一级分指标得分情况，从图中可知，中国科学院青海盐湖研究所在盐湖技术创新得分最高（93.44），在机构协作创新得分次之，得分最低为盐湖知识创新得分，从分析可知，中国科学院青海盐湖研究所应加大知识创新的力度。中南大学盐湖技术创新得分最高，其次是机构协作创新和盐湖知识创新得分。北京化工大学三个分指数得分比较均衡。中国地质大学侧重盐湖知识创新，重点工作为盐湖地质相关的研究，对于产业开发方面相对其他机构较弱。华东理工大学总得分也超过 70 分，得分最高的一级分指数是盐湖知识创新得分。其他机构三部分的得分较为均衡。

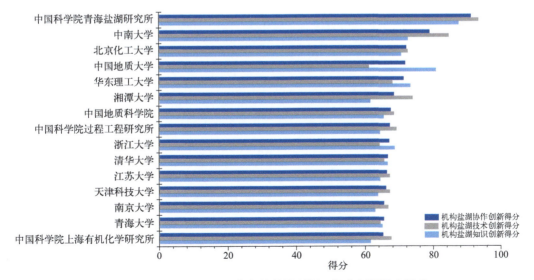

图 4-2　2000～2023 年机构盐湖创新一级分指标得分情况

4.2 机构盐湖知识创新分指标评估

知识创新是科技创新发展的重要源泉。机构盐湖知识创新从知识创新产出和知识创新影响两个方面评估目标机构的知识创新水平。在多变和激烈的创新环境下，知识创新能力是研究机构赢得竞争优势的重要基础。学术论文作为知识创新成果的重要体现，学术论文成果产出数量可以有效衡量研究机构的知识生产能力，而学术论文成果被他人重视、引用和认可的情况反映了知识创新影响的广度和深度，同时加入标准和国家基金项目情况综合评估知识创新情况。

从图 4-3 可知，中国科学院青海盐湖研究所在知识创新产出得分较高，但知识创新影响的得分比较低，说明中国科学院青海盐湖研究所研究成果数量较多，但影响力还有待提高。中南大学、北京化工大学、中国地质大学和华东理工大学均为知识创新产出得分较低，但知识创新影响的得分较高，说明中南大学、北京化工大学、中国地质大学和华东理工大学的研究内容虽然少，但影响力比较高。剩余机构中浙江大学的知识创新影响得分比较突出，其他机构两者得分相差不大。

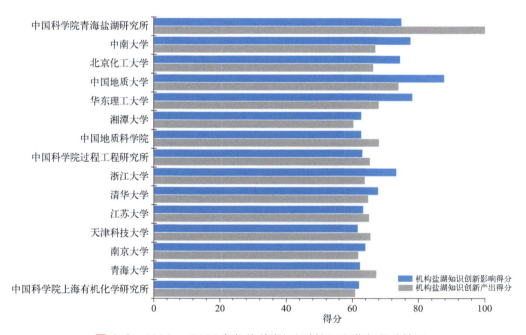

图 4-3 2000～2023 年机构盐湖知识创新二级指标得分情况

4.2.1 盐湖知识创新产出

盐湖知识创新产出选取如下 5 个指标。

d1：盐湖相关 Web of Science 核心合集论文数；

d2：盐湖相关 Web of Science 核心合集论文被引排名前 10% 论文数；

d3：盐湖相关 Web of Science 核心合集中 Q1 区期刊论文数；

d4：盐湖相关国家/地方标准起草数；

d5：盐湖相关国家基金项目数。

所有指标在原始数据的基础上利用 min-max 归一化，使被评估对象评分映射在 [60, 100] 区间，得分结果如表 4-1 所示。

表 4-1　2000～2023 年机构盐湖知识创新产出各指标得分

机构	d1	d2	d3	d4	d5
中国科学院青海盐湖研究所	100.00	100.00	100.00	100.00	100.00
中南大学	65.64	74.81	70.56	60.00	63.85
北京化工大学	63.08	74.81	67.78	60.00	65.38
中国地质大学	80.51	82.22	80.56	60.00	66.15
华东理工大学	68.72	74.81	69.44	60.00	66.92
湘潭大学	60.00	60.00	60.00	60.00	61.54
中国地质科学院	71.45	64.44	67.22	60.00	76.92
中国科学院过程工程研究所	63.76	64.44	68.89	60.00	69.23
浙江大学	64.44	65.93	63.89	60.00	63.85
清华大学	64.10	71.85	66.11	60.00	62.31
江苏大学	65.81	70.37	63.89	60.00	65.38
天津科技大学	68.55	64.44	65.56	60.00	69.23
南京大学	63.25	61.48	63.89	60.00	60.00
青海大学	69.91	67.41	66.11	60.00	73.08
中国科学院上海有机化学研究所	61.03	61.48	61.67	60.00	60.00

从表 4-1 可知，其中盐湖相关 Web of Science 核心合集论文数得分最高的机构为中国科学院青海盐湖研究所，中国地质大学和中国地质科学院得分较高，说明这些机构盐湖知识产出的数量较为可观。盐湖相关 Web of Science 核心合集论文

被引排名前 10% 论文数得分 70 以上的机构有中国科学院青海盐湖研究所、中南大学、北京化工大学、中国地质大学、华东理工大学、清华大学和江苏大学，说明这些机构在盐湖领域的研究成果被关注较多。盐湖相关 Web of Science 核心合集中 Q1 区期刊论文数得分 70 分的机构有中国科学院青海盐湖研究所、中南大学和中国地质大学。盐湖相关国家 / 地方标准起草数得分机构仅有中国科学院青海盐湖研究所，其他机构未参与相关标准的起草。盐湖相关国家基金项目数得分较高的机构有中国科学院青海盐湖研究所、中国地质科学院和青海大学。

4.2.2 盐湖知识创新影响

盐湖知识创新影响选取如下 4 个指标。

d6：盐湖相关 SCIE 论文篇均被引频次；

d7：盐湖相关 SCIE 论文使用频次；

d8：盐湖相关 SCIE 论文提及频次；

d9：盐湖相关 SCIE 论文社交媒体频次。

所有指标在原始数据的基础上利用 min-max 归一化，使被评估对象评分映射在 [60,100] 区间，得分结果如表 4-2 所示。

表 4-2　2000～2023 年机构盐湖知识创新影响各指标得分

机构	d6	d7	d8	d9
中国科学院青海盐湖研究所	66.83	100.00	71.82	60.80
中南大学	89.27	96.56	64.55	60.11
北京化工大学	100.00	75.24	62.73	60.00
中国地质大学	75.61	75.50	100.00	100.00
华东理工大学	79.51	94.15	79.09	60.00
湘潭大学	70.73	60.05	60.00	60.00
中国地质科学院	65.85	65.16	60.00	60.00
中国科学院过程工程研究所	70.73	61.62	60.00	60.00
浙江大学	79.51	65.82	62.73	85.45
清华大学	84.39	67.06	60.00	60.00
江苏大学	66.83	65.03	61.82	60.00
天津科技大学	60.00	66.11	60.00	60.23

续表

机构	d6	d7	d8	d9
南京大学	71.71	63.31	60.00	60.23
青海大学	62.93	65.64	60.91	60.00
中国科学院上海有机化学研究所	65.85	62.57	60.00	60.00

从表 4-2 可知，盐湖相关 SCIE 论文篇均被引频次得分最高的机构为北京化工大学，其次为中南大学、清华大学，论文篇均被引频次能够反映机构研究成果是否具有影响力。盐湖相关 SCIE 论文使用频次得分超过 90 分的机构有中国科学院青海盐湖研究所、中南大学和华东理工大学。盐湖相关 SCIE 论文提及频次仅中国地质大学得分较高，其他机构相对较弱。盐湖相关 SCIE 论文社交媒体频次得分较高的仅有中国地质大学和浙江大学。分析结果表明，所有入榜机构仅有少数机构产出的成果具有较为明显的影响力。

4.3 机构盐湖技术创新分指标评估

技术创新是推动科技创新的核心支撑。技术创新是研究机构竞争优势的关键来源，以专利文献为代表的技术创新产出成果是衡量研究机构技术力量的重要指标，为捕捉技术发展趋势和预测未来研究方向提供了重要窗口。技术创新产出成果量与质的积累集中体现了技术创新的规模和水平，因而可以从技术创新产出数量和技术创新质量两个方面衡量企业的技术创新水平。此外，技术创新积极渗透进社会生活的方方面面，不仅助推经济发展不断迈向新台阶，也对新一轮技术变革产生了深刻影响。因此，围绕技术创新影响设定的系列指标反映了创新机构对技术变革产生的影响与贡献，系统衡量了技术创新成果的科学价值、技术价值、经济价值和社会价值。

图 4-4 为 2000～2023 年机构盐湖技术创新二级指标得分情况，从图中可知盐湖技术创新产出得分较高的机构为中国科学院青海盐湖研究所和湘潭大学，湘潭大学对镁锂分离的研究有较多的授权专利，所以在盐湖技术创新产出中有较大的优势。中国科学院青海盐湖研究所和中南大学在盐湖技术创新质量得分和技术创新影响得分排名均较高，对盐湖技术创新有较大的贡献。

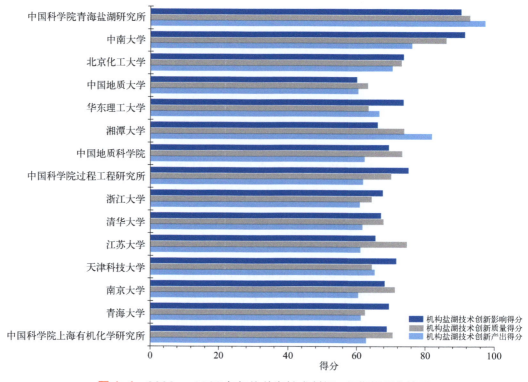

图 4-4　2000～2023 年机构盐湖技术创新二级指标得分情况

4.3.1　盐湖技术创新产出

盐湖技术创新产出选取如下 2 个指标。

d10：盐湖相关发明专利授权数；

d11：盐湖相关 PCT 专利数。

所有指标在原始数据的基础上利用 min-max 归一化，使被评估对象评分映射在 [60,100] 区间，得分结果如表 4-3 所示。

表 4-3　2000～2023 年机构盐湖技术创新产出各指标得分

机构	d10	d11
中国科学院青海盐湖研究所	100.00	94.29
中南大学	69.13	82.86
北京化工大学	63.49	77.14
中国地质大学	64.83	60.00
华东理工大学	61.88	71.43
湘潭大学	64.03	100.00

续表

机构	d10	d11
中国地质科学院	60.81	60.00
中国科学院过程工程研究所	63.49	60.00
浙江大学	61.88	60.00
清华大学	63.49	60.00
江苏大学	62.15	60.00
天津科技大学	64.83	65.71
南京大学	61.07	60.00
青海大学	62.68	60.00
中国科学院上海有机化学研究所	65.64	60.00

从表 4-3 可知，中国科学院青海盐湖研究所的盐湖相关发明专利授权数指标得分最高，其他机构申请专利均较少，但盐湖相关 PCT 专利数指标湘潭大学得分最高，其次是中国科学院青海盐湖研究所，中南大学该指标的得分也较高。北京化工大学、华东理工大学和天津科技大学有少量的 PCT 申请，得分 60 的机构无盐湖相关 PCT 申请。

4.3.2 盐湖技术创新质量

盐湖技术创新质量选取如下 4 个指标。
d12：盐湖相关高被引专利数；
d13：盐湖相关专利转让数；
d14：盐湖相关专利平均权利要求数；
d15：盐湖相关专利家族国家数。
所有指标在原始数据的基础上利用 min-max 归一化，使被评估对象评分映射在 [60,100] 区间，得分结果如表 4-4 所示。

表 4-4　2000~2023 年机构盐湖技术创新质量各指标得分

机构	d12	d13	d14	d15
中国科学院青海盐湖研究所	100.00	100.00	71.55	100.00
中南大学	92.00	100.00	71.34	80.87

续表

机构	d12	d13	d14	d15
北京化工大学	68.00	86.67	68.44	68.70
中国地质大学	60.00	60.00	69.73	63.48
华东理工大学	60.00	60.00	68.59	65.22
湘潭大学	60.00	86.67	80.04	68.70
中国地质科学院	60.00	60.00	70.19	63.48
中国科学院过程工程研究所	60.00	60.00	97.81	63.48
浙江大学	60.00	60.00	73.90	63.48
清华大学	60.00	73.33	71.42	66.96
江苏大学	60.00	100.00	75.74	63.48
天津科技大学	60.00	60.00	69.35	68.70
南京大学	60.00	86.67	74.15	63.48
青海大学	60.00	60.00	66.63	63.48
中国科学院上海有机化学研究所	60.00	60.00	100.00	63.48

由表4-4可知，盐湖相关高被引专利数得分较高的机构有中国科学院青海盐湖研究所和中南大学，北京化工大学有少量高被引专利，其他机构无高被引专利。中国科学院青海盐湖研究所、中南大学和江苏大学的盐湖相关专利转让数得分相同，北京化工大学和湘潭大学也有较高的得分。盐湖相关专利平均权利要求数得分最高为中国科学院上海有机化学研究所，其次为中国科学院过程工程研究所，权利要求以科学术语定义该专利所给予的保护范围，它们不论在专利申请还是专利诉讼中都起着最关键的影响。从分析结果可以看出，中国科学院上海有机化学和中国科学院过程工程研究所比较重视专利覆盖和保护的深度。中国科学院青海盐湖研究所和中南大学的盐湖相关专利家族国家数得分较高，盐湖相关专利家族国家数说明盐湖相关专利海外布局的国家，能够反映盐湖技术创新质量。

4.3.3 盐湖技术创新影响

盐湖技术创新影响选取如下2个指标。
d16：盐湖相关专利篇均被引频次；
d17：盐湖相关专利施引国家数。

所有指标在原始数据的基础上利用 min-max 归一化，使被评估对象评分映射在 [60,100] 区间，得分结果如表 4-5 所示。

表 4-5　2000～2023 年机构盐湖技术创新影响各指标得分

机构	d16	d17
中国科学院青海盐湖研究所	80.68	100.00
中南大学	100.00	82.86
北京化工大学	81.69	65.71
中国地质大学	60.00	60.00
华东理工大学	76.16	71.43
湘潭大学	66.78	65.71
中国地质科学院	73.22	65.71
中国科学院过程工程研究所	79.10	71.43
浙江大学	69.72	65.71
清华大学	68.70	65.71
江苏大学	65.65	65.71
天津科技大学	77.74	65.71
南京大学	71.30	65.71
青海大学	67.57	71.43
中国科学院上海有机化学研究所	72.43	65.71

盐湖相关专利篇均被引频次得分最高的机构为中南大学，其次为北京化工大学和中国科学院青海盐湖研究所，盐湖相关专利篇均被引频次能够说明相关技术的影响力的大小，被引越多说明影响力越大。盐湖相关专利施引国家数得分较高的机构为中国科学院青海盐湖研究所和中南大学，从得分可以看出，这两个机构相关的盐湖技术研究得到关注的国家数量最多，说明这两个机构的盐湖技术创新影响力范围比较广。

4.4
机构盐湖协作创新分指标评估

创新协作是优化资源配置的关键途径。人才资源是机构的第一资源，也是科技创新活动中最为活跃、最为积极的因素，建立一支规模宏大、结构合理、素质优良的创新人才队伍更是推动创新的关键途径。此外，各创新机构在创新合作中的地位和角色可以反映其创新协作能力，本报告从创新主体规模和创新协作水平两个方面加以描述，以集中展现盐湖研究机构在国内科技创新的现状。

图 4-5 为 2000～2023 年机构盐湖协作创新二级指标得分情况，从图中可以看出，盐湖机构创新主体规模得分最高为中国科学院青海盐湖研究所，该机构为盐湖研究的重点机构，创新主体规模得分遥遥领先，其次为中国地质大学。创新协作水平得分较高的机构包括中国科学院青海盐湖研究所、中国地质大学和中国地质科学院，由图中可以看出机构盐湖创新协作水平与创新主体规模息息相关，二者几乎同步发展。

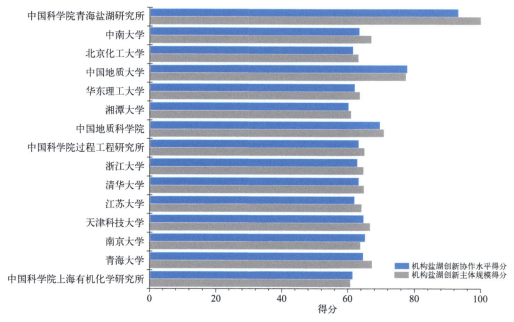

图 4-5 2000～2023 年机构盐湖协作创新二级分指数得分变化

4.4.1 盐湖创新主体规模

盐湖创新主体规模选取如下 3 个指标。
d18：盐湖相关 SCIE 论文作者数量；
d19：盐湖相关专利发明人数量；
d20：盐湖相关博士毕业人员数量。

所有指标在原始数据的基础上利用 min-max 归一化，使被评估对象评分映射在 [60,100] 区间，得分结果如表 4-6 所示。

表 4-6　2000～2023 年机构盐湖创新主体规模各指标得分

机构	d18	d19	d20
中国科学院青海盐湖研究所	100.00	100.00	100.00
中南大学	65.92	71.92	62.86
北京化工大学	63.94	65.07	60.00
中国地质大学	92.25	62.33	77.14
华东理工大学	67.82	62.60	60.00
湘潭大学	60.00	62.74	60.00
中国地质科学院	75.85	69.86	66.67
中国科学院过程工程研究所	64.51	66.30	63.81
浙江大学	69.08	63.84	60.95
清华大学	69.37	64.66	60.00
江苏大学	67.68	64.66	60.00
天津科技大学	69.44	70.14	60.00
南京大学	65.28	64.25	61.90
青海大学	73.59	68.08	60.00
中国科学院上海有机化学研究所	61.41	60.96	60.00

从表 4-6 可知，盐湖相关 SCIE 论文作者数量得分最高的是中国科学院青海盐湖研究所，其次为中国地质大学，得分 70 分以上的机构还有中国地质科学院和青海大学，其他机构参与盐湖研究的人员相对较少。盐湖相关专利发明人数量得分最高的仍是中国科学院青海盐湖研究所，得分 70 分以上的机构还有中南大学和天津科技大学，说明这三家机构侧重盐湖相关技术研发。盐湖相关博士毕业人员数量得分较高的有中国科学院青海盐湖研究所，其次为中国地质大学。

4.4.2　盐湖创新协作水平

盐湖创新协作水平选取如下 3 个指标。

d21：盐湖相关国际合作论文数；

d22：盐湖相关国内合作论文数；

d23：盐湖相关合作专利数。

所有指标在原始数据的基础上利用 min-max 归一化，使被评估对象评分映射在 [60,100] 区间，得分结果如表 4-7 所示。

表 4-7　2000～2023 年机构盐湖创新协作水平各指标得分

机构	d21	d22	d23
中国科学院青海盐湖研究所	79.23	100.00	100.00
中南大学	61.54	63.30	64.71
北京化工大学	61.54	60.88	61.18
中国地质大学	100.00	72.75	60.00
华东理工大学	62.31	63.08	60.00
湘潭大学	60.00	60.00	60.00
中国地质科学院	68.46	70.11	69.41
中国科学院过程工程研究所	63.85	63.96	61.18
浙江大学	64.62	63.52	60.00
清华大学	64.62	63.30	61.18
江苏大学	60.77	63.52	61.18
天津科技大学	65.38	64.40	63.53
南京大学	68.46	63.30	63.53
青海大学	61.54	69.45	62.35
中国科学院上海有机化学研究所	60.00	61.54	62.35

由表 4-7 可知，盐湖相关国际合作论文数得分最高的机构为中国地质大学，其次为中国科学院青海盐湖研究所，其他机构国际合作得分均较低。盐湖相关国内合作论文数得分最高为中国科学院青海盐湖研究所，得分在 70 分以上的机构还有中国地质大学和中国地质科学院。盐湖相关合作专利数得分最高的为中国科学院青海盐湖研究所，其他机构盐湖相关合作专利数得分均较低。

第 5 章
CHAPTER 5

国内部分盐湖研究机构

5.1 中国科学院青海盐湖研究所 / 078

5.2 中南大学 / 118

5.3 北京化工大学 / 122

5.4 华东理工大学 / 126

5.5 中国科学院过程工程研究所 / 133

5.6 浙江大学 / 140

5.7 清华大学 / 146

5.8 江苏大学 / 151

5.9 天津科技大学 / 158

盐湖研究机构是盐湖科技创新发展的主体，也是实现盐湖学科发展的重要支撑。自 1965 年成立第一个综合性盐湖研究所——中国科学院青海盐湖研究所以来，盐湖研究在众多机构中逐渐建立并迅速发展，形成了一批较为突出的盐湖研究机构，并成为引领和推动盐湖科技发展的主力军。

这些机构主要有中国科学院青海盐湖研究所、中南大学、北京化工大学、中国地质大学、华东理工大学、湘潭大学、中国地质科学院、中国科学院过程工程研究所、浙江大学、清华大学、江苏大学和天津科技大学。其中中国科学院青海盐湖研究所主要涉及盐湖化学化工和盐湖地质方面的研究，中南大学、北京化工大学、华东理工大学、湘潭大学、中国科学院过程工程研究所主要涉及盐湖化学化工方面的研究，中国地质大学和中国地质科学院方面的研究主要涉及盐湖地质方面的研究，浙江大学、清华大学、江苏大学和天津科技大学主要涉及盐湖化工及盐湖生物。本章选择涉及盐湖化学化工较多的机构进行总结，参照附录三 d1 的标准选取相关文章，深入分析涉及化学化工机构的研究布局和研究成果等内容，注重研究机构的学科领域布局和开展的研究工作分析，强调学术性。由于总结内容仅为 SCI 相关文献，所以总结内容不能代表该机构盐湖相关的全部研究内容。希望通过本章内容，能够让读者了解国内盐湖化学化工相关研究机构的概貌。

5.1
中国科学院青海盐湖研究所

中国科学院青海盐湖研究所（以下简称青海盐湖所）是中国唯一专门从事盐湖研究的科研机构，自 1965 年建所至今在盐湖领域深耕多年，积累了大量关于盐湖化学化工、盐湖地质以及盐湖生态环境的研究成果，主要研究涉及盐湖资源提取（锂、硼、铷、铯等）、盐湖资源高值利用（镁水泥、碳酸盐、硼酸盐等）、盐湖卤水溶液化学（热化学与相化学等）、盐湖地质特征及盐湖形成与演化、盐湖环境与盐湖生物等领域（图 5-1）。

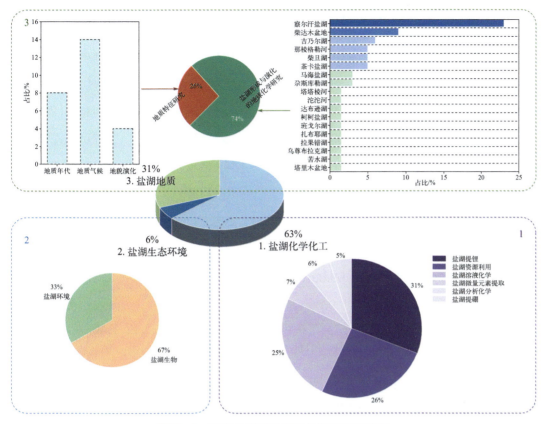

图 5-1 青海盐湖所盐湖相关研究方向分布

5.1.1 盐湖化学化工

5.1.1.1 盐湖提锂

锂是一种金属元素，广泛应用于储能、化工、医药、冶金、电子工业等领域，是重要的战略资源，新能源产业的迅速发展将引发锂资源供应赤字，全球约三分之二的锂资源蕴藏于盐湖卤水中，提取盐湖锂资源十分紧迫。

（1）萃取法盐湖提锂

在众多盐湖提锂方法（萃取法、沉淀法、吸附法、膜分离法）中，萃取法具有成本低、工艺简单等优势，现已实现工业级规模应用，青海盐湖所在萃取法提锂及 Mg/Li 分离方面的研究工作主要聚焦于萃取剂设计和筛选、工艺改进等，如表 5-1 所示。

表 5-1　萃取法盐湖提锂及 Mg/Li 分离研究概况

体系	萃取率	Mg/Li 比或分离因子	文献
TBP-煤油-FeCl$_3$	87.93%	料液 370、产品 0.02	Shi et al., 2019
TBP-DIBK-煤油-FeCl$_3$	99.90%	Li/Mg 分离系数 52150	Li et al., 2023b
TBP-[C$_4$mim][PF$_6$]-NaClO$_4$	99.12%	46（料液）	Shi et al., 2015
TBP-[C$_2$mim][NTf$_2$]	96.60%	46（料液）	Shi et al., 2017
TBP-[C$_4$mim][PF6]	90.93%	44（料液）	Shi et al., 2014
TBP-[C$_4$mim][NTf$_2$]	92.37%	46（料液）	Shi et al., 2016
NB2EHOTA-TBP-FeCl$_3$	78.2%	Li/Mg 分离因子 450～700	Ji et al., 2016
TBP-[NTf$_2$] 系列离子液体	萃取率 37.43%～90.67%		Wang et al., 2018c
N523-DIBK-FeCl$_3$	99.89%	Li/Mg 分离因子 103300	Li et al., 2023a
N523-TBP-kerosene-FeCl$_3$	96%	料液 48、产品 0.0015	Shi et al., 2018

注：TBP—磷酸三丁酯；DIBK—二异丁基甲酮；NB2EHOTA—N,N-二(2-乙基己基)氧丁酰胺；N523—N,N-二(2-乙基己基)乙酰胺；[NTf$_2$]—双(三氟甲磺酰)亚胺。

① 离子液体强化锂离子萃取。Shi 等科研人员系统研究了离子液体强化 TBP 锂离子萃取体系，先后开发出 TBP-[C$_{2,4}$mim][NTf$_2$]、TBP-[C$_4$mim][PF$_6$] 等萃取剂用于盐湖卤水提锂。构建了 TBP-[C$_4$mim][PF$_6$]-NaClO$_4$ 萃取体系，最佳条件下单次萃取率为 87.28%、三级逆流萃取的总萃取率高达 99.12%，表明离子液体可作为传统有机溶剂的替代溶剂（Shi et al., 2015）；锂离子的高传输速率归因于其与 TBP 可形成 [Li·2TBP]$^+$ 离子对（Shi et al., 2014）。此外，Shi 等科研人员还考察了不同碳链长度的 [NTf$_2$] 型离子液体（[C$_n$mim][NTf$_2$], n=2,4）对 TBP 锂萃取的强化作用，分别获得了 96.60%（[C$_2$mim][NTf$_2$]）（Shi et al., 2017）和 92.37%（[C$_4$mim][NTf$_2$]）（Shi et al., 2016）的萃取率，Li$^+$ 与 [C$_4$mim] 之间的离子交换是锂离子能够快速进入有机相的主要原因。Wang 等考察了不同阳离子种类的离子液体对 TBP 锂萃取的强化作用，结果表明 N-丁基吡啶双[(三氟甲基)磺酰]亚胺（BD）表现出较高的锂提取效率，而磷酸三丁酯甲基铵双[(三氟甲基)磺酰]亚胺（JA）选择性更好，同时阳离子疏水性越强，则体系萃取率越低（Wang et al., 2018c）。

② 萃锂工艺与动力学研究。Shi 等科研人员优化了 TBP-煤油-FeCl$_3$ 体系萃锂工艺，提出新型回流反萃取工艺，从高 Mg/Li 比的低品位盐湖卤水中提取 Li$^+$ 的萃取率达到了 87.9%（Shi et al., 2019）；构建了从含有 H$_3$BO$_3$ 的盐湖卤

水中提取锂的 N523-TBP 共萃体系（煤油为稀释剂，$FeCl_3$ 作为共萃取剂），萃取率达 96%（Shi et al., 2018）。Li 等科研人员构建了 TBP-DIBK 共萃体系（煤油为稀释剂、$FeCl_3$ 为协萃剂），在高镁/锂比的盐湖卤水中提取锂萃取率达到 99.90%，同时热力学研究表明，锂的提取是一个放热过程，低温有利于提取效率的提升（Li et al., 2023b）；另外提出了一种新型酰胺萃取体系，以 DIBK-煤油混合为稀释剂，以 N523 为萃取剂时，单级萃取率可达 92%，6 次三级逆流萃取率达 99.89%（Li et al., 2023a）。Ji 等科研人员构建了可应用于高镁锂比的盐湖卤水的新型酰胺萃锂体系——N,N-二(2-乙基己基)氧丁酰胺（NB2EHOTA）与 TBP 为共萃剂（$FeCl_3$ 为协萃剂），Li/Mg 分离因子可达 450～700，远高于传统的萃取系统（Ji et al., 2016）。此外 Li 等科研人员分别利用恒界面池（Li et al., 2018b）、上升单液滴法（Li et al., 2015b、2016b）研究了 N523-TBP 体系、TBP 体系锂离子的萃取动力学，结果表明扩散阻力主要存在于水相中，萃取过程为扩散控制的界面反应动力学过程，即反应发生在界面区域。

③ 其他。Li 等科研人员研究了 TBP-$FeCl_3$ 萃取体系对盐湖卤水中金属离子的萃取规律，且为了明确 Li^+、Na^+、K^+、Mg^{2+} 和 Ca^{2+} 等阳离子在萃取过程中的行为，进行了理论计算和实验，结果表明 M-Cl 和 M-O 在萃取配合物中的键长为 $K^+ > Na^+ > Li^+$、LiCl 对 TBP 中 P=O 键的影响强于 NaCl 和 KCl，这些结果为萃取剂设计提供了参考（Li et al., 2021b）。

（2）吸附法盐湖提锂

吸附法主要利用锂离子和杂质离子与吸附剂之间的相互作用（如静电作用）强弱的不同选择性截留锂离子，料液流经吸附剂时将锂离子截留而其他离子通过，从而实现锂离子的分离和提取，青海盐湖所相关工作如表 5-2 所示。

表 5-2 吸附法盐湖提锂研究概况

吸附剂类型	吸附量/（mg/g）	文献
Li/Al-LDHs	14.5*	Li et al., 2022c
Li/Al-LDHs	9.46[#]（一次）、8.18（循环）	Luo et al., 2022a
Li/Al-LDHs	9.66 (pH=6)、9.16*	Luo et al., 2021
Li/Al-LDHs	8.48 (pH=6)、11.8[#]	Dong et al., 2022
Li/Al-LDHs	6.4 (pH=6)、9.1*	Dong et al., 2023b
Mg/Al-LDHs	9.7 (pH=6)、15.5*	
Mg/Al-LDHs	91%（料液浓度为 27g/L）	Wang et al., 2018a

续表

吸附剂类型	吸附量/（mg/g）	文献
$Li_{1.6}Mn_{1.6}O_4$	40.9 或 33.7（料液浓度为 24mmol/L 或 6mmol/L）	Qian et al., 2021
$H_{1.6}Mn_{1.6}O_4$	47.54（一次）、45.15（循环）	Zhan et al., 2023
$H_{1.6}Mn_{1.6}O_4$	34.40（一次）、29.58（循环）	Zhan et al., 2022
HMn_2O_4	24.56（一次）、19.65（循环）	
$Li_{1.6}Mn_{1.6}O_4$	33.7[&]	Zhang et al., 2022a
PVC/PAN 离子筛	11.90	Zhang et al., 2023a
MnO_2 离子筛	26.13[&]	Zhang et al., 2021a
$H_4Ti_5O_{12}$ 纳米棒	23.2（料液浓度为 24mmol/L）	Zhao et al., 2020a

注：上标"*"表示东台吉乃尔湖卤水；"#"表示大柴旦湖卤水；"&"表示察尔汗盐湖卤水。

① 铝基锂离子吸附剂。Li 等科研人员将海藻酸钠造粒与水热法、溶胶凝胶法结合制备 Li/Al-LDHs 吸附剂，用以提取盐湖卤水中的锂，采用一步水热-海藻酸钠造粒法分别合成了颗粒吸附剂 $Li_2Al_4(CO_3)(OH)_{12} \cdot 3H_2O$（Li et al., 2022c）和 $[Li_2Al_4(OH)_{12}](CO_3) \cdot 4H_2O$（Dong et al., 2022），在高浓度 Li^+ 溶液中表现出优异的吸附能力，其在东台吉乃尔湖和大柴旦卤水中的锂吸附量分别为 14.5mg/g（锂浓度约 1400mg/L）、11.8mg/g（锂浓度约 1.0g/L）；Luo 等科研人员采用上述方法制备了 Li-Al-LDHs 和 $NH_4Al_3(SO_4)_2(OH)_6$ 多孔混合吸附剂，在东台吉乃尔湖卤水中锂离子吸附量为 9.16mg/g、10 次循环溶损仅为 0.54%，显示出工业应用的潜力（Luo et al., 2021）。此外，Luo 等科研人员通过相分离溶胶-凝胶法制备了三价 Fe 掺杂改性和 FeOOH 纳米复合物 Li/Al-LDHs 吸附剂，Fe(Ⅲ) 掺杂和含有 FeOOH 的纳米复合物减少了 Li/Al-LDHs 的溶解，并且没有负面影响造粒纳米复合物的吸附能力，在大柴旦湖卤水中单次锂吸附量为 9.46mg/g，循环吸附量为 8.18mg/g（Luo et al., 2022a）；Dong 等科研人员通过溶胶-凝胶法制备镁铝层状双氢氧化物（Mg/Al-LDHs），在 LiOH 溶液中经过溶解和重结晶过程转化制备 Li/Al-LDHs 吸附剂，在东台吉乃尔盐湖卤水中，这两种吸附剂的锂吸附量分别为 15.5mg/g 和 9.1mg/g（Dong et al., 2023b）；Wang 等科研人员开发了一种利用 Mg/Al-LDHs 吸附剂结合吸附法、酸化法和沉淀法同时分离回收镁与锂的集成工艺，经处理后卤水中镁含量由 117g/L 降至 0.02g/L，锂收率可达 91%（Wang et al., 2018a）。

② 锰基吸附剂和锂离子筛。Qian 等科研人员通过微量铝掺杂改性同时提高了 $Li_{1.6}Mn_{1.6}O_4$ 吸附剂的结构稳定性和吸附性能，吸附量分别从 33.4mg/g 提高至 40.9mg/g（料液锂离子浓度 24mmol/L）、从 26.1mg/g 提高至 33.7mg/g（料液锂离子浓度 6mmol/L）（Qian et al., 2021）。Zhan 等科研人员采用自组装法合成了表面多孔内部中空的球形 $H_{1.6}Mn_{1.6}O_4$ 吸附剂，吸附量可达 47.54mg/g（料液锂离子浓度 400mg/L），高吸附量归因于孔道和空心结构为离子迁移提供了通道和界面（Zhan et al., 2023）；另采用包覆法制备了基于锰的尖晶石吸附剂 HMn_2O_4 和 $H_{1.6}Mn_{1.6}O_4$，利用耦合电化学离子交换技术（ESIX）提取锂，吸附量分别为 24.56mg/g 和 34.40mg/g，且在多金属离子溶液中对锂有良好的选择性（Zhan et al., 2022）。Zhang 等科研人员制备了多种锂离子筛，通过氟和铝共改性提高了 $Li_{1.6}Mn_{1.6}O_4$ 离子筛的结构稳定性和吸附性能，锂吸附量从 28.5mg/g 提高至 33.7mg/g（Zhang et al., 2022a）；通过 $Li_{1.6}Mn_{1.6}O_4$ 浸出 Li 制备了 $MnO_2 \cdot 0.5H_2O$ 锂离子筛，具有良好的重复性和稳定性，5 次循环后吸附量可稳定在 26.13mg/g 左右（Zhang et al., 2021a）；采用相变法制备了聚氯乙烯（PVC）和聚丙烯腈（PAN）球形粒状锂离子筛，吸附量可稳定在 11.90mg/g（Zhang et al., 2023a）。Zhao 等科研人员通过两步水热-煅烧-酸洗工艺制备了 $Li_4Ti_5O_{12}$ 纳米棒吸附剂，在 24mmol/L 的低浓度 LiCl 溶液中锂最大吸附量可达 23.20mg/g，经过五个周期后，Li^+ 的吸附容量仍保持 91%，且该吸附剂对锂离子的选择性远高于镁离子与钙离子（Zhao et al., 2020a）。

（3）膜法提锂

膜技术作为一种新兴的水处理方法，在盐湖卤水提锂方面也拥有广阔的前景。Li 等科研人员采用商用 DK 膜考察了分离条件与膜污染，锂提取效果随压差减小、温度升高、离子浓度升高而降低，pH 较低时 Mg/Li 分离效果较好，最佳条件下锂提取率为 99%（Li et al., 2019b；Li et al., 2017）；膜污染后聚酰胺官能团红移、羧基增多、有效膜面积和孔径减少、亲水性降低、电负性增加，因而长期使用后膜的分离性能降低，分析表明膜污染主要是由于卤水中微量钙存在引起的（Li et al., 2023c）。

Zhao 等科研人员构建了 BMED（双极膜电渗析）-NF（纳滤）-RO（反渗透）-CED（电泳）集成膜，一站式分离、制备 LiOH，锂利用率超过 92%，Mg/Li 可控制在 0.5 以下（Zhao et al., 2020b）；Li 等科研人员采用三醋酸纤维素膜材料（CTA-NW）嵌入聚酯（TFC-ES）上成膜，利用正渗透（FO）提取察尔汗盐湖卤水中的锂离子，可同时富集 Li^+ 和 Mg^{2+}（Li et al., 2018c）；Zhang 等科研人员开发了一种膜分离耦合蒸发的协同提锂方法，膜过程驱动力为毛细作用，可将 Mg/Li 比由 19.8 降至 0.3（Zhang et al., 2024a）。

（4）电化学法提锂

青海盐湖所与太原理工大学等单位合作，制备了用以盐湖提锂的膜电极 C-N@LMO（碳氮包裹 $LiMn_2O_4$），显著降低了 Mn 的溶解度并提高了膜电极的稳定性，膜电极电渗析 Li/Mg 分离系数可达 118.38（Ren et al., 2023）；构建 C-λ-MnO_2 膜电极-电化学离子交换（ESIX）盐湖提锂的数学模型，理论上锂提取率最高达 90.22%（Zhang et al., 2024b）；通过 λ-MnO_2、还原氧化石墨烯（rGO）、海藻酸钙（Ca-Alg）制备可扩展的三维（3D）多孔复合电活性膜电极，对锂离子具有高吸附能力和优异的选择性，并有良好的电化学稳定性，电化学离子交换法交换量为 32.7mg/g，循环 100 次后仍保持 98.3%（Zhang et al., 2021b）。

5.1.1.2 盐湖提硼

硼及其化合物主要应用于玻璃工业、陶瓷工业、洗涤剂和农用化肥等领域，我国硼矿资源丰富，固态硼矿杂质含量高且难以分离，因此盐湖提硼显得十分重要，其中萃取法、吸附法、浮选法应用前景广阔，青海盐湖所相关工作如表 5-3 所示。

表 5-3 盐湖硼资源提取研究概况

方法	体系	收益	文献
萃取	2-丁基-1-正辛醇	萃取率 99.35%	Peng et al., 2018
萃取	2,2,4-三甲基-1,3-戊二醇	萃取率 99.79%	Peng et al., 2021
吸附	TRIS/SBA-16 吸附剂	吸附量 15.70mg/g	Luo et al., 2022b
吸附	石墨烯基磁性硼吸附剂	吸附量 24.84mg/g	Luo et al., 2022c
吸附	Cell-g-PGMA 吸附剂	吸附量 27.88mg/g	Luo et al., 2024
浮选	NHO-NMDG 浮选剂	回收率 67.08%	Bai et al., 2022
浮选	NO-NMDG 浮选剂	回收率 97.26%	Bai et al., 2021

注：PGMA-甲基丙烯酸环氧丙酯。

① 萃取法。Peng 等科研人员构建了 2-丁基-1-正辛醇（$C_{12}H_{26}O$）-磺化煤油体系，硼酸萃取率可达 99.35%（Peng et al., 2018）；并开发了 2,2,4-三甲基-1,3-戊二醇（TMPD）萃取剂，重点分析了进料 pH 值、萃取剂和 H_3BO_3 的浓度、

有机相与卤水的比例（O/A）及温度对硼回收率的影响，最优条件下，三级萃取率高达 99.79%（Peng et al., 2021）。

② 吸附法。Luo 等科研人员将三（羟甲基）甲基胺甲烷（TRIS）接枝到介孔吸附材料 SBA-15、SBA-16 和 MCM-41 上合成硼吸附剂，吸附量分别为 15.28mg/g、15.70mg/g 和 14.17mg/g（Luo et al., 2022b）；制备了石墨烯基磁性吸附剂（Go-Fe$_3$O$_4$@SiO$_2$@mSiO$_2$-Glu），pH = 9 时吸附量为 23.90mg/g，在东台吉乃尔湖中的硼吸附量为 24.84mg/g（Luo et al., 2022c）；采用原子转移聚合-水热法合成了具有不同配体的纤维素聚合物硼吸附剂（Cell-g-PGMA-MG、Cell-g-PGMA-Tris 和 Cell-g-PGMA-PG），配体带有多个—OH 的吸附剂最大吸附量可达 27.88mg/g（Luo et al., 2024）。

③ 浮选法。Bai 等科研人员以 *N*-甲基-D-葡萄糖胺为基底，分别采用 1,2-环氧十八烷、1-溴十八烷设计了浮选剂 *N*-2-羟基十八烷基-*N*-甲基葡萄糖胺（NHO-NMDG）（Bai et al., 2022）、*N*-十八烷基-*N*-甲基-D-氨基葡萄糖（NO-NMDG）（Bai et al., 2021），表现出良好的收集和起泡性能，硼分离率分别为 67.08%（大柴旦）、97.26%（小柴旦）。

5.1.1.3 盐湖微量元素提取

盐湖卤水中含有少量铷、铯、铀等高新技术产业和国防建设的重要战略资源，青海盐湖所在盐湖提铷、铯、铀等微量元素方面的工作如表 5-4 所示。

表 5-4　盐湖微量元素提取研究概况

类型	方法	体系/材料	收益	文献
溴	电化学	BiOBr/PVDF/CB 电极	吸附量 67.10mg/g	Ye et al., 2023
铀	萃取法	纳米 Mg(OH)$_2$	吸附量 0.12mg/g	Zhuang et al., 2016
铷	吸附法	AMP-PAN 吸附剂	吸附量 500mg/g	Bao et al., 2017
铷	萃取法	BAMBP-煤油	萃取率 99%	Bao et al., 2019
铯	吸附法	海藻酸钙-钨磷酸铵	—	Guo et al., 2018
铯	吸附法	CE-Fe$_3$O$_4$@R-COOH	吸附量 96.9% (25mg/L)	Liu et al., 2019
铯	膜法	冠醚修饰氧化石墨烯膜	回收率 94.4% (20mg/L)	Huang et al., 2024
铯	电化学	NiHCF 薄膜电极	吸附量 147.69mg/g	Zeng et al., 2023
铷/铯	浮选法	AWP-CTAB 浮选剂	—	Fang et al., 2021

（1）盐湖提铷铯

① 吸附法。Bao 等科研人员制备了一种新型磷钼酸铵-聚丙烯腈复合物（AMP-PAN）吸附卤水中的铷，在 pH 为 7 的条件下最大吸附量可达 500mg/g，且具有良好的选择性和稳定性（Bao et al., 2017）；采用 4-叔丁基-2-(α-甲基苄基)苯酚 (t-BAMBP)-磺化煤油体系萃取盐湖卤水中的铷，五级萃取率可达 96%，两级萃取率可达 99%（Bao et al., 2019）。Liu 等科研人员通过酰胺化反应制备了 18-冠-6-醚修饰羧基 Fe_3O_4 纳米吸附剂（Fe_3O_4@R-COOH），铯提取率可达 96.9%（料液铯离子浓度为 25mg/L）（Liu et al., 2019）。Huang 等通过 π-π 键和 CH-π 键与氧化石墨烯片的相互作用制备了冠醚修饰氧化石墨烯吸附剂，提取率为 94.4%（料液铯离子浓度为 25mg/L）（Huang et al., 2024）。Guo 等采用溶胶-凝胶法制备了海藻酸钙-钨磷酸铵复合吸附剂，在 25℃条件下从盐湖卤水中获得了质量分数为 82.44% 的氯化铯（Guo et al., 2018）。

② 电化学法与沉淀法。Zeng 等科研人员制备了 NiHCF 薄膜电极，采用电化学离子交换法提取铯，吸附量和洗脱率分别高达 147.69mg/g 和 92.47%（Zeng et al., 2023）。Fang 等科研人员以磷酸钨酸铵（AWP）为沉淀剂，十六烷基三甲基溴化铵（CTAB）为捕收剂和发泡剂从盐湖卤水中提取铷和铯，在接触时间为 30min、搅拌速度为 500r/min、pH 为 10、CTAB 浓度为 0.15mmol/L、AWP 与 Rb^+/Cs^+ 的摩尔比为 1:1 的条件下，提取效率几乎达到 100%（Fang et al., 2021）。

（2）盐湖取溴

Ye 等科研人员制备了一种电活性溴氧铋/聚偏氟乙烯/炭黑（BiOBr/PVDF/CB）复合膜电极，采用电化学离子交换技术提取 Br，吸附量达到 67.10mg/g，Br/Cl 和 Br/NO_3 的分离系数分别为 2.06 和 7.13，且膜电极的解吸效率在七个重复周期后仍保持在 95.4%（Ye et al., 2023）。

（3）盐湖提铀

Zhuang 等科研人员开发了一种纳米 $Mg(OH)_2$ 吸附卤水中的铀酰（UO_2^{2+}），有助于提高铀酰的提取效率并理解其吸附机制，卤水中吸附量为 0.12mg/g、水中吸附量达 4.8mg/g（Zhuang et al., 2016）。

5.1.1.4 盐湖溶液化学

了解盐湖卤水体系的相平衡、热力学性质，对于生产硫酸盐、碳酸盐等卤水中重要化工原料及盐湖资源合理利用具有重要意义，也为盐湖环境保护提供了重要数据支撑，青海盐湖所的相关工作如表 5-5 所示。

表 5-5 盐湖卤水体系热化学与相化学研究概况

体系	温度	文献
$MgO-B_2O_3-18\% MgCl_2-H_2O$	20℃	Gao et al., 2002
$MgO-nB_2O_3-28\% MgCl_2-H_2O$	20℃	Gao et al., 1994
$26.8\% Li_2O \cdot 2B_2O_3-H_2O$	20℃	Yao et al., 1995
$MgO \cdot 3B_2O_3-18\%MgSO_4-H_2O$	0℃	Zhu et al., 2000
$Na^+-Mg^{2+}-Cl^--SO_4^{2-}-H_2O$（扎布耶湖）	273.15K	Gao et al., 2012
$Li^+-Na^+-Cl^--SO_4^{2-}-H_2O$	298.15K	Liu et al., 2015
$LiCl-HCl-MgCl_2-H_2O$	20℃	Li et al., 2005
$HCl-LiCl-H_2O$、$HCl-MgCl_2-H_2O$、$LiCl-MgCl_2-H_2O$	0℃、20℃	Li et al., 2000
$LiCl-NaCl-KCl-Na_2SO_4$	293.15～353.15K	Wang et al., 2018b
$LiCl-NaCl-KCl-H_2O$	298.15K	陈瀚翔 等, 2022
$Li^+-K^+-Mg^{2+}-Cl^--SiO_4^{2-}-H_2O$	25℃	Song et al., 2001
$Li^+-Na^+-K^+-Mg^{2+}-Cl^--SO_4^{2-}-H_2O$	298.15K	Song et al., 2003
$HCl-MgCl_2-H_2O$	40℃	Li et al., 2006b
$HCl-MgCl_2-H_2O$	50℃	Li et al., 2006a
$HCl-RbCl-H_2O$	25℃	Pan et al., 2007
$Li^+-Na^+-K^+-Mg^{2+}-Cl^--SO_4^{2-}-H_2O$（一里坪盐湖和东台吉乃尔湖）	25℃	Yao et al., 2002
$LiCl-Li_2B_4O_7-H_2O$	298.15K	Yang et al., 2006
$Li_2B_4O_7-MgCl_2-H_2O$	298.15K	Zhang et al., 2004
$LiCl-H_2O$	190～400K	Li et al., 2015a
MCl_n-H_2O (M=Na^+, K^+, Mg, Ca)	—	Li et al., 2016a
$M_nSO_4-H_2O$ (M=Li^+, Na^+, K^+, Mg^{2+}, Ca^{2+})	—	Li et al., 2018a
$H_3BO_3-RbCl-H_2O$、$H_3BO_3-NH_4Cl-H_2O$	273.15～363.15K	Zhuang et al., 2022
$H_3BO_3-SrCl_2-H_2O$	273.15～363.15K	Zhuang et al., 2021
拉果错盐湖卤水	0℃	Zhang et al., 2023b
$Li^+-Na^+-K^+-Cl^--SO_4^{2-}-H_2O$	15℃	Zhang et al., 2023c
$LiBr-NaBr-KBr-H_2O$、$LiBr-KBr-H_2O$	323.15K	Nie et al., 2022
$Li^+-Na^+-K^+-Br^--SO_4^{2-}-H_2O$	298.15K	Guo et al., 2022
$Li^+-Na^+-K^+-Mg^{2+}-Cl^--H_2O-NaCl \cdot 2H_2O$	258.15K	Zhou et al., 2023b

（1）硼酸盐体系

Gao、Yao、Zhu 等科研人员采用结晶动力学方法对多种硼酸盐型卤水的结晶过程进行了研究，并得出了固-液相图。首次提出 $MgO-B_2O_3-18\% MgCl_2-H_2O$ 体系在 20℃下的结晶过程（Gao et al., 2002）；首次给出 $MgO-nB_2O_3-28\% MgCl_2-H_2O$ 体系的析盐规律（Gao et al., 1994）；指出 $26.8\% Li_2O \cdot 2B_2O_3-H_2O$ 体系在 20℃下的结晶规律（Yao et al., 1995）；指出 $MgO \cdot 3B_2O_3-18\%MgSO_4-H_2O$ 体系在 0℃下的结晶规律（Zhu et al., 2000）；指出氯绿石（$2MgO \cdot 2B_2O_3 \cdot MgCl_2 \cdot 14H_2O$）从卤水中结晶时的析出规律（Li et al., 2012）；Yang、Zhang 等科研人员分别采用等压蒸发法测定了 298.15K 下 $LiCl-Li_2B_4O_7-H_2O$ 体系（Yang et al., 2006）和 $Li_2B_4O_7-MgCl_2-H_2O$ 体系（Zhang et al., 2004）的渗透系数等性质。

杨吉民等科研人员采用等压法研究了 273.15K 下 $Li_2B_4O_7-LiCl-H_2O$ 体系在不同质量摩尔浓度分数时的等压平衡浓度和水活度，计算了 $LiCl$ 和 $Li_2B_4O_7$ 混合盐溶液的渗透系数等热力学性质，并用实验数据对 Pitzer 离子相互作用进行了参数化研究，该研究对完善含锂、硼盐湖卤水体系的热力学模型具有重要意义（杨吉民 等，2007）；Li 等科研人员通过实验测定了 298.15K 时 $Li_2B_4O_7-Li_2SO_4-LiCl-H_2O$ 体系的热容和表观摩尔焓（Li et al., 1996）；Zhuang 等科研人员采用非等温平衡法在 273.15K、298.15K、323.15K、348.15K 和 363.15K 的温度下分别测定了 $H_3BO_3-RbCl-H_2O$ 和 $H_3BO_3-NH_4Cl-H_2O$ 体系（Zhuang et al., 2022），以及 $H_3BO_3-SrCl_2-H_2O$ 体系（Zhuang et al., 2021）的溶解度等温线，并利用 ISLEC 软件中改进的 PSC 模型预测了相图，这些工作为复杂盐湖卤水系统的热力学性质研究奠定了基础。

（2）氯化物/溴化物体系

Song、Li、Liu、Pan 等科研人员采用 PSC 模型，分别计算了 $Li^+-K^+-Mg^{2+}-Cl^--SiO_4^{2-}-H_2O$ 体系（25℃）（Song et al., 2001）、$Li^+-Na^+-K^+-Mg^{2+}-Cl^--SO_4^{2-}-H_2O$ 体系（298.15K）（Song et al., 2003）、$HCl-MgCl_2-H_2O$ 体系（40℃）（Li et al., 2006b）、$HCl-MgCl_2-H_2O$ 体系（50℃）（Li et al., 2006a）、$Li^+-Na^+-Cl^--SO_4^{2-}-H_2O$ 体系（298.15K）（Liu et al., 2015）、$HCl-LiCl-MgCl_2-H_2O$ 体系（20℃）（Li et al., 2005）的相平衡与溶解度，考察了 $HCl-RbCl-H_2O$ 体系中模型参数设置对结果的影响（25℃）（Pan et al., 2007），并总结了 $HCl-LiCl-H_2O$、$HCl-MgCl_2-H_2O$、$LiCl-MgCl_2-H_2O$ 体系在 0℃和 20℃时的析盐规律（Li et al., 2000）。陈等科研人员采用分子动力学（MD）与水溶液渗透压模拟（OPAS）结合的方法在 298.15K 下计算了 $LiCl-NaCl-KCl-H_2O$ 体系的渗透压，计算结果与实验值和

Pitzer 模型计算值基本一致，该方法可用于多元体系渗透压的定性、半定量计算（陈瀚翔 等, 2022）。

Zhou 等科研人员采用等温溶解平衡法研究了 Li^+-Na^+-K^+-Mg^{2+}-Cl^--H_2O-$NaCl·2H_2O$ 五元体系及其子体系 Li^+-Na^+-Mg^{2+}-Cl^--H_2O 在 258.15K 下的相平衡，并根据实验数据绘制了相图（Zhou et al., 2023b）。Nie 等科研人员通过实验研究了 LiBr-NaBr-KBr-H_2O 及其子系统 LiBr-KBr-H_2O 在 323.15K 下的相平衡，并根据平衡溶解度等数据绘制了相应的相图（Nie et al., 2022）。

（3）硫酸盐/碳酸盐体系

Zhang 等科研人员发现拉果错湖卤水蒸发析盐过程可分为 4 个阶段，包括不饱和段、钠盐段、钾盐段和锂盐段（Zhang et al., 2023b）；进一步发现拉果错盐湖卤水析盐规律为钠盐段氯化钠、芒硝、硼砂同时析出；锂盐段 NaCl、$Na_2SO_4·10H_2O$、$Li_2SO_4·3Na_2SO_4·12H_2O$ 同时析出；锂、钾盐共析段 NaCl、$Li_2SO_4·3Na_2SO_4·12H_2O$、$3K_2SO_4·Na_2SO_4$ 同时析出（Zhang et al., 2023c）；Guo 等科研人员针对老卤中锂、钾、溴等离子共存的特点，在 298.15K 用等温溶解平衡法研究了 Li^+-Na^+-K^+-Br^--SO_4^{2-}-H_2O 等五组分体系的相平衡，并根据相平衡实验数据绘制了相应的三维相图和干碱相图（$Na_2SO_4·10H_2O$、K_2SO_4、$LiBr·2H_2O$、$Li_2SO_4·H_2O$、KBr 和饱和 $NaBr·2H_2O$），为老卤中溴、锂资源的利用提供了基础热力学数据（Guo et al., 2022）。

Yao 等科研人员考察了 25℃时一里坪盐湖和东台吉乃尔盐湖（Li^+-Na^+-K^+-Mg^{2+}-Cl^--SO_4^{2-}-H_2O）蒸发析盐过程中矿物饱和度的变化规律（Yao et al., 2002）；Gao 等科研人员确定了西藏扎布耶盐湖卤水中 Na^+-Mg^{2+}-Cl^--SO_4^{2-}-H_2O 体系在 273.15K 的蒸发结晶路径（Gao et al., 2012）；Wang 等科研人员采用等温溶解法考察了 293.15～353.15K 范围内 Li_2CO_3 在 $LiCl$-$NaCl$-KCl-Na_2SO_4 混合溶液中的溶解度与亚稳区宽度，并明确了该体系中 NaCl/KCl、Na_2SO_4 含量与 Li_2CO_3 溶解度的关系，为卤水 Li_2CO_3 提取提供了指导（Wang et al., 2018b）。

（4）热力学建模

Li 等科研人员在"盐湖卤水系统热力学模型构建"系列研究中，先后通过 PSC 模型与实验考察了 $LiCl$-H_2O、MCl_n-H_2O（M=Na^+、K^+、Mg^{2+}、Ca^{2+}）、M_nSO_4-H_2O（M=Li^+、Na^+、K^+、Mg^{2+}、Ca^{2+}）体系热力学性质（Li et al., 2015a；2016a；2018a），利用上述数据构建、修正热力学模型与参数，开发了水体系热力学建模通用程序 ISLEC（Li et al., 2020b）。

（5）结晶热力学 / 动力学

Gao 等科研人员通过 DTA、TG、DTG 和 DSC 测定了 $MgO \cdot 3B_2O_3 \cdot nH_2O$ 合成时脱水或再结晶过程的温度和焓，并给出了热化学反应表达式，计算了非等温脱水反应的动力学参数，给出了动力学方程（Gao et al., 1990）。

青海盐湖所与西安科技大学合作，通过密度泛函（DFT）计算与分子动力学（MD）模拟对卤水体系中锂的行为进行了一系列研究，发现 Li^+ 在 $Na_2SO_4 \cdot 10H_2O$、NaCl、KCl 晶体表面的迁移受到其表面锂吸附量的限制（$Na_2SO_4 \cdot 10H_2O >$ NaCl $>$ KCl）（Ma et al., 2023b）；卤水中 Li^+ 和 SO_4^{2-} 在达到饱和后，比其他离子更早发生结晶（Ma et al., 2020）；研究结果指出拉果错盐湖卤水蒸发过程中 CO_3^{2-} 的水化能力逐渐降低，从而不表现弱碱性，卤水从碱性向酸性转变（Ma et al., 2022）；指出 Li_2CO_3 结晶过程中，Na^+ 减缓晶体的成核和生长速度，而 Mg^{2+} 加速成核和生长，Mg^{2+} 是影响 Li_2CO_3 纯度和产量的最重要因素之一（Ma et al., 2021a）。

Liu 等分别考察了 Mg^{2+}、CO_3^{2-} 含量对卤水中 Li_2CO_3 结晶过程的影响，为提高盐湖锂资源的利用率提供了理论指导：通过结晶实验和计算机模拟考察了 Na^+-Li^+-CO_3^{2-}-H_2O 体系结晶析出 Li_2CO_3 时，镁杂质含量对 Li_2CO_3 晶体形态、粒径和纯度的影响，并建立了相关方程（Liu et al., 2022a）；通过第一性原理计算证实 SO_4^{2-} 的 O 原子与 Li_2CO_3 晶体表面的 Li 原子之间存在电荷转移，因此 SO_4^{2-} 与晶体表面存在强烈的相互作用，导致 SO_4^{2-} 容易在 Li_2CO_3 晶体表面吸附，影响产品质量（Liu et al., 2023）。

5.1.1.5 盐湖资源高值利用

（1）镁水泥制备

盐湖卤水提取 Li_2CO_3 后会产生大量含硼镁渣副产物，该镁渣经煅烧后会获得氧化镁原料（B-MgO），而氧化镁是生产镁水泥的重要原料，采用提锂镁渣制备镁水泥是盐湖镁资源高值利用的重要途径，青海盐湖所相关主要工作如表 5-6 所示。

表 5-6　盐湖卤水制备镁水泥研究概况

类型	主要原料	文献
氯氧镁水泥	水氯镁石、MgO	Chang et al., 2021
氯氧镁水泥	提锂镁渣、水氯镁石	Chang et al., 2020
氯氧镁水泥	提锂镁渣、水氯镁石	Chang et al., 2018

续表

类型	主要原料	文献
氯氧镁水泥	水氯镁石、MgO	Huang et al., 2022a
氯氧镁水泥	水氯镁石、MgO	Huang et al., 2022b
氯氧镁水泥	水氯镁石、MgO	Huang et al., 2020
氯氧镁水泥	水氯镁石、磷酸、磷酸钙、MgO	Wen et al., 2013
氯氧镁水泥	提锂镁渣、水氯镁石	Wen et al., 2014
氯氧镁水泥	水氯镁石、MgO	Liu et al., 2021
氯氧镁水泥	水氯镁石、MgO	Miao et al., 2021
氯氧镁水泥	水氯镁石、苛性白云石	Zheng et al., 2021b
硫氧镁水泥	硫酸镁、提锂镁渣	Liu et al., 2022b
硫酸镁水泥	硫酸镁、MgO	Zhang et al., 2022b
硫氧镁水泥	硫酸镁、提锂镁渣	Wu et al., 2018
磷酸镁水泥	提锂镁渣、磷酸盐	Dong et al., 2023a
磷酸镁水泥	提锂镁渣、磷酸盐	Dong et al., 2016
磷酸镁钾水泥	提锂镁渣、磷酸盐	Zheng et al., 2021a
磷酸镁钾水泥	提锂镁渣、磷酸盐	Tan et al., 2022
磷酸镁钾水泥	提锂镁渣、磷酸盐	Tan et al., 2014
磷酸镁钾水泥	提锂镁渣、磷酸盐	Tan et al., 2016
磷酸镁钾陶瓷	提锂镁渣、磷酸盐	Tan et al., 2017

① 氯氧镁水泥。Chang 等科研人员利用镁渣制备了新型凝胶氯氧镁水泥混凝土，28d 抗压强度达 112.8MPa（Chang et al., 2018）；且固化速度快，长期力学性能优异（Chang et al., 2020）；并可有效抵御盐水腐蚀（Chang et al., 2021）。Huang 等科研人员指出盐湖水氯镁石制备的氯氧镁水泥（MOC）具有较好的抗盐碱性能归因于盐水进入 MOC 的体系，促进了强度变相的生成，从而起到增韧强化的作用（Huang et al., 2020）；盐湖水氯镁石杂质离子含量低，导致镁水泥具有更好的机械强度（Huang et al., 2022a）；且表现出优异的耐腐蚀性（Huang et al., 2022b）。Zheng 等科研人员研究了水氯镁石（$MgCl_2 \cdot 6H_2O$）溶于水后，氯化镁溶液的质量百分比浓度与波美度的关系，以及氯化氧镁水泥粉与苛性白云石粉混合后的水灰比函数式，并通过实验验证了该函数关系的可行

性（Zheng et al., 2021b）。

Wen 等科研人员利用 H_3PO_4 和 $Ca(H_2PO_4)_2$ 改性-热分解制备氯氧镁水泥（TDMOC），抗压强度由 14.8MPa 分别提高到 48.1MPa 和 37.1MPa（Wen et al., 2013）；且柠檬酸水化过程产生更多的 $5Mg(OH)_2·MgCl_2·8H_2O$，提高抗压强度（Wen et al., 2014）。Liu 等科研人员以盐湖提取 Li_2CO_3 所得镁渣为原料，代替轻质氧化镁制备氯化氧镁水泥，研究了在不同焙烧温度（500～800℃）和不同波美度氯化镁溶液的制备条件下，试样的抗压强度、凝结时间、孔隙率等结构和性能（Liu et al., 2021）。Miao 等科研人员以盐湖提锂镁渣在 400～900℃煅烧后的氧化镁为原料制备氯化氧镁水泥，研究发现较低的煅烧温度和较高的 A-MgO/$MgCl_2$ 摩尔比条件下制备的水泥力学性能更好（Miao et al., 2021）。

② 磷酸镁（钾）水泥。Dong 等科研人员指出掺入硼砂（Dong et al., 2023a）、提高煅烧温度（Dong et al., 2016）可有效降低水灰比，延缓凝结时间，提高水泥抗压强度。Zheng 等科研人员采用磷酸二氢钾与提锂镁渣混合制备磷酸镁水泥，考察了产品的凝结时间、水化放热温度和抗压强度，分析了水化过程、水化产物组成和微观结构随水灰比的变化，指出水灰比为 0.3 时产品结构紧凑，具有一定的操作空间，力学性能较好（Zheng et al., 2021a）。Tan 等科研人员指出高镁/磷比的水泥具有较高的早期强度（Tan et al., 2014）；凝固时间随 MgO 含量的增加而延长（Tan et al., 2016）；且 B-MgO 比纯 MgO 制备的水泥拥有更好的力学性能（Tan et al., 2022）；此外他们还以提锂镁渣为原料制备了新型磷酸镁钾化学键合陶瓷，可满足生物材料的要求（Tan et al., 2017）。

③ 硫氧镁水泥。Liu 等科研人员使用富含镁的残渣作为原料，经过洗涤和煅烧后制备出低成本的氧化镁硫酸盐（MOS）水泥，研究了煅烧温度（CT）对煅烧产品性质以及由煅烧产品制备的 MOS 水泥的相态和微观结构的影响，微观结构分析显示，高 CT 有利于制备的 MOS 中针状相 $5[5Mg(OH)_2·MgSO_4·7H_2O]$ 的生长，高 CT 也导致了高孔隙率（Liu et al., 2022b）。Wu 等科研人员通过使用来自盐湖卤水生产 $LiCO_3$ 的镁残渣煅烧得到的氧化镁，制备了低成本的硫酸镁水泥，结果表明在低温和高摩尔比 [a-MgO（活性氧化镁）/$MgSO_4$] 的条件下，原料全部使用镁渣煅烧氧化镁时，水泥硬化快，但后期强度下降，而用轻烧氧化镁代替部分煅烧氧化镁可有效改善水泥性能（Wu et al., 2018）。

④ 硫酸镁水泥。Zhang 等科研人员通过煅烧氢氧化镁制备不同活性的氧化镁，并添加 3% 和 5% 的硼来制备基础硫酸镁水泥，研究了硼杂质对水泥性

能的影响，发现添加硼后水化速率减慢，凝结和硬化时间延长，抗压强度降低（Zhang et al., 2022b）。

（2）碳酸盐制备

Tao 等科研人员通过将 Li_2CO_3 转化为 $LiHCO_3$ 来精制 Li_2CO_3，溶解速率随 CO_2 压力、搅拌速度的增加而增加，随 Li_2CO_3 粒径、料浆充填度、反应温度和固相浓度的降低而增大（Tao et al., 2007）；Zhu 等科研人员通过碳酸盐岩卤水蒸发-混合硫酸盐卤水-混合碳酸盐卤水，析出纯度达 97.49% 的碳酸锂（Zhu et al., 2014）。

（3）硼酸盐制备

Peng 等科研人员通过稀释多硼酸盐离子制备单硼酸盐，效率可达 80%（Peng et al., 2017a）；采用稀释成盐法在含硼卤水中合成菱辉石 $[MgB_2O(OH)_6]$（Peng et al., 2017b）；此外通过稀释成盐法在富硼卤水体系 Na-K-Mg-Cl-SO_4 中合成了一种新的六硼酸镁（$Mg[B_6O_7(OH)_6]\cdot 5H_2O$）化合物（Peng et al., 2016）。

（4）其他

Li 等科研人员通过慢速升温热解水氯镁石（Li et al., 2022f）、利用离子交换树脂从含硼氧化镁副产物中脱硼（Li et al., 2004）制备 MgO；Xu 等在以废水氯镁石为原料制备的 MgO 中掺杂 $NaNO_3$ 提高其捕集 CO_2 的性能，最大吸附量为 36.62%（Xu et al., 2024）；Pang 等以氨水和水氯镁石为原料经过两步反应制备了碱式氯化镁（Pang et al., 2010）。

Lan 等科研人员采用均质阴离子交换膜（DF120）回收东台吉乃尔湖卤水电解提锂酸性废水中的 HNO_3（Lan et al., 2011）；Sun 等科研人员利用盐湖辉石合成纳米氢氧化镁 $[Mg(OH)_2]$ 用于废水中抗生素的氧化去除（Sun et al., 2019）；Hai 等科研人员以察尔汗盐湖卤水为原料水热合成硅酸钠锂（Hai et al., 2018）。

5.1.1.6 盐湖分析化学

青海盐湖所开发出一系列专门用于盐湖卤水、矿物质鉴定、浓度分析等的新方法，主要包括同位素分析、有机物鉴定、微量元素鉴定等。

① 同位素分析。Wang 等科研人员利用阳、阴离子交换树脂对盐湖卤水中的硼进行分离纯化，用以硼同位素质谱测试预处理（Wang et al., 2000）；Xiao 等科研人员通过加入石墨增强了正热电离质谱法测定氯同位素时 Cs_2Cl^+ 的发射强度（Xiao et al., 1992）。

② 有机物鉴定。Lu 等科研人员建立了以茚三酮为显色剂的紫外分光光度

法快速测定盐湖卤水利用中十八乙胺杂质的新方法（Lu et al., 2023）；Song 等采用固相萃取技术、气相色谱-质谱（GC-MS）测定察尔汗盐湖中的有机组分（Song et al., 2011）。

③ 元素鉴定。Wang 等科研人员开发了一种通过调节 pH 去除卤水中氢氧化镁的共沉淀方法，用以电感耦合等离子体发射光谱法（ICP-OES）检测卤水微量元素时氢氧化镁的预处理（Wang et al., 2015）；采用低压聚乙烯粉镶边垫底粉末压片法制样，改进 XRF 测定盐湖黏土矿物中主次组分含量的制样方法（Wang et al., 2010a）。Li 等科研人员以邻苯二胺为原料制备了发光碳点用作荧光探针，可快速检测卤水中的 Hg(Ⅱ) 和 Cr(Ⅳ)（Li et al., 2019a）。Fu 等科研人员设计了以 8-羟基喹啉为荧光基团的 Mg^{2+} 荧光探针，检出限低至 0.142μmol/L（Fu et al., 2021）。

5.1.2　盐湖地质

青海盐湖地质与环境实验室长期致力于盐湖地学及其交叉学科的基础和应用基础研究，是我国目前最大的盐湖地质与环境研究平台，凭借五十多年盐湖地质与环境研究的积累，实验室已取得了多项具有国际或国内先进水平的研究成果。

5.1.2.1　盐湖形成及演化的地球化学研究

采用地质与化学相结合的地球化学方法，通过分析盐湖及其湖床的同位素比例和化学组成等深入研究盐湖的演化过程，是盐湖地质研究中的重要内容，对揭示盐湖演化规律、理解地区元素迁移模式以及盐湖矿产资源的合理开发和利用提供科学依据。青海盐湖所的相关工作概况详见表 5-7 至表 5-11。

（1）察尔汗盐湖（表 5-7）

表 5-7　盐湖地球化学研究概况（察尔汗盐湖）

考察对象	研究内容	依据	文献
察尔汗盐湖	岩层硼形态	硼同位素	Fan et al., 2015
察尔汗盐湖	盐湖形成	锶同位素	Fan et al., 2018
察尔汗盐湖	蒸发岩形成	硫同位素	Li et al., 2020c
察尔汗盐湖	沉积过程	硼同位素	Du et al., 2019

续表

考察对象	研究内容	依据	文献
察尔汗盐湖	岩盐硼来源	硼同位素	Zhang et al., 2019b
察尔汗盐湖	钾来源	离子浓度	Zhang et al., 2019a
察尔汗盐湖	风化过程	沉积物成分	Miao et al., 2016
察尔汗盐湖	湖床沉积	光谱学	Qi et al., 1992
察尔汗盐湖	硼、锶来源	硼、锶同位素	Song et al., 2023
察尔汗盐湖	钾来源	沉积物成分	Li et al., 2021c
察尔汗盐湖	氯来源	氯同位素	Liu et al., 1995

① 溶质溯源。Song 等科研人员通过 H-O-Sr-B 同位素的研究，证实了在察尔汗盐湖中 Ca-Cl 平衡和温泉活动对 K-Sr 和 Li-B 元素的补给过程起到了关键性的制约作用，这一发现为理解盐湖中资源元素的补给机制提供了重要依据，也为蒸发盆地深层地层水的资源勘探提供了参考（Song et al., 2023）。Li 等科研人员通过研究硼同位素丰度差异，发现盆地北缘的 Ca-Cl 型流入水是察尔汗盐湖卤水中钾的重要来源。这一发现进一步证实了 Ca-Cl 型深水与钾元素补给过程的密切关系，在察尔汗盐湖钾盐层形成阶段，北部边缘的更多 Ca-Cl 流入水补给了盐湖，这一过程可能是由构造活动驱动的。此外，盐湖卤水化学成分的异常也表明，在盐湖形成早期可能发生了盐形成事件，而非构造活动所引起（Li et al., 2021c）。Qi 等科研人员通过 Mössbauer 光谱学、X 射线衍射和化学分级研究了察尔汗盐湖沉积物中的黏土样品，研究表明，察尔汗盐湖沉积物中铁的 Fe^{2+}/Fe^{3+} 比值随沉积深度增加而增加，此外，Qi 等科研人员还指出，铁的来源主要是温泉补给，这一发现有助于我们更好地理解察尔汗盐湖中铁元素的补给机制，以及温泉活动对盐湖沉积物中铁分布的影响（Qi et al., 1992）。

② 矿床成分。Zhang 等科研人员通过对比硼同位素比例发现在察尔汗盐床的碳酸盐主要来自卤水（Zhang et al., 2019b）、湖底卤水的钾主要来自硅酸盐风化过程中的河流输入（Zhang et al., 2019a）；Miao 等科研人员通过 ^{14}C 和 ^{230}Th 衰变定年，发现察尔汗湖床矿物主要来源于南侧东昆仑山的岩浆岩、片麻岩和片岩（Miao et al., 2016）。

③ 形成与演化。Fan、Du 等科研人员通过研究来自察尔汗盐湖卤石样本的化学成分以及硼同位素比例，证实河流与泉水的混合一直在察尔汗地区发生，这一过程在地表形成了多种晶间卤水和盐沉积（Fan et al., 2015），察尔汗盐湖一直

在经历强蒸发和浓缩的过程，形成了多种晶间卤水和盐沉积（Du et al., 2019）；通过锶和硫同位素发现河泉混合是察尔汗盐湖形成的主要原因（Fan et al., 2018）。

（2）柴达木地区其他盐湖（表 5-8）

表 5-8　盐湖地球化学研究概况（柴达木地区其他盐湖）

考察对象	研究内容	依据	文献
西台吉乃尔湖	水体演化	水化学	Qin et al., 2024
东台吉乃尔湖	硼来源	硼同位素	Wei et al., 2014
东/西台吉乃尔湖	硼、锂分布	沉积物成分	Li et al., 2021a
东/西台吉乃尔湖	锂矿床成因	锂同位素	Han et al., 2023
大柴旦湖	有机物特征	水化学	Zhang et al., 2023d
大柴旦湖	溶质来源	镭同位素	Kong et al., 2021
大/小柴旦湖	硼形态差异	硼同位素	Song et al., 2024b
茶卡盐湖	氮转化	水化学	Sun et al., 2023
茶卡盐湖	成因与演化	岩层成分	Liu et al., 2008
茶卡盐湖	水体组成	Pitzer 模型	Liu et al., 2004
尕斯库勒湖	硼来源	硼、氯同位素	Han et al., 2021
尕斯库勒湖	铀来源	铀同位素	Han et al., 2018
达布逊盐湖	镭迁移	镭同位素	Su et al., 2022a
马海盐湖	水体演化	水化学	Song et al., 2024a
马海盐湖	硼来源	硼同位素	Xiang et al., 2024
柯柯盐湖	硼来源	硼同位素	Li et al., 2022a
柯柯盐湖	锂来源	锂、硼同位素	Li et al., 2024b

① 东、西台吉乃尔湖。Wei 等科研人员通过研究东台吉乃尔湖的钻孔岩芯样本，分析盐沉积物的化学成分和硼同位素特征，发现东台吉乃尔湖的硼和锂资源主要来源于流入的那棱格勒河，并证实沉积泥岩地层受强烈风化作用后补给了东台吉乃尔湖卤水的硼（Wei et al., 2014）；Han 等科研人员通过对那棱格勒河流域的水和固体样本进行水化学和锂同位素分析，结合岩石淋滤实验指出东、西台吉乃尔盐湖锂矿床主要来源于温泉和火山岩的浸出作用（Han et al., 2023）；Li 等科研人员考察了东、西台吉乃尔盐湖卤水中硼和锂的化学形态与

赋存状态，研究结果表明锂、硼主要赋存于铁锰氧化物结合态和残渣态中（Li et al., 2021a）；Qin 等科研人员的研究指出，在近 20 年的大规模开采后，西台吉乃尔盐湖的晶间卤水仍然属于硫酸镁亚型，盐度变化不大，晶间卤水的化学成分受水源、水位和水力联系的影响很小，而硫酸盐矿物和卤石的动态溶解和沉淀作用，以及水文条件的剧烈变化（如洪水）是影响卤水化学成分的主要因素（Qin et al., 2024）。

② 大、小柴旦湖。Kong 等科研人员通过镭同位素发现地下水是盐湖卤水的重要来源，盐湖中锂、硼主要来源于深部热液和浅层地下水（Kong et al., 2021）；Song 等科研人员研究表明，在过去三十年间，青藏高原北部出现了温暖-湿润的气候变化，但大柴旦湖和小柴旦湖出现了截然相反的同位素趋势，小柴旦湖水体的 $\delta^{11}B$ 值显著增加，而大柴旦湖水体的 $\delta^{11}B$ 值有所下降，主要是由于中低盐度区域的硼浓度和 $\delta^{11}B$ 值受富含硼的沉积物重溶的影响，而高盐度区域变化不明显，此外，小柴旦湖的 $\delta^{11}B$ 值表现出明显的季节变化（Song et al., 2024b）；Zhang 等科研人员指出大柴旦湖溶解有机物中的硫含量高，这可能与温泉河流输入的长期积累有关（Zhang et al., 2023d）。

③ 茶卡盐湖。Liu 等科研人员首次利用 Pitzer 模型对茶卡盐湖卤水和盐类矿物的形成过程进行了地球化学模拟，研究表明茶卡盐湖的形成温度在 0～5℃之间，与以往研究结果相符，盐岩溶水与地表水的混合对湖泊的形成至关重要（Liu et al., 2004）；通过分析茶卡盐湖的沉积物，揭示了湖泊从晚更新世到全新世的水文和气候演变，研究发现，湖泊最初是淡水湖，后因气候变化转为咸水湖，在全新世早期，湖泊盐度受夏季日照和温度增加的影响而上升，湖泊盐度的波动与亚洲季风的变化密切相关，且与区域内其他湖泊和全球气候事件同步（Liu et al., 2008）；Sun 等科研人员指出反硝化作用是茶卡盐湖沉积物中去除活性氮的主要途径（Sun et al., 2023）。

④ 尕斯库勒湖。Han 等科研人员通过对不同水源的水化学组成和硼同位素特征的分析，发现硅酸盐、碳酸盐和蒸发岩是水动态过程中主要的含硼岩石，在蒸发过程中，硼的浓度和富集程度在光卤石和水氯镁石阶段显著提高（Han et al., 2021）；通过水化学和铀同位素研究表明尕斯库勒湖铀主要赋存于硅酸盐、碳酸盐和蒸发岩中，铀的浓度受到地下水流系统和流速的影响（Han et al., 2018）。

⑤ 达布逊湖。Su 等科研人员通过模拟不同盐度和颗粒大小条件下的镭解吸实验，指出达布逊湖镭迁移过程中可能与卤水过饱和的 Ca^{2+}、SO_4^{2-} 等离子发生共沉淀，这可能是减少卤水中镭含量的主要原因，这一发现有助于更好地理

解盐湖系统中镭的地球化学行为，以及在高盐度和细颗粒条件下镭的解吸行为（Su et al., 2022a）。

⑥ 马海盐湖。Song 等科研人员通过马海盐湖的锂氢氧同位素组成和水文地球化学参数等指出，Ca-Cl 卤水的钾沉淀临界浓度较低，不利于钾盐矿床的形成，而 Cl-SO_4 卤水的钾沉淀临界浓度较高，有利于钾矿的形成，高钙水体是陆相和海相钾矿床形成的关键因素（Song et al., 2024a）；Xiang 等科研人员通过 B-Na-Mg 等效图和其他盐湖的相关数据指出，马海盆地的硼主要来源于硅酸盐、碳酸盐和蒸发岩的风化作用，以及流体-岩石（含硼超高压变质带）的相互作用，该地硼酸盐矿床存在再溶解作用（Xiang et al., 2024）。

⑦ 柯柯盐湖。Li 等科研人员基于对柯柯盐湖及其周边地区水体和沉积物中硼含量和硼同位素值的详细分析得出，柯柯盐湖的硼含量丰富，且硼同位素值的变化与周边地区的碳酸盐岩矿床密切相关，因此，柯柯盐湖的硼来源于第四纪碳酸盐岩矿床（Li et al., 2022a）；通过对湖面卤水和补给河流样本的水化学特征以及锂和硼同位素特征的分析发现，温泉活动是柯柯盐湖卤水中锂的主要来源，此外，地壳深部中水和岩石的相互作用和周围岩石的风化作用也对锂和硼的存在做出了贡献（Li et al., 2024b）。

（3）柴达木盆地（表 5-9）

表 5-9 盐湖地球化学研究概况（柴达木盆地）

考察对象	研究内容	依据	文献
柴达木盆地	硼分布	硼同位素	Xiao et al., 2001
柴达木盆地	岩盐沉积	硼同位素	Liu et al., 2000
柴达木盆地	水体演化	氯同位素	Liu et al., 1997
柴达木盆地	元素来源	锂同位素	He et al., 2020
柴达木盆地	元素来源	同位素	Li et al., 2022d
柴达木盆地	卤水补给	水化学	Vengosh et al., 1995
柴达木盆地	钙分布和含量	钙同位素	Huang et al., 1995
柴达木地区盐湖	氯同位素特征	氯同位素	Liu et al., 1995

Xiao 等科研人员发现了柴达木盆地盐湖中硼同位素分布与 pH 和温度的关系（Xiao et al., 2001）；Liu 等科研人员发现岩盐中的硼主要来自流体包裹体（Liu et al., 2000），且盐湖卤水在盐沉淀过程中存在氯的同位素分馏（Liu et al., 1997）。

Huang 等科研人员讨论了柴达木盆地岩心中钚的分布和钚/铀比值，明确了沉积物中钚的来源（Huang et al., 1995）。Liu 等科研人员考察了柴达木盆地中多个盐湖的氯同位素特征，发现柴达木盆地氯同位素组成分布不均；矿物与其共存卤水之间存在明显的同位素分馏；$\delta^{37}Cl$ 值与盐湖卤水的 pH、密度、氯浓度和水化学类型密切相关；河水、降雨、泉水、油田水等多种水源的 $\delta^{37}Cl$ 值显著大于盐湖卤水，这些发现为盐湖演化等的研究提供了重要数据（Liu et al., 1995）。

He 等科研人员通过锂同位素发现柴达木盆地盐湖锂元素的来源可能是深层地下水、富锂岩石的低温风化作用（He et al., 2020）；Li 等科研人员研究指出，柴达木盆地西部盐湖晶间卤水中锂和铷含量较高，且锂和铷含量随深度增加而增加，这一现象可能是由于局部古卤水沿断裂带上涌所致。研究认为，深部岩浆热液的补给是古盐水中锂和铷富集的关键机制，而现代盐湖卤水中锂和铷的异常富集与火山地热水的输入密切相关（Li et al., 2022d）；青海盐湖所与澳洲国立大学合作研究了青藏高原北部柴达木盆地淡水和高盐水的一般化学成分和硼同位素组成，发现柴达木盆地盐湖卤水大多来自温泉流入（Vengosh et al., 1995）。

（4）柴达木、格尔木流域（表 5-10）

表 5-10　盐湖地球化学研究概况（柴达木、格尔木流域）

考察对象	研究内容	依据	文献
那棱格勒河	水-盐平衡	水化学	Han et al., 2022
那棱格勒河	锂来源	锂、锶同位素	Miao et al., 2022
那棱格勒河	锂矿成因	氢、硼同位素	Yu et al., 2013
塔塔棱河	硼来源	硼同位素	Li et al., 2024a
沱沱河	硼、锂来源	硼、氯同位素	Du et al., 2023

① 那棱格勒河。Han 等科研人员通过分析那棱格勒河流域在干湿季节的水交换速率，指出丰水期强的水交换速率破坏了水盐平衡，而在枯水期由于水交换率较低，有利于那棱格勒地区钾盐（KCl）的沉淀（Han et al., 2022）；Miao 等科研人员通过锂和锶同位素分析，证实了柴达木盆地那棱格勒河的锂主要来源于温泉和地表融水（Miao et al., 2022）；Yu 等科研人员指出柴达木盆地锂盐矿床的形成主要归因于那棱格勒河长期的锂输入（Yu et al., 2013）。

② 塔塔棱河。Li 等科研人员通过水化学分析、正演模拟和硼同位素地球

化学等方法研究发现水化学类型为 Ca-Mg-Cl，岩石风化作用是控制其化学成分的主要机制，塔塔棱河的高硼含量和较低的 $\delta^{11}B$ 值表明塔塔棱河中的硼主要来源于上游的泥火山水和下游印支花岗岩附近的深层地下水（Li et al., 2024a）。

③ 沱沱河。Du 等科研人员通过分析沱沱河盆地盐湖化学成分（Na/Cl、B/Cl、B/Li、Br/Cl）与 B、Cl 同位素发现，沱沱河盆地的盐湖是一种浸出盐水，其与西藏地热区具有相同的硼来源，此外，它们具有地壳起源（海相碳酸盐岩和火山岩），而非深部地幔（Du et al., 2023）。

（5）西藏与新疆地区（表 5-11）

表 5-11　盐湖地球化学研究概况（新疆、西藏）

考察对象	研究内容	依据	文献
班戈湖等	锂来源	硼同位素	Zhou et al., 2023a
扎布耶湖	盐湖形成	氢、氧同位素	Deng et al., 2007
拉果错盐湖	锂来源	水化学	Xue et al., 2024
羌塘盆地	盐湖演化	沉积物成分	Yuan et al., 2021
乌尊布拉克湖	卤水补给	硼同位素	Ma et al., 2023a
苦水湖等	锂来源	锂同位素	Li et al., 2023d
莎车盆地 油墩子、南翼山	钾矿评估	氯同位素	Tan et al., 2009

Zhou 等科研人员通过对班戈湖水体进行水化学组成和硼同位素测试研究指出，班戈湖等碳酸盐型盐湖卤水中锂的富集主要与河流的贡献有关，其次是与地热有关的冷泉，早期沉积碳酸盐矿物也可能有潜在的贡献（Zhou et al., 2023a）；Deng 等科研人员通过对扎布耶南盐湖的氢、氧稳定同位素分析发现，排放到扎布耶湖的盐水主要是由自然蒸发和含融雪的河流水的运输形成的，融雪从陆源沉积物而不是海洋沉积物中引入了矿物质（Deng et al., 2007）；Xue 等科研人员通过对拉果错湖的水化学参数等和氢、氧同位素进行研究，发现拉果错湖中的锂主要来源于富锂地热温泉，并主要通过索梅藏布河小规模补给，河流水体中溶解锂主要来源于硅酸盐岩石的风化和溶解作用。可见除了地热温泉外，河流在年轻盐湖形成过程中发挥了重要作用（Xue et al., 2024）；Yuan 等科研人员基于地球化学、沉积学和孢粉相分析，发现西藏中东部羌塘盆地在始新世晚期（半干旱-干旱草原环境）存在一个大型盐湖，盐湖经历了周期性的干

燥气候阶段，最终转变为干盐湖/泥滩系统（Yuan et al., 2021）。

Ma等科研人员利用硼同位素作为敏感指标发现，乌尊布拉克湖卤水来自天山冰雪融水与地下水的混合补给（Ma et al., 2023a）。Li等科研人员通过锂同位素和水化学组成特征的研究，发现西昆仑地区苦水湖等盐湖富锂原因可能是干旱气候下强蒸发导致的锂快速浓缩（Li et al., 2023d）。Tan等科研人员通过探讨氯同位素比值，认为塔里木盆地莎车区域可能存有大规模钾盐矿床，而柴达木盆地西部第三系盐岩矿床中发现钾盐矿床的希望已不大，后期高度蒸发浓缩的盐水可能转移到南部地区（Tan et al., 2009）。

5.1.2.2 盐湖地质特征研究

了解盐湖及其附近地区的形成过程、地质年代与气候变化对于掌握盐湖的形成和演化规律至关重要，青海盐湖研究所通过地质年代（^{14}C、^{230}Th、OSL测年）、矿床成分等的研究，揭示了盐湖及附近地区的演化过程及气候变化，如表5-12所示。

表5-12 盐湖地质特征研究概况

考察对象	研究内容	依据	文献
察尔汗盐湖	形成与演化	^{230}Th、^{14}C测年	Fan et al., 2014a
大柴旦湖	形成与演化	^{14}C测年	Gao et al., 2019
西台吉乃尔湖	沉积物年代	^{14}C测年	Zeng et al., 2017
尕海湖	沉积物年代	OSL测年	Fan et al., 2010
柴达木盆地	地质气候	有机物成分	Lu et al., 2021
柴达木盆地	地质气候	氧同位素	Fan et al., 2014b
柴达木盆地	地质气候	OSL测年	Ma et al., 2021b
尕斯库勒湖	地质气候	氯同位素	Huang et al., 1990
察尔汗盐湖	地质气候	植被特征、^{230}Th、^{14}C测年	Wei et al., 2015
察尔汗盐湖	地质气候	^{230}Th、^{14}C测年	Huang et al., 1991
察尔汗盐湖	矿床构造	地质勘察	Hu et al., 1991
昆特依盐湖	成矿温度	^{230}Th测年	Li et al., 2022b
巴隆镇	地质气候	植被特征	Xiang et al., 2013
青藏高原	地质气候	沉积物成分	Han et al., 2014

续表

考察对象	研究内容	依据	文献
格尔木河	气候-地貌	OSL 测年	An et al., 2018b
格尔木河	地貌演化	OSL 测年	An et al., 2018a
格尔木河	地貌演化	OSL 测年	An et al., 2021
那棱格勒河	地貌演化	OSL 测年	Chang et al., 2017

注：OSL—光释光（测年）；^{14}C—碳 14（测年）；^{230}Th—钍 230（测年）。

（1）地质年代研究

Fan 等科研人员通过 ^{230}Th 和 ^{14}C 测年技术对察尔汗盐湖湖底沉积物进行研究，发现察尔汗盐湖底盐层的形成时间约为距今 50ka[1]（Fan et al., 2014a）；Gao 等科研人员通过 ^{14}C 测年技术研究认为大柴旦湖演化分四个阶段，包括淡水湖（12.98～9.00cal ka BP）、咸水湖（9.00～8.62cal ka BP）、盐湖（8.62～4.66cal ka BP）以及现代大柴旦湖（4.66cal ka BP）（Gao et al., 2019）；Zeng 等科研人员通过对西台吉乃尔盐湖地区沉积物进行加速器质谱（AMS）^{14}C 测年和光释光（OSL）测年发现，西台吉乃尔湖的形成年代大约在距今 33ka 至 40ka 之间（Zeng et al., 2017）。Fan 等科研人员分析了尕海湖（现）岸线沉积物高度和年代，证实尕海（古）在 MIS 5 晚期和 MIS 3 早期都出现了高于现在的水位（Fan et al., 2010）。

（2）气候研究

Lu 等科研人员通过对柴达木盆地沉积物中的有机质进行研究，指出柴达木盆地中部的古气候在大约 4ka 前由干燥向相对温暖转变（Lu et al., 2021）；Fan 等科研人员通过稳定氧同位素对柴达木盆地中东部察尔汗盐湖的沉积岩芯进行研究，发现察尔汗地区在距今 90～80ka、52～38ka 和 10～9ka 期间出现了较为干燥气候条件，这些时期分别对应于海洋同位素阶段 5（Marine Isotope Stage 5）的晚期、海洋同位素阶段 3（Marine Isotope Stage 3）的中期和早全新世，这些干燥气候阶段与尕海湖、托素湖和青海湖（位于察尔汗湖东侧）的低水位时期几乎一致（Fan et al., 2014b）；Wei 等科研人员通过湖泊沉积物中植被种类以及 ^{230}Th、^{14}C 测年等探讨了察尔汗盐湖晚更新世（约 94～25ka 前）以来该地区的古气候变化，依次为淡水至微咸水状态（94～51.2ka）、干涸期和浅水期（51.2～32.5ka）、相对较湿润的气候条件（32.5～25.3ka）（Wei et al., 2015）；Huang 等科研人员通过对察尔汗盐湖中心获取的钻孔岩芯进行 ^{230}Th、^{14}C 测年和古地磁分析，发现

---

[1] ka—千年。

察尔汗地区的古气候变化可以分为 21 个不同的波动时期，其中 11 个时期气候温暖湿润，10 个时期气候干燥寒冷，这些时期的气候变化与全球气候变化的模式相一致（Huang et al., 1991）；Ma 等科研人员通过光释光（OSL）测年等发现东、西台吉乃尔盐湖距今 27～4.6ka 年代气候异常寒冷干燥，距今 4.6ka 以后气候相对湿润；一里坪盐湖距今 38.09ka 以来气候干燥，主要受西风带控制（Ma et al., 2021b）；Li 等科研人员在对昆特依盐湖的多盐岩成矿温度条件进行研究时发现，该地区的多盐岩成矿温度普遍较低（Li et al., 2022b）；Xiang 等科研人员通过花粉变化揭示了青藏高原东部巴隆镇气候变化的三个阶段：温暖干燥但略微湿润（5.37ka 以前）、温暖干燥略微湿润和温暖干燥之间交替变化（5.37～3.83ka）、温暖干燥（3.83ka 之后）（Xiang et al., 2013）；Han 等科研人员通过对柴达木盐湖的碳酸盐岩芯的连续同位素记录进行分析，发现亚洲内陆干燥主要归因于全球变冷（特别是北半球高纬度地区的变冷）与中更新世青藏高原的快速隆升（Han et al., 2014）。

（3）地貌演化研究

Chang 等科研人员通过对柴达木盆地北部那棱格勒河的阶地进行石英光释光（OSL）测年，认为该地区阶地的形成可能主要由气候变化触发，而非高原隆升，此外，柴达木盆地盐湖的形成和资源富集主要发生在全新世暖湿期的间冰期（Chang et al., 2017）。An 等科研人员研究了格尔木河 12.8ka 以来地表水-地貌演化与气候关系的研究发现，该地区的降水变化主要受印度夏季西风强度控制，该地区的气候经历了三个主要的阶段，该地区的气候经历了三个主要的阶段，包括温暖湿润的时期，以及相对较冷和干燥的时期（An et al., 2018a）。通过对格尔木河流域的地貌演化进行研究，揭示了该流域自晚第四纪以来从上游至下游盐湖的地貌演化的三个阶段，包括山谷充填阶段，大量冰川沉积物被侵蚀和重新沉积（12.8～11.4ka）；河流阶地切割，由冰川后退和早到中全新世增强的降水导致碎屑物质供应减少（11.4～3.9ka）；晚全新世气候恶化期间的湿润阶段，指示干旱环境下的黄土间断性沉积作用（3.2～1.8ka）（An et al., 2018b）。通过对格尔木河上游至中游地区的一系列堰塞湖和下游相邻冲积扇的地貌演化进行研究，发现冰川活动是冲积扇发育的原因，首先形成了水坝河流，但湖泊的形成直到后期强烈的水文活动才同步发生，这是由印度夏季风（ISM）的北侵或冰川融化造成的（An et al., 2021）。这些研究成果为该区域盐湖的演化历史研究提供了关键性的科学依据。

（4）其他

Hu 等科研人员通过地质调查结合遥感数据确定了察尔汗盐湖矿区构造，给出了矿床的地层和岩性特征，地球物理和地球化学信息，以及浅表和深层地形特征（Hu et al., 1991）。Huang 等指出氯同位素极其稳定，可用于含盐沉积物的年代鉴定，并通过对尕斯库勒湖沉积物年代的研究证实了这一观点（Huang et al., 1990）。

5.1.3 盐湖生态环境

5.1.3.1 盐湖生物

Yang 等科研人员对洱海、尕海 1 号和 2 号湖、小柴旦湖、茶卡盐湖中一氧化碳氧化细菌（COX）（Yang et al., 2013a），以及洱海、尕海 1 号和 2 号湖、小柴旦湖中硫氧化细菌（SOB）（Yang et al., 2013b）的种群进行了调查，发现 COX 以变形菌门和放线菌门为主，其相对丰度随盐度变化而变化；淡水洱海水体中 COX 细菌以 β 变形菌为主，沉积物中以 α 放线菌为主，盐度较高的尕海 1、2 号湖和小柴旦湖中，水体中的 COX 细菌主要由 α 放线菌占主导，沉积物中则是 α 放线菌和 α 变形菌的 COX 细菌占优势，在盐度最高的茶卡盐湖中，水体和沉积物中的 COX 细菌分别由未知的 COX 细菌类群和 α 变形菌占主导；淡水湖洱海和低盐度尕海 1 号湖 SOB 种群以 β 变形菌为主，高盐度尕海 2 号湖和小柴旦湖 SOB 种群以 α 放线菌为主。Huang 等科研人员研究了硝酸盐还原铁氧化微生物（$NRFeO_x$）在不同盐度环境下的种群丰度与活性，发现其种群丰度随盐度的增加而显著降低、活性减弱（Huang et al., 2022c）。

5.1.3.2 盐湖环境

① 溶解性有机物（DOM）。Yang 等科研人员通过结合多种分析技术，包括元素分析、三维荧光、二维相关光谱、红外光谱、核磁共振和热解-气相色谱-质谱（Py-GC-MS）等，对察尔汗盐湖、西台吉乃尔盐湖、马海盐湖的溶解性有机物（DOM）的结构和组成进行了研究，这些研究揭示了不同盐湖中 DOM 的来源和特性（Yang et al., 2022），以及它们在太阳池中的化学组成变化（Yang et al., 2023）首次采用溶解有机碳分析方法（Yang et al., 2017），研究了这些盐湖中 DOM 的来源，为理解盐湖中 DOM 的化学结构和变化提供了新的见解。

② 青藏高原水质评估。Li 等科研人员通过对青藏高原的地表水的 51 种微

量元素的测量研究中发现，96% 的样品水质属于优等状态（Li et al., 2022e）；Cai 等科研人员在对青藏高原的察尔汗盐湖及其补给河流的沉积物中潜在有毒元素（PTEs）的研究中发现，大部分 PTEs 的浓度低于当地土壤背景值，但汞（Hg）和镉（Cd）的浓度分别超出背景值的 6.8 倍和 1.1 倍（Cai et al., 2024）；此外对格尔木河水体和沉积物样品及柴达木盆地降尘样品的重金属检测，结合 Nemerow 污染指数（NP）和污染负荷指数（PLI）等指标，发现水体生态风险低，沉积物生态风险中等，盐碱化沙尘暴是重金属尤其是汞的重要来源之一（Cai et al., 2023）。Xiang 等科研人员通过对来自格尔木河与察尔汗盐湖交汇处的沉积物核心样本的分析，研究人员发现，除了 Cd 和 P 主要来自人为输入外，其他元素主要来自自然来源，其中，察尔汗盐湖沉积物 Cd 和 P 在 1975 年和 1987 年均增多，上升趋势令人担忧（Xiang et al., 2019）。

③ 盐湖开采潜在环境影响评估。Wu 等科研人员采用生命周期评价（LCA）以 1t 硼酸为功能单位评价萃取法生产硼的环境影响，指出纳滤制硼工艺的污染物排放量是萃取法的 1.4～1.7 倍（Wu et al., 2021）；Li 等科研人员采用 LCA、生命周期成本（LCC）结合生命周期水耗（LCWC），以 1kg Li_2CO_3 产品为功能单元研究发现锂纳滤萃取技术中纳滤阶段是产生环境负担的关键过程，其全球变暖潜势、酸化潜势、光化学臭氧生成潜势、烟灰和营养物富集均高于其他锂提取阶段，电力消耗是造成全球变暖的主要因素，在此过程中，直接耗水量是间接耗水量的 22 倍，各地区纳滤技术能耗和水耗总成本顺序为西藏＞内蒙古＞新疆＞青海（Li et al., 2020a）。这些研究为全球生态脆弱地区的盐湖资源开发提供了定量数据和理论依据。

主要参考文献

陈瀚翔，边绍菊，胡斌，等，2022. LiCl-NaCl-KCl-H_2O 溶液体系渗透压的分子动力学模拟 [J]. 高等学校化学学报, 43(3): 1-11.

杨吉民，姚燕，2007. 273.15K 下 $Li_2B_4O_7$-LiCl-H_2O 体系热力学性质的等压研究及离子作用模型 [J]. 化学学报 (11):1089-1093.

AN F Y, CHEN T Y, LI X Z, et al, 2021. Formation, mechanism and significance of alluvial-dammed lakes in Golmud River catchment, north-eastern Qinghai-Tibetan Plateau[J]. Earth surface processes and landforms, 46(12): 2421-2436.

AN F Y, Lai Z P, Liu X J, et al, 2018a. Abnormal Rb/Sr ratio in lacustrine sediments of Qaidam Basin, NE QinghaieTibetan Plateau: A significant role of aeolian dust input[J]. Quaternary international, 469: 44-57.

AN F Y, LIU X J, ZHANG Q X, et al, 2018b. Drainage geomorphic evolution in response to paleoclimatic changes since 12.8 ka in the eastern Kunlun Mountains, NE Qinghai-Tibetan Plateau[J]. Geomorphology, 319: 117-132.

BAI C, LI K, FANG D, et al, 2021. Efficient separation of boron from salt lake brine using a novel flotation agent synthesized from NMDG and 1-bromooctadecane [J]. Colloids and surfaces a-physicochemical and engineering aspects, 627: 127178.

BAI C, LI K, WANG Y, et al, 2022. Complexation flotation of boron from the salt lake brine using a novel flotation agent prepared by N-methyl-D-glucamine and 1,2-epoxyoctadecane [J]. Desalination and water treatment, 246: 237-245.

BAO A, QIAN Z Q, 2019. Study on solvent extraction behavior of rubidium by t-BAMBP-sulphonated kerosene system from Salt Lake Brine[J]. Journal of the chemical society of pakistan, 41(6): 1004-1013.

BAO A, ZHENG H, LIU Z, et al, 2017. Preconcentration and separation of rubidium from Salt Lake Brine by ammonium phosphomolybdate-polyacrylonitrile (AMP-PAN) composite adsorbent [J]. Chemistryselect, 2(25): 7741-7750.

CAI N, LI L M, ZHU H X, et al, 2023. Multiple evaluations, risk assessment, and source identification of heavy metals in surface water and sediment of the Golmud River, northeastern Qinghai-Tibet Plateau, China[J]. Frontiers in environmental science, 10: 1095731.

CAI N, WANG X P, WANG W L, et al, 2024. Accumulation, ecological health risks, and source identification of potentially toxic elements in river sediments of the Qinghai-Tibet Plateau, China[J]. Process safety and environmental protection, 182: 703-718.

CHANG C, AN L, ZHENG W, et al, 2021. Research and engineering application of salt erosion resistance of magnesium oxychloride cement concrete [J]. Materials, 14(24): 7880.

CHANG C, DONG J, XIAO X, et al, 2020. Long-term mechanical properties and micro mechanism of magnesium oxychloride cement concrete [J]. Advances in cement research, 32(8): 371-378.

CHANG C, ZHENG W, WEN J, et al, 2018. Magnesium oxychloride cement prepared by the byproduct of Li_2CO_3 from salt lake and hydrochloric acid [C]. 2018 First international conference on environment prevention and pollution control technology, 199: 42037.

CHANG Q F, LAI Z P, AN F Y, et al, 2017. Chronology for terraces of the Nalinggele River in the north Qinghai-Tibet Plateau and implications for salt lake resource formation in the Qaidam Basin[J]. Quaternary international, 430: 12-20.

DENG T L, 2007. Genesis of brine in South Lake of Zabuye, Tibet using stable isotopes of hydrogen and oxygen [J]. Water-Rock interaction, proceedings, 1(2): 297-300.

DONG J, YU H, XIAO X, et al, 2016. Effects of calcination temperature of boron-containing magnesium oxide raw materials on properties of magnesium phosphate cement as a biomaterial [J]. Journal of Wuhan university of technology-materials science edition, 31(3): 671-676.

DONG J, ZHENG W, CHANG C, et al, 2023a. Function and effect of borax on magnesium phosphate cement prepared by magnesium slag after salt lake lithium extraction[J]. Construction and building materials, 366: 130280.

DONG M, LUO Q, LI J, et al, 2022. Lithium adsorption properties of porous Li/Al-layered double hydroxides synthesized using surfactants [J]. Journal of Saudi chemical society, 26(5): 101535.

DONG M, LUO Q, LI J, et al, 2023b. Reconstruction of Mg/Al-layered double hydroxides to LiAl-layered double hydroxides for scalable lithium extraction from salt lake brine [J]. Minerals engineering, 202: 108293.

DU Y, FAN Q, GAO D, et al, 2019. Evaluation of boron isotopes in halite as an indicator of the salinity of Qarhan paleolake water in the eastern Qaidam Basin, western China [J]. Geoscience frontiers, 10(1): 253-262.

DU Y, HAN J L, ZHANG X Y, 2023. Origin of boron and lithium-rich salt lakes in center of Tibetan plateau: Evidence from B and Cl isotopes[J]. Applied geochemistry, 148: 105539.

FAN Q, LOWENSTEIN T K., WEI H, et al, 2018. Sr isotope and major ion compositional evidence for formation of Qarhan Salt Lake, western China [J]. Chemical Geology, 497: 128-145.

FAN Q, MA H, MA Z, et al, 2014a. An assessment and comparison of ^{230}Th and AMS ^{14}C ages for lacustrine sediments from Qarhan Salt Lake area in arid western China[J]. Environmental earth sciences, 71(3): 1227-1237.

FAN Q, MA H, WEI H, et al, 2014b. Late Pleistocene paleoclimatic history documented by an oxygen isotope record from carbonate sediments in Qarhan Salt Lake, NE Qinghai-Tibetan Plateau [J]. Journal of Asian earth sciences, 85: 202-209.

FAN Q, MA Y, CHENG H, et al, 2015. Boron occurrence in halite and boron isotope geochemistry of halite in the Qarhan Salt Lake, western China [J]. Sedimentary geology, 322: 34-42.

FAN Q S, LAI Z P, LONG H, et al, 2010. OSL chronology for lacustrine sediments recording high stands of Gahai Lake in Qaidam Basin, northeastern Qinghai-Tibetan Plateau[J]. Quaternary geochronology, 5(2-3): 223-227.

FANG D, WANG Y, LIU H, et al, 2021. Efficient extraction of Rb^+ and Cs^+ by a precipitation flotation process with ammonium phosphowolframate as precipitant [J]. Colloids and surfaces a-physicochemical and engineering aspects, 608: 125581.

FU Z H, QIN J C, WANG Y W, et al, 2021. A quinoline-based chromogenic and ratiometric fluorescent probe for selective detection of Mg^{2+} ion: Design, synthesis and its application in salt lake brines and bioimaging[J]. Dyes and pigments, 185: 108896.

GAO C, YU J, MIN X, et al, 2019. The sedimentary evolution of Da Qaidam Salt Lake in Qaidam Basin, northern Tibetan Plateau: implications for hydro-climate change and the formation of pinnoite deposit [J]. Environmental earth sciences, 78(15): 463.

GAO F, ZHENG M P, SONG P S, et al, 2012. The 273.15 K isothermal evaporation experiment of lithium brine from the Zhabei Salt Lake, Tibet, and its geochemical significance[J]. Aquatic geochemistry, 18(4): 343-356.

GAO S Y, XIAO G Y, XIA S P, 1990. Chemistry of borate in salt lake brine .14. phase-transition and kinetics of dehydration during heating of $MgO \cdot 3B_2O_3 \cdot nH_2O$[J]. Thermochimica acta, 169: 311-322.

GAO S Y, YAO Z L, XIA S P, 1994. chemistry of borate in salt lake brine .17. study on liquid-solid phase-diagram of thermodynamic nonequilibrium of $MgO-B_2O_3$-28-percent-$MgCl_2$-H_2O system at 20°C [J]. Acta chimica sinica, 52(1): 10-22.

GAO S Y, ZHU L X, HAO Z X, et al, 2002. Chemistry of borate in salt lake brine: Phase diagram of thermodynamic nonequilibrium state of $MgO-B_2O_3$-18%$MgCl_2$-H_2O system at 20°C [J]. Science in China series B-chemistry, 45(5): 541-550.

GUO L R, NIE G L, CUI R Z, et al, 2022. Solid-Liquid equilibria in reciprocal quinary system Li^+, Na^+, K^+/ Br^-, and SO_4^{2-}-H_2O at 298.15 K [J]. Journal of chemical and engineering data, 67(6): 1500-1512.

GUO T, YUN S, HE L, LI Q, et al, 2018. Separation and extraction of cesium from salt lake brine by the calcium alginate-ammonium tungstophosphate composite adsorbent[J]. Desalination and water treatment, 104: 257-262.

HAI C X, ZHOU Y, FU J M, et al, 2018. Electrical conductivity of hydrothermally synthesized sodium lithium magnesium silicate[J]. Materials research bulletin, 97: 473-482.

HAN J, JIANG H, LIU J, et al, 2023. Source analysis of lithium deposit in Dong-Xi-Taijinaier Salt Lake of Qaidam Basin, Qinghai-Tibet Plateau [J]. Journal of earth science, 34(4): 1083-1094.

HAN J, JIANG H, XU J, et al, 2018. Hydraulic connection affects uranium distribution in the Gas Hure salt lake, Qaidam Basin, China [J]. Environmental science and pollution research, 25(5): 4881-4895.

HAN J, XU J, HUSSAIN S A, et al, 2021. Origin of boron in the Gas Hure Salt Lake of Northwestern Qaidam Basin, China: Evidence from hydrochemistry and boron isotopes [J]. Acta geologica sinica-english edition, 95(2): 531-540.

HAN J, XU J, YI L, et al, 2022. Seasonal interaction of river Water-Groundwater-Salt Lake Brine and its influence on water-salt balance in the Nalenggele River Catchment in Qaidam Basin, NW China [J]. Journal of earth science, 33(5): 1298-1308.

HAN W, FANG X, YE C, et al, 2014. Tibet forcing Quaternary stepwise enhancement of westerly jet and central Asian aridification: Carbonate isotope records from deep drilling in the Qaidam salt playa, NE Tibet[J]. Global and planetary change, 116: 68-75.

HE M Y, LUO G, YANG H J, et al, 2020, Sources and a proposal for comprehensive exploitation of lithium brine deposits in the Qaidam Basin on the northern Tibetan Plateau, China: Evidence from Li isotopes[J]. Ore geology reviews, 117: 103277.

HU D, 1991. The structural characteristics of orefield in qarhan salt lake[J]. Chinese science bulletin, 36(11): 915-919.

HUANG Q, HAN F Q, 1995. Plutonium in sediments of salt lake in the Qaidam Basin[J]. Chinese science bulletin, 40(21): 1801-1807.

HUANG Q, LI Y, CHANG C, et al, 2020. The salt attack performance of magnesium oxychloride cement exposure to three kinds of brines [J]. Journal of Wuhan university of technology-materials science edition, 35(1): 155-166.

HUANG Q, PHILLIPS F M, 1990. preliminary-study on chlorine-36 dating of halite in salt lakes from qaidam basin [J]. Chinese science bulletin, 35(1): 32-36.

HUANG Q, SUN N J, MENG Z Q, et al, 1991. The study on features of paleoclimatic variation of dry and cold areas .2. preliminary-study on fluctuating model of paleoclimate of qarhan salt lake region in qaidam basin[J]. Science in China series B-Chemistry life sciences & earth sciences, 34(3): 338-351.

HUANG Q, ZHENG W, DONG J, et al, 2022a. Influences of different bischofite on the properties of magnesium oxychloride cement [J]. Journal of building engineering, 57: 104923.

HUANG Q, ZHENG W, XIAO X, et al, 2022b. A study on the salt attack performance of magnesium oxychloride cement in different salt environments [J]. Construction and building materials, 320: 126224.

HUANG J R, HAN M X, YANG J, et al, 2022c. Salinity impact on composition and activity of nitratereducing Fe(II)-oxidizing microorganisms in saline lakes[J]. Applied and environmental microbiology, 88(10): e00132-22.

HUANG Y, CHEN J, LIU H, et al, 2024. Crown ether intercalated graphene oxide membranes for highly efficient sieving of cesium with a large water permeability [J]. Separation and purification technology, 339: 126702.

JI L M, LI L J, SHI D, et al, 2016. Extraction equilibria of lithium with N,N-bis(2-ethylhexyl)-3-oxobutanamide and tributyl phosphate in kerosene and $FeCl_3$ [J]. Hydrometallurgy, 164: 304-312.

KONG F, YANG Y, LUO X, et al, 2021. Deep hydrothermal and shallow groundwater borne lithium and boron loadings to a mega brine lake in Qinghai Tibet Plateau based on multi-tracer models[J]. Journal of hydrology, 598: 126313.

LAN S J, WEN X M, ZHU Z H, et al, 2011. Recycling of spent nitric acid solution from electrodialysis by diffusion dialysis[J]. Desalination, 278(1-3): 227-230.

LI B, MA H, ZHANG B, QIAN J, et al, 2019a. Dually emitting carbon dots as fluorescent probes for ratiometric fluorescent sensing of pH values, mercury(II), chloride and Cr(VI) via different mechanisms[J]. Microchimica acta, 186(6): 341.

LI B, WU J, LI L, 2021a. Speciation and correlation of boron and lithium in surficial sediments of the eastern and western Taijinar Salt Lake[J]. Environmental earth sciences, 80(10): 382.

LI B K, CHENG H D, MA H Z, 2022a. Boron isotope geochemistry of the Lakkor Co Salt Lake (Tibet) and its geological significance [J]. Geofluids, 2022: 3724800.

LI B L, WU J, LU J, 2020a. Life cycle assessment considering water-energy nexus for lithium nanofiltration extraction technique[J]. Journal of cleaner production, 261: 121152.

LI D, ZENG D, HAN H, et al, 2015a. Boron concentration and isotopic composition of halite from experiments and salt lakes in the Qaidam Basin [J]. Calphad-Computer coupling of phase diagrams and thermochemistry, 51: 1-12.

LI D, ZENG D, YIN X, et al, 2016a. Phase diagrams and thermochemical modeling of salt lake brine systems. II. $NaCl + H_2O$, $KCl + H_2O$, $MgCl_2 + H_2O$ and $CaCl_2 + H_2O$ systems [J]. Calphad-Computer coupling of phase diagrams and thermochemistry, 53: 78-89.

LI D, ZENG D, YIN X, et al, 2018a. Isopiestic studies on thermodynamic properties for $LiCl-Li_2B_4O_7-H_2O$ system at 298.15 K [J]. Chemical journal of Chinese universities-Chinese, 60: 163-176.

LI D, ZENG D, YIN X, et al, 2020b. Water-to-Cement ratio of magnesium oxychloride cement foam concrete with caustic dolomite powder [J]. Calphad-Computer coupling of phase diagrams and thermochemistry, 71: 101806.

LI F Q, LING B P, MA P H, 2004. Manufacture of boron-free magnesia with high purity from residual brine[J]. Chinese chemical letters, 15(11): 1353-1356.

LI H, LI L, JI L, et al, 2023a. Extraction of lithium from salt lake brine with high Mg/Li Mass Ratio by N523-DIBK extraction system [J]. Journal of sustainable metallurgy, 9(4): 1456-1465.

LI H, LI L, LI W, 2021b. The extraction rules investigation of mental (Li, Na, K, Mg, Ca) ion in salt lake brine by $TBP-FeCl_3$ extraction system [J]. Chemical physics letters, 763: 138249.

LI H, LI L, LI W, 2023b. Lithium extraction from salt lake brine with high mass ratio of Mg/Li Using TBP-DIBK extraction system [J]. Separations, 10(1): 24.

LI H, LI L, PENG X, et al, 2018b. Extraction kinetics of lithium from salt lake brine by N,N-bis(2-ethylhexyl) acetamide using Lewis Cell [J]. Hydrometallurgy, 178, 84-87.

LI H, LI L, SHI D, et al, 2015b. Kinetics of lithium extraction with tri-*n*-butyl phosphate from salt lake brine by a single drop method [J]. Chemistry letters, 44, 7: 987-988.

LI H, LI L, SHI D, et al, 2016b. Extraction kinetics of lithium ions by *N,N*-bis(2-ethylhexyl)acetamide from simulated brine using rising single drop method [J]. Hydrometallurgy, 160: 1-5.

LI J, LI W X, MIAO W L, et al, 2022b. Reconstruction of polyhalite ore-formed temperature from late middle pleistocene brine temperature research in Kunteyi Playa, Western China[J]. Geofluids, 2022: 6255886.

LI J, LUO Q, DONG M, et al, 2022c. Synthesis of granulated Li/Al-LDHs adsorbent and application for recovery of Li from synthetic and real salt lake brines [J]. Hydrometallurgy, 209: 105828.

LI J, WANG M, ZHAO Y, et al, 2018c. Enrichment of lithium from salt lake brine by forward osmosis [J]. Royal society open science, 5(10): 180965.

LI J, ZHANG X, HU M, et al, 2021c. Halogenases of Qarhan Salt Lake in the Qaidam Basin: evidence from halite fluid inclusions[J]. Frontiers in earth science, 9: 698229.

LI J C, ZHAI Z X, WANG L Y, 1996. Thermochemistry of solution of salt lakes .6. Enthalpies of dilution of MgB_4O_7-$MgSO_4$-Li_2SO_4-H_2O systems at 298.15 K[J]. Journal of the Indian chemical society, 73(8): 427-428.

LI J S, LI T W, MA Y Q, et al, 2022d. Distribution and origin of brine-type Li-Rb mineralization in the Qaidam Basin, NW China[J]. Science China-Earth sciences, 65(3): 477-489.

LI L M, WU J, LU J, et al, 2022e. Water quality evaluation and ecological-health risk assessment on trace elements in surface water of the northeastern Qinghai-Tibet Plateau[J]. Ecotoxicology and environmental safety, 241: 113775.

LI P, LIU B X, LAI X, et al, 2022f. Thermal decomposition mechanism and pyrolysis products of waste bischofite calcined at high temperature[J]. Thermochemical Acta, 710: 179164.

LI Q, FAN Q, WEI H, et al, 2020c. Sulfur isotope constraints on the formation of $MgSO_4$-deficient evaporites in the Qarhan salt Lake, western China [J]. Journal of Asian earth sciences, 189: 104160.

LI W, QIN Z, MIAO W, et al, 2024a. Solute sources and mechanism of boron enrichment in the tataleng river on the northern margin of the qaidam basin [J]. Aquatic geochemistry, 30: 97-119.

LI X, LIU Z, GAO S, et al, 2012. Geochemical hypothesis for hydrated magnesium borate deposit in Salt Lake, NW China[J]. Environmental earth sciences, 66(5): 1431-1438.

LI Y, MIAO W, HE M-Y, et al, 2023d. Origin of lithium-rich salt lakes on the western Kunlun Mountains of the Tibetan Plateau: Evidence from hydrogeochemistry and lithium isotopes[J]. Ore geology reviews, 155: 105356.

LI Y, WANG M, XIANG X, et al, 2023c. Separation performance and fouling analyses of nanofiltration membrane for lithium extraction from salt lake brine [J]. Journal of water process engineering, 54: 104009.

LI Y, ZHAO Y, WANG H, et al, 2019b. The application of nanofiltration membrane for recovering lithium from salt lake brine [J]. Desalination, 468: 114081.

LI Y, ZHAO Y, WANG M, 2017. Effects of pH and salinity on the separation of magnesium and lithium from brine by nanofiltration [J]. Desalination and water treatment, 97: 141-150.

LI Y H, SONG P S, LI W, et al, 2006a. Solubility prediction of HCl-$MgCl_2$-H_2O system at 50℃ using the ion-interaction model [J]. Calphad-Computer coupling of phase diagrams and thermochemistry, 30(4): 393-396.

LI Y H, SONG P S, XIA S P, et al, 2000. Prediction of the component solubility in the ternary systems HCl-

LiCl-H₂O, HCl-MgCl₂-H₂O and LiCl-MgCl₂-H₂O at 0 ℃ and 20 ℃ using the ion-interaction model[J]. Calipha-Computer coupling of phase diagrams and thermochemistry, 24(3): 295-308.

LI Y H, SONG P S, XIA S P, et al, 2005. Application of the ion-interaction model to the solubility prediction of LiCl-HCl-MgCl₂-H₂O system at 20℃ [J]. Chinese journal of chemistry, 23(8): 953-956.

LI Y H, SONG P S, XIA S P, et al, 2006b. Solubility prediction for the HCl-MgCl₂-H₂O system at 40℃ and solubility equilibrium constant calculation for HCl·MgCl₂·7H₂O at 40 ℃ [J]. Calphad-Computer coupling of phase diagrams and thermochemistry, 30(1): 61-64.

LI Z Y, HE M Y, LI B K, et al, 2024b. Multi-isotopic composition (Li and B isotopes) and hydrochemistry characterization of the Lakko Co Li-rich salt lake in Tibet, China: Origin and hydrological processes[J]. Journal of hydrology, 630: 130714.

LIU P, DONG J, CHANG C, et al, 2021. Preparation of low-cost magnesium oxychloride cement using magnesium residue byproducts from the production of lithium carbonate from salt lakes [J]. Materials, 14(14): 3899.

LIU W G, XIAO Y K, PENG Z C, et al, 2000. Boron concentration and isotopic composition of halite from experiments and salt lakes in the Qaidam Basin [J]. Geochimica et cosmochimica acta, 64(13): 2177-2183.

LIU W G, XIAO Y K, SUN D P, et al, 1995. A preliminary-study of chlorine isotopic composition of salt lakes in the qaidam basin [J]. Chinese science bulletin, 40(8): 699-700.

LIU W G, XIAO Y K, WANG Q Z, et al, 1997. Chlorine isotopic geochemistry of salt lakes in the Qaidam Basin, China [J]. Chemical geology, 136(3-4): 271-279.

LIU X, MA Y F, LIU G J, et al, 2022a. Magnesium ion effect in the process of lithium migration in salt lake[J]. Desalination and water treatment, 250: 148-158.

LIU X, MA Y F, ZHANG Y M, et al, 2023. Adsorption of SO_4^{2-} on Li_2CO_3 crystal surfaces: experiments and first-principles calculation[J]. Desalination and water treatment, 299: 128-136.

LIU X, WEN J, CHANG C, et al, 2022b. Effects of calcination process of salt lake magnesium slag on the properties of magnesium oxysulfide cement [J]. Advances in cement research, 34, 5: 225-234.

LIU X Q, CAI K Q, YU S S, 2004. Geochemical simulation of the formation of brine and salt minerals based on Pitzer model in Caka Salt Lake[J]. Science in China series D-Earth sciences, 47(8): 720-726.

LIU X Q, DONG H L, RECH J A, et al, 2008. Evolution of Chaka Salt Lake in NW China in response to climatic change during the Latest Pleistocene-Holocene[J]. Quaternary science reviews, 27(7-8): 867-879.

LIU Y H, GUO Y F, WANG X K, et al, 2015. Predictions on the solubility and equiscale line of water content for the quaternary system (Li + Na + Cl + SO₄ + H₂O) at 298.15 K[J]. Calipha-Computer coupling of phase diagrams and thermochemistry, 48: 13-17.

LIU Z, ZHOU Y, GUO M, et al, 2019. Experimental and theoretical investigations of Cs^+ adsorption on crown ethers modified magnetic adsorbent [J]. Journal of hazardous materials, 371: 712-720.

LU M, MA L, YE X, et al, 2023. Novel method for rapid determination of octadecylamine using UV spectrophotometry [J]. Journal of applied spectroscopy, 90: 1101-1106.

LU X H, ZHANG Y S, YI L, et al, 2021. Nature of volatile organic matter in lake sediments as a reflection of paleoclimate changes occurring at 4ka in the central Qaidam Basin[J]. Frontiers in earth science, 9: 734458.

LUO Q, DONG M, BAI C, et al, 2024. Green synthesis of polyol functionalized cotton linter polymer adsorbents by the hydrothermal method: Effects of the structure of the ligands for boron anionic species capture [J]. Chemical engineering science, 285: 119574.

LUO Q, DONG M, LI Q, et al, 2022a. Improve the durability of lithium adsorbent Li/Al-LDHs by Fe^{3+} substitution and nanocomposite of FeOOH [J]. Minerals engineering, 185: 107717.

LUO Q, DONG M, NIE G, et al, 2021. Extraction of lithium from salt lake brines by granulated adsorbents [J]. Colloids and surfaces A-Physicochemical and engineering aspects, 628: 127256.

LUO Q, LIU L, DONG R, et al, 2022b. A tris(hydroxymethyl)methyl aminomethane-functionalized SBA-15, SBA-16 and MCM-41 for recovery of boron from salt lake brine [J]. Desalination and water treatment, 259: 116-126.

LUO Q, WANG X, DONG M, et al, 2022c. Magnetic separation of oxoacid of boron from salt-lake brine by synergistically enhanced boron adsorbents of glucose-functionalized SiO_2 and graphene [J]. International journal of molecular sciences, 23(19): 11356.

MA X, MA Y, CHENG H, et al, 2023a. Evidence of the Uyunbulak Salt Lake water recharge in the Kumish Basin, Xinjiang, China, from boron isotopes[J]. Geofluids, 2023: 5099233.

MA Y, LIU J, LI K, et al, 2020. Lithium behavior in salt-water system explored by molecular dynamics simulation[J]. Journal of Wuhan university of technology-Materials science edition, 35(6): 1016-1020.

MA Y, LIU X, DONG W, et al, 2022. Molecular dynamic study on changing pH trends in salt brine evaporation[J]. Desalination and water treatment, 250: 44-50.

MA Y, XIANG S, CUI Z, et al, 2021a. Molecular dynamic regulation of Na and Mg ions on lithium carbonate crystallisation in salt lakes[J]. Journal of Wuhan university of technology-Materials science edition, 36(1): 22-28.

MA Y F, HUANG S Y, LIU X, et al, 2023b. Lithium enrichment and migration mechanism in the evaporation process of sodium aulphate subtype salt lake brine[J]. Desalination, 566: 116908.

MA Z, HAN F Q, CHEN T Y, et al, 2021b. The Forming age and the evolution process of the brine lithium deposits in the qaidam basin based on geochronology and mineral composition[J]. Frontiers in earth science, 9: 702223.

MIAO M, WU C Y, ZHANG H F, 2021. Study on the properties of magnesium oxychloride cement prepared by the magnesium-rich byproducts from the production of lithium carbonate from salt lakes[J]. Journal of the ceramic society of Japan, 129(8): 516-527.

MIAO W, FAN Q, WEI H, et al, 2016. Clay mineralogical and geochemical constraints on late Pleistocene weathering processes of the Qaidam Basin, northern Tibetan Plateau[J]. Journal of asian earth sciences, 127: 267-280.

MIAO W, ZHANG X, LI Y, et al, 2022. Lithium and strontium isotopic systematics in the Nalenggele River catchment of Qaidam basin, China: Quantifying contributions to lithium brines and deciphering lithium behavior in hydrological processes [J]. Journal of hydrology, 614: 128630.

NIE G, LI W, CUI R Z, 2022. Stable phase equilibria of the quaternary system $LiBr-NaBr-KBr-H_2O$ and the ternary system $LiBr-KBr-H_2O$ at 323.15 K [J]. Journal of chemical and engineering data.

PAN H, SONG P, HAN Z, et al, 2007. Effects of pitzer mixing parameters on the solubility prediction of $HCl-RbCl-H_2O$ system at 25℃ [J]. Russian journal of inorganic chemistry, 52(11): 1803-1807.

PANG Y N, WU Z M, ZHOU Y, et al, 2010. Preparation and characterization of basic magnesium chloride $5Mg(OH)_2 \cdot MgCl_2 \cdot 3H_2O$[J]. Chinese journal of inorganic chemistry, 26(5): 807-810.

PENG J Y, BIAN S J, LIN F, et al, 2017a. Synthesis and formation mechanism of pinnoite in sulfated-type boron concentrated brine by dilution method[J]. Phase transitions, 90(10): 1025-1033.

PENG J Y, BIAN S J, ZHANG B, et al, 2017b. Research on boron recovery from sulfate-type saline lakes with a novel dilution method[J]. Hydrometallurgy, 174: 47-55.

PENG J Y, LIN F, YANG B, et al, 2016. Synthesis structure and properties of a magnesium borate in concentrated boron-bearing Salt Lake brine by dilution method[J]. Chinese journal of inorganic chemistry, 32(2): 305-312.

PENG X, LI L, SHI D, et al, 2018. Recovery of boric acid from salt lake brines by solvent extraction with 2-butyl-1-n-octanol [J]. Hydrometallurgy, 177: 161-167.

PENG X, SHI D, ZHANG Y, et al, 2021. Recovery of boron from unacidified salt lake brine by solvent extraction with 2,2,4-trimethyl-1,3-pentanediol [J]. Journal of molecular liquids, 326: 115301.

QI Y, XU C, ENSLING J, et al, 1992. A mossbauer spectroscopic study of salt lake-sediments from qaidam basin[J]. Hyperfine interactions, 70(1-4): 1021-1024.

QIAN F, GUO M, QIAN Z, et al, 2021. Enabling highly structure stability and adsorption performances of $Li_{1.6}Mn_{1.6}O_4$ by Al-gradient surface doping [J]. Separation and purification technology, 264: 118433.

QIN Z, LI Q, LI W, et al, 2024. Elemental variations and mechanisms of brines in the context of large-scale exploitation: A case study of Xitaijnar Salt Lake, Qaidam Basin[J]. Aquatic geochemistry, 30:121-141.

REN J H, HE Y PING, SUN H D, et al, 2023. Construction of nitrogen-doped carbon cladding $LiMn_2O_4$ film electrode with enhanced stability for electrochemically selective extraction of lithium ions[J]. Frontiers of chemical science and engineering, 17(12): 2050-2060.

SHI C, DUAN D, JIA Y, et al, 2014. A highly efficient solvent system containing ionic liquid in tributyl phosphate for lithium ion extraction [J]. Journal of molecular liquids, 200: 191-195.

SHI C, JIA Y, ZHANG C, et al, 2015. Extraction of lithium from salt lake brine using room temperature ionic liquid in tributyl phosphate [J]. Fusion engineering and design, 90: 1-6.

SHI C, JING Y, JIA Y, 2016. Solvent extraction of lithium ions by tri-n-butyl phosphate using a room temperature ionic liquid [J]. Journal of molecular liquids, 215: 640-646.

SHI C, JING Y, JIA Y, 2017. Tri-n-butyl phosphate-ionic liquid mixtures for Li^+ Extraction from Mg^{2+}-containing brines at 303-343K [J]. Russian journal of physical chemistry A, 91(4): 692-696.

SHI D, CUI B, LI L, PENG X, et al, 2019. Lithium extraction from low-grade salt lake brine with ultrahigh Mg/Li ratio using TBP-kerosene-$FeCl_3$ system [J]. Separation and purification technology, 211: 303-309.

SHI D, ZHANG L, PENG X, et al, 2018. Extraction of lithium from salt lake brine containing boron using multistage centrifuge extractors [J]. Desalination, 441: 44-51.

SONG H, FAN Q, LI Q, et al, 2023. Recharge processes limit the resource elements of Qarhan Salt Lake in western China and analogues in the evaporite basins [J]. Journal of oceanology and limnology, 41, 4: 1226-1242.

SONG H, FAN Q, LI Q, et al, 2024a. Ca-high water recharge and mixing constrain on evolution and K enrichment of brine deposits in the evaporite basin: Case and analogue study in the Qaidam Basin, Qinghai-Tibet Plateau [J]. Journal of hydrology, 632: 130883.

SONG H, FAN Q, MA Y, et al, 2024b. Source-sink recharge process constraints chemical and boron isotope evolution on the multi-decadal and monthly timescales in typical boron-rich lake basins on the Qinghai-Tibet Plateau[J]. Journal of hydrology, 631: 130731.

SONG P, YAO Y, 2003. Thermodynamics and phase diagram of the salt lake brine system at 298.15 K: Model for the system Li^+, Na^+, K^+, Mg^{2+}/Cl^-, SO_4^{2-}-H_2O and its applications [J]. Calphad-Computer coupling of phase diagrams and thermochemistry, 27, 4: 343-352.

SONG P S, YAN Y, 2001. Thermodynamics and phase diagram of the Salt Lake Brine System at 25℃ -: I.: Li^+, K^+, Mg^{2+}/Cl^-, SiO_4^{2-},-H_2O system[J]. Calphad-Computer coupling of phase diagrams and thermochemistry, 25(3): 329-341.

SONG Q Q, XU B, LI X N, et al, 2011. Identification of volatile and semivolatile organic compounds in Salt Lake Brine[J]. American laboratory, 43(9): 41-45.

SU W, MA Y, WANG Q, et al, 2022a. Effects of salinity and particle size on radium desorption from river sediments in the Qinghai-Tibet Plateau[J]. Journal of environmental radioactivity, 241: 106771.

SUN Q, LU J, WU J, et al, 2019. Catalytic ozonation of sulfonamide, fluoroquinolone, and tetracycline antibiotics using nano-magnesium hydroxide from natural bischofite[J]. Water air and soil pollution, 230(3): 55.

SUN X, TAN E, WANG B, et al, 2023. Salinity change induces distinct climate feedbacks of nitrogen removal in saline lakes[J]. Water research, 245: 120668.

TAN H, MA H, MANG X, et al, 2009. Fractionation of chlorine isotope in salt mineral sequences and application: Research on sedimentary stage of ancient salt rock deposit in Tarim Basin and western Qaidam Basin.[J]. Acta petrologica sinica, 25(4): 955-962.

TAN Y, ZHANG Z, WEN J, et al, 2022. Preparation of magnesium potassium phosphate cement using by-product MgO from Qarhan Salt Lake for low-carbon and sustainable cement production [J]. Environmental research, 214: 113912.

TAN Y S, DONG J M, YU H F, et al, 2017. Study on the injectability of a novel glucose modified magnesium potassium phosphate chemically bonded ceramic[J]. Materials science and engineering c-materials for biological applications, 79: 894-900.

TAN Y S, YU H F, LI Y, et al, 2014. Magnesium potassium phosphate cement prepared by the by product of magnesium oxide after producing Li_2CO_3 from salt lakes[J]. Ceramics international, 40(8): 13543-13551.

TAN Y S, YU H F, LI YING, et al, 2016. The effect of slag on the properties of magnesium potassium phosphate cement[J]. Construction and building materials, 126: 313-320.

TAO YI W, YAN Y C, HUA M P, et al, 2007. Refining of crude Li_2CO_3 via slurry phase dissolution using CO_2[J]. Separation and purification technology, 56(3): 241-248.

VENGOSH A, CHIVAS A R, STARINSKY A, et al, 1995. Chemical and boron isotope compositions of nonmarine brines from the Qaidam Basin, Qinghai, China[J]. Chemical geology, 120(1-2): 135-154.

WANG H, ZHONG Y, DU B, et al, 2018a. Recovery of both magnesium and lithium from high Mg/Li ratio brines using a novel process [J]. Hydrometallurgy, 175, 102-108.

WANG H Y, DU B Q, WANG M, 2018b. Study of the solubility super solubility and metastable zone width of Li_2CO_3 in the LiCl-NaCl-KCl-Na_2SO_4 system from 293.15 to 353.15K[J]. Journal of chemical and engineering data, 63(5): 1429-1434.

WANG G, XIAO Y K, 2000. Separation of boron by using ion exchange technique for the isotopic measurement of boron in salt lake brine[J]. Chinese journal of analytical chemistry, 28(8): 936-940.

WANG L, LI H, DONG Y, et al, 2015. Determination of trace elements in salt lake brines using inductively coupled plasma optical emission spectrometry after magnesium hydroxide precipitation [J]. Analytical methods, 7(19): 8235-8240.

WANG X, JING Y, LIU H, et al, 2018c. Extraction of lithium from salt lake brines by bis[(trifluoromethyl) sulfonyl]imide-based ionic liquids [J]. Chemical physics letters, 707: 8-12.

WANG X H, MENG Q F, DONG Y P, et al, 2010a. Rapid determination of major and trace elements in the Salt Lake Clay Minerals by X-Ray fluorescence spectrometry[J]. Spectroscopy and spectral analysis, 30(3): 829-833.

WEI H C, FAN Q S, ZHAO Y, et al, 2015. A 94-10 ka pollen record of vegetation change in Qaidam Basin, northeastern Tibetan Plateau[J]. Palaeogeography palaeoclimatology palaeoecology, 431: 43-52.

WEI H Z, JIANG S Y, TAN H B, et al, 2014. Boron isotope geochemistry of salt sediments from the Dongtai salt lake in Qaidam Basin: Boron budget and sources[J]. Chemical geology, 380: 74-83.

WEN J, YU H, LI Y, et al, 2013. Effects of H_3PO_4 and $Ca(H_2PO_4)_2$ on mechanical properties and water resistance of thermally decomposed magnesium oxychloride cement [J]. Journal of central south university, 20(12): 3729-3735.

WEN J, YU H, LI Y, et al, 2014. Effects of citric acid on hydration process and mechanical properties of thermal decomposed magnesium oxychloride cement[J]. Journal of Wuhan university of technology-Materials science edition, 29(1): 114-118.

WU C Y, CHEN C, ZHANG H F, et al, 2018. Preparation of magnesium ox sulfate cement using magnesium-rich byproducts from the production of lithium carbonate from salt lakes[J]. Construction and building materials, 172: 597-607.

WU J, LI B L, LU J, 2021. Life cycle assessment on boron production: is boric acid extraction from salt-lake brine environmentally friendly?[J]. Clean technologies and environmental policy, 23(7): 1981-1991.

XIANG H, FAN Q, LI Q, et al, 2024. Source and formation of boron deposits in mahai basin on the Northern Qinghai-Tibet Plateau: clues from hydrochemistry and boron isotopes[J]. Aquatic geochemistry, 30: 143-161.

XIANG J Y, WANG J P, CHEN L, et al, 2019. Distribution, source identification, and assessment of potentially toxic elements in the sediment core from the estuarine region of the Golmud River to the Qarhan Salt Lake, Qinghai, China[J]. Minerals, 9(9): 506.

XIANG S Y, ZENG F M, WANG G C, et al, 2013. Environmental evolution of the south margin of qaidam basin reconstructed from the holocene loess deposit by n-alkane and pollen records[J]. Journal of earth science, 24(2): 170-178.

XIAO Y K, WANG L, 2001. The effect of pH and temperature on the isotopic fractionation of boron between saline brine and sediments[J]. Chemical geology, 171(3-4): 253-261.

XIAO Y K, ZHANG C G, 1992. High-precision isotopic measurement of chlorine by thermal ionization mass-spectrometry of the CS_2Cl^+ ion[J]. International journal of mass spectrometry and ion processes, 116(3): 183-192.

XU C H, WANG Z R, WANG F, et al, 2024. $NaNO_3$-Promoted MgO-Based adsorbents prepared from bischofite for CO_2 capture: experimental and density functional theory study[J]. Langmuir, 40(9): 5001-5010.

XUE F, TAN H B, ZHANG X Y, et al, 2024. Contrasting sources and enrichment mechanisms in lithium-rich salt lakes: A Li-H-O isotopic and geochemical study from northern Tibetan Plateau[J]. Geoscience frontiers, 15(2): 101768.

YANG J, JIANG H C, DONG H L, et al, 2013a. Diversity of carbon monoxide-oxidizing bacteria in five lakes on the Qinghai-Tibet Plateau, China[J]. Geomicrobiology journal, 30(8): 758-767.

YANG J, JIANG H C, DONG H L, et al, 2013b. Abundance and diversity of sulfur-oxidizing bacteria along a salinity gradient in four Qinghai-Tibetan Lakes, China[J]. Geomicrobiology journal, 30(9): 851-860.

YANG J M, YAO Y, ZHANG A Y, et al, 2006. Isopiestic studies on thermodynamic properties for LiCl-$Li_2B_4O_7$-H_2O system at 298.15 K [J]. Chemical journal of Chinese universities-Chinese, 27(4): 735-738.

YANG K L, PENG J Y, DONG Y P, et al, 2023. Spectroscopic characterization of dissolved organic matter isolated from solar pond[J]. Spectroscopy and spectral analysis, 43, 12: 3775-3780.

YANG K L, ZHANG Y L, DONG Y P, et al, 2017. Selectivity of solid phase extraction for dissolved organic matter in the hypersaline Da Qaidam Lake, China[J]. Environmental science-Processes & impacts, 19(11): 1374-1386.

YANG K L, ZHANG Y M, DONG Y P, et al, 2022. Characterization of dissolved organic matter in solar ponds by elemental analysis, infrared spectroscopy, nuclear magnetic resonance and Pyrolysis-GC-MS[J]. International journal of environmental research and public health, 19(15): 9067.

YAO Y, SONG P S, WANG R L, et al, 2002. Isopiestic studies of synthetic salt lake brine system Li-Na-K-Mg-Cl-SO_4-H_2O at 25 ℃ and applications of ion-interaction model [J]. Acta chimica sinica, 60(11): 2004-2010.

YAO Z, GAO S, ZHU L, 1995. Chemistry of borates in Salt Lake Brine ⅩⅩⅣ. Study on crystallizaton kinetics of Li-Borates from Li_2O·$2B_2O_3$-H_2O supersaturated solution at 20℃ [J]. Acta physico-chimica sinica, 11: 1048-1052.

YE D N, GAO F F, ZENG G L, et al, 2023. An electroactive BiOBr/PVDF/CB film electrode for electrochemical extraction of bromine ions from brines[J]. Industrial & engineering chemistry research, 62(22): 8882-8892.

YU J Q, GAO C L, CHENG A Y, et al, 2013. Geomorphic, hydroclimatic and hydrothermal controls on the formation of lithium brine deposits in the Qaidam Basin, northern Tibetan Plateau, China[J]. Ore geology reviews, 50: 171-183.

YUAN Q, BARBOLINI N, ASHWORTH L, et al, 2021. Palaeoenvironmental changes in Eocene Tibetan lake systems traced by geochemistry, sedimentology and palynofacies[J]. Journal of asian earth sciences, 214: 104778.

ZENG F M, XIANG S Y, 2017. Geochronology and mineral composition of the pleistocene sediments in xitaijinair salt lake region, qaidam basin: preliminary results[J]. Journal of earth science, 28(4): 622-627.

ZENG G L, YE D N, ZHANG X F, et al, 2023. A potential-responsive ion-pump system based on nickel hexacyanoferrate film for selective extraction of cesium ions[J]. Chinese journal of chemical engineering, 63: 51-62.

ZHAN H, QIAO Y, QIAN Z, et al, 2022. Manganese-based spinel adsorbents for lithium recovery from aqueous solutions by electrochemical technique [J]. Journal of industrial and engineering chemistry, 114: 142-150.

ZHAN H, QIAO Y, QIAN Z, et al, 2023. Electrochemical behaviors of porous spherical spinel $H_{1.6}Mn_{1.6}O_4$ with high Li plus adsorption capacity [J]. Separation and purification technology, 305: 122485.

ZHANG A Y, YAO Y, YANG J M, et al, 2004. Isopiestic studies of thermodynamic properties and representation with ion-interaction model for $Li_2B_4O_7$-$MgCl_2(B)$-H_2O system at 298.15 K [J]. Acta chimica sinica, 62(12): 1089-1094.

ZHANG G, HAI C, ZHOU Y, et al, 2022a. Al and F ions co-modified $Li_{1.6}Mn_{1.6}O_4$ with obviously enhanced Li plus adsorption performances [J]. Chemical engineering journal, 450: 137912.

ZHANG G, HAI C, ZHOU Y, et al, 2023a. Synthesis and performance estimation of a granulated PVC/PAN-lithium ion-sieve for Li plus recovery from brine [J]. Separation and purification technology, 305: 122431.

ZHANG G, ZHANG J, ZHOU Y, et al, 2021a. Practical synthesis of manganese oxide $MnO_2 \cdot 0.5H_2O$ for an advanced and applicable lithium ion-sieve [J]. Journal of solid state chemistry, 293: 121768.

ZHANG S X, WEI X, CAO X, et al, 2024a. Solar-driven membrane separation for direct lithium extraction from artificial salt-lake brine[J]. Nature communications, 15(1): 238.

ZHANG X, FAN Q, LI Q, et al, 2019a. The source, distribution, and sedimentary pattern of K-rich brines in the Qaidam Basin, Western China [J]. Minerals, 9(11): 655.

ZHANG X, LI Q, QIN Z, et al, 2019b. Boron isotope geochemistry of a brine-carbonate system in the Qaidam Basin, western China [J]. Sedimentary geology, 383: 293-302.

ZHANG X F, ZHANG Z, XING L, et al, 2024b. Modelling and optimization of Li plus extraction from brine with high Mg/Li ratio by electrochemically switched ion exchange considering thermodynamics and dynamics simultaneously[J]. Chemical engineering journal, 481: 148625.

ZHANG X Y, ZHANG H F, Wu C Y, 2022b. Influence of boron on the properties of basic magnesium sulfate cement[J]. Construction and building materials, 327: 126951.

ZHANG Y, LI W, 2023b. Experimental study of isothermal evaporation of Lhaguo Tso Salt Lake in Tibet at 0℃ [J]. Desalination and water treatment, 286: 274-281.

ZHANG Y, LI W, 2023c. Isothermal evaporations of the brine from Tibet's Laguocuo Salt Lake at 15 ℃ : experiment and UNIQUAC simulations [J]. Crystals, 13(3): 496.

ZHANG Y, YANG K, CHEN H, et al, 2023d. Origin, composition, and accumulation of dissolved organic matter in a hypersaline lake of the Qinghai-Tibet Plateau [J]. Science of the total environment, 868: 161612.

ZHANG Z, DU X, WANG Q, et al, 2021b. A scalable three-dimensional porousλ-MnO_2/rGO/Ca-alginate composite electroactive film with potential-responsive ion-pumping effect for selective recovery of lithium ions[J]. Separation and purification technology, 259: 118111.

ZHAO B, GUO M, QIAN F, et al, 2020a. Hydrothermal synthesis and adsorption behavior of $H_4Ti_5O_{12}$ nanorods along [100]as lithium ion-sieves[J]. Rsc advances, 10(58): 35153-35163.

ZHAO Y, WANG H, LI Y, et al, 2020b. An integrated membrane process for preparation of lithium hydroxide from high Mg/Li ratio salt lake brine [J]. Desalination, 493: 114620.

ZHENG W, DONG JI, WEN J, et al, 2021a. Effects of water-to-cement ratios on the properties of magnesium potassium phosphate cement prepared with lithium-extracted magnesium residue [J]. Applied sciences-basel, 11(9): 4193.

ZHENG W, XIAO X, WEN J, et al, 2021b. Water-to-Cement ratio of magnesium oxychloride cement foam concrete with caustic dolomite powder [J]. Sustainability, 13(5): 2429.

ZHOU J, LI B, HE M, et al, 2023a. Hydrochemical characteristics and sources of lithium in carbonate-type salt lake in tibet[J]. Sustainability, 15(23): 16235.

ZHOU T T, HUANG X L, HADEERBIEKE B, et al, 2023b. Phase equilibria for the aqueous quinary system Li^+-Na^+-K^+-Mg^{2+}//Cl^--H_2O saturated with $NaCl \cdot 2H_2O$ at 258.15 K[J]. Journal of chemical and engineering data, 68(7): 1780-1788.

ZHU C C, DONG Y P, YUN Z, et al, 2014. Study of lithium exploitation from carbonate subtype and sulfate type salt-lakes of Tibet[J]. Hydrometallurgy, 149: 143-147.

ZHU L X, GAO S Y, XIA S P, et al, 2000. Chemistry of borate in salt Lake Brine XXIX-: Crystallization kinetics of Mg-borates from MgO·2B$_2$O$_3$-18%MgCl$_2$-H$_2$O supersaturated solution[J]. Chinese journal of inorganic chemistry, 16(5): 722-728.

ZHUANG Z, LI D, LEI J, et al, 2022. Solubility isotherm determination of the H$_3$BO$_3$+ RbCl + H$_2$O and H$_3$BO$_3$+NH$_4$Cl + H$_2$O systems at T=273.15, 298.15, 323.15, 348.15,and 363.15K and thermodynamic modeling[J]. Journal of chemical and engineering data, 67(5): 1267-1275.

ZHUANG Z, LI D, ZENG D, et al, 2021. Solubility isotherm determinations at T = (273.15, 298.15, 323.15, 348.15 and 363.15) K and thermodynamic modeling of the H$_3$BO$_3$ + SrCl$_2$ + H$_2$O System [J]. Journal of solution chemistry, 50(5): 771-791.

ZHUANG Z Y, OU X W, LI J Y, et al, 2016. Interfacial engineering improved the selective extraction of uranyl from saline water by Nano-Mg(OH)$_2$ and the underlying mechanism[J]. ACS sustainable chemistry & engineering, 4(3): 801-809.

5.2
中南大学

5.2.1 盐湖化学化工

中南大学在盐湖化学化工领域深耕多年，开发了多种镁/锂分离工艺用于盐湖提锂，在镁资源利用、废旧锂电池回收、盐湖提铷方面均提出了高效、环保的策略，且通过实验与模拟丰富了卤水体系的热化学与相化学数据，此外对柴达木盆地的气候演化也提出了一些见解。中南大学盐湖化学化工研究方向分布见图5-2。

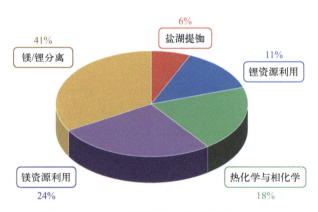

图 5-2 中南大学盐湖化学化工研究方向分布

5.2.1.1 镁/锂分离

Liu 等科研人员合成了（110）晶面外露的磷酸锂（Li_3PO_4）晶体用于诱导沉淀法盐湖提锂，在当雄错盐湖卤水中锂回收率可达 51.62%（30℃），效果可与传统高温沉淀法（90℃）媲美，且反应时间明显缩短（Liu et al., 2021）。Ju 等科研人员提出了一种 EID（电化学嵌入/脱嵌）法-$MgNH_4PO_4$ 沉淀法的集成工艺从卤水中制备 Li_3PO_4：首先通过 EID 获得低 Mg/Li 比的阳极液，再利用 $MgNH_4PO_4$ 沉淀法去除上述阳极液中的 Mg^{2+}，最后添加 $Na_3PO_4 \cdot 12H_2O$ 以制备 Li_3PO_4，锂回收率超过 95%，镁去除率达 99.8%，该技术为干旱地区盐湖锂资源开发提供了思路（Ju et al., 2023）。

铝基材料在卤水 Mg/Li 分离中前景广阔，Liu 等科研人员考察了铝基材料与卤水反应时锂沉淀的过程，证实铝基材料具有沉淀锂、分离锂镁的优异性能，锂的析出率可达 78.3%，在最佳条件下沉淀中 Mg/Li 比仅为 0.02（Liu et al., 2018）。

Xu 等科研人员采用富氢聚乙二醇（PEG）修饰和碳纤维增强对 $LiFePO_4$/$FePO_4$ 电极进行了改性，构建了具有高亲水性和高渗透性的新型电化学脱嵌/插层体系，用于高 Mg/Li 比和高 Na/Li 比盐湖卤水的电化学法提锂，改性后电极水接触角从 124°减小至 82.3°，亲水性明显增强，电流效率从 62% 提高至 92%，锂提取速度提高近 3 倍，同时具有良好的循环稳定性（Xu et al., 2023）。

Du 等科研人员采用单极脉冲电沉积（UPED）技术合成了一种由 λ-MnO_2/PPy/PSS 纳米棒组成的电活性锂离子混合膜，通过电化学离子交换（ESIX）技术从低浓度水溶液中提取锂离子时吸附量可达 35.2mg/g，吸附平衡时间小于 2h，且由于 λ-MnO_2 晶体中独特的 Li^+ 空位，Li^+/Na^+ 的选择性因子可达 46.0，该研究为低锂浓度卤水的电化学法提锂提供了参考（Du et al., 2016）。

5.2.1.2 锂资源利用

Guo 等科研人员建立了 2000～2030 年中国可回收锂资源的动态模型，可统计并预测我国电子产品和交通工具的锂电池等可回收锂资源的销量、库存量和二次利用率，指出到 2030 年我国报废锂中可回收锂资源量超过 52.2kt（Guo et al., 2021）。Li 等科研人员开发了一套从废锂离子电池酸浸液中回收铁、锰、镍和钴的完整工艺，可通过共沉淀法将废电池中的 Ni、Co 和 Mn 制备成三元锂离子电池正极材料前驱体 $Ni_xCo_yMn_{1-x-y}(OH)_2$；通过萃取除杂等工艺将 Fe、Mn 制备成掺铁锂离子筛用于盐湖提锂，该工艺对铁、锰、镍和钴的总回收率分别可达 37.4%、92.5%、99.8% 和 99.8%（Li et al., 2019）。

5.2.1.3 镁资源利用

Wang 等科研人员开发了一种从卤水中分离并同时回收镁和锂的集成工艺：制备并使用镁铝碳酸层双氢氧化物（MgAlCO$_3$-LDHs）吸附去除镁，可将镁含量从 117g/L 降至 0.02g/L，进一步用吸附法、酸化法和沉淀法分别去除 96.46% 的硼、99.2% 的 CO_3^{2-} 和 99.56% 的 SO_4^{2-} 杂质对锂进行浓缩并沉淀，剩余的 $CO_3^{2-}/2Li^+$ 摩尔比为 1.2 时锂回收率超过 91%，产品纯度高达 99.70%（Wang et al., 2018）。Lai 等科研人员提出了一种从高 Mg/Li 比（>40）的盐湖卤水中提取锂的两步结晶沉淀法：首先加入氯化钾形成光卤石通过共沉淀去除约 50% 的镁，此后添加 Na$_2$HPO$_4$ 通过形成 MgHPO$_4$ 沉淀去除残余的镁（去除率 99.2%），整个过程镁的总去除率高达 99.6%，锂的回收率达 93.2%，生成的六水氯化镁（MgCl$_2$·6H$_2$O）可以作为副产物回收（Lai et al., 2020）。

Zhang 等科研人员以聚醚砜（PES）三通道毛细管超滤（LTF）膜为底物，聚乙烯亚胺（PEI）为前驱体，采用界面聚合法制备了带正电的纳滤膜，并采用修饰羟基的多壁碳纳米管（MWCNTs-OH）与哌嗪（PIP）接枝对上述膜进行改性，改性后膜的 MgCl$_2$ 排斥率从 94.2% 增加到 96.9%，对二价阳离子（Mg^{2+} 和 Ca^{2+}）的截留率可达 97%（Zhang et al., 2017）。

5.2.1.4 热化学与相化学

Li 等科研人员采用 PSC 模型预测了 190～400K 范围内 LiCl-H$_2$O 体系的热力学性质，结果与实验结果良好吻合，并测定了水活度、离子活度系数、稀释焓、溶解度等热力学参数、绘制了该体系相图（Li et al., 2015）。他们还利用 PSC 模型模拟了二元硫酸盐体系（Li$_2$SO$_4$+H$_2$O、Na$_2$SO$_4$+H$_2$O、K$_2$SO$_4$+H$_2$O、MgSO$_4$+H$_2$O、CaSO$_4$+H$_2$O）的热力学性质和相平衡，成功再现和预测了上述体系从无限稀释到饱和状态的主要热力学参数，为盐湖卤水体系相化学的研究提供了参考（Li et al., 2018）。

Yang 等科研人员采用等温平衡法确定了 LiCl+MgCl$_2$+KCl+H$_2$O 体系的相图，并测定了 LiCl+MgCl$_2$+H$_2$O、LiCl+KCl+H$_2$O 和 MgCl$_2$+KCl+H$_2$O 体系在 323.15K 时的共晶点，为从含 MgCl$_2$ 和 LiCl 的盐湖卤水中工业提锂提供了理论支持（Yang et al., 2017）。

5.2.1.5 盐湖提铷

Zhang 等科研人员提出以钾离子为穿梭离子从盐湖中提取铷的新方法：将 K^+ 插入六氰化高铁铜（$Cu_3[Fe(CN)_6]_2$）中形成（$K_2Cu_3[Fe(CN)_6]_2$），通过形成 $Rb_2Cu_3[Fe(CN)_6]_2$ 复合物萃取卤水中的铷，而后采用电化学法将铷脱除并富集，在 8 次循环中铷的吸附量仍可保持在 4.13mg/g 以上，该方法为盐湖提铷提供了新思路，具有工业应用潜力（Zhang et al., 2023）。

5.2.2 盐湖地质

用矿物学方法反映气候演化是研究柴达木盆地新生代环境演化的新途径，Yi 等科研人员采用电子探针和原位 X 射线衍射，研究了祁漫塔格成矿带卡尔却卡铜矿隐晶团聚体中多种矿物的化学组成和晶体学参数，反映了气候特征（干旱或湿润）（Yi et al., 2017）。

主要参考文献

DU X, GUAN G Q, LI X M, et al, 2016. A novel electroactive λ-MnO2/PPy/PSS core-shell nanorod coated electrode for selective recovery of lithium ions at low concentration [J]. Journal of materials chemistry A, 4(36): 13989-13996.

GUO X Y, ZHANG J X, TIAN Q H, 2021. Modeling the potential impact of future lithium recycling on lithium demand in China: A dynamic SFA approach [J]. Renewable & sustainable energy reviews, 137: 110461.

JU K Y, LIU D F, ZHAO Z W, et al, 2023. Efficiently separating Li^+ and Mg^{2+} from brine and directly preparing Li_3PO_4 by a combination of electrochemical intercalation/deintercalation and $MgNH_4PO_4$ precipitation [J]. Separation and purification technology, 324: 124643.

LAI X R, XIONG P, ZHONG H, 2020. Extraction of lithium from brines with high Mg/Li ratio by the crystallization-precipitation method [J]. Hydrometallurgy, 192: 105252.

LI D D, ZENG D W, HAN H J, et al, 2015. Phase diagrams and thermochemical modeling of salt lake brine systems. I. LiCl+H2O system [J]. Calphad-computer coupling of phase diagrams and thermochemistry, 51: 1-12.

LI D D, ZENG D W, YIN X, et al, 2018. Phase diagrams and thermochemical modeling of salt lake brine systems. III. Li2SO4+H2O, Na2SO4+H2O, K2SO4+H2O, MgSO4+H2O and CaSO4+H2O systems [J]. Calphad-computer coupling of phase diagrams and thermochemistry, 60: 163-176.

LI J S, YANG X Y, FU Y Y, et al, 2019. Recovery of Fe, Mn, Ni and Co in sulfuric acid leaching liquor of spent lithium ion batteries for synthesis of lithium ion-sieve and $Ni_xCo_yMn_{1-x-y}(OH)_2$ [J]. Hydrometallurgy, 190: 105190.

LIU D F, LI Z, HE L H, et al, 2021. Facet engineered Li_3PO_4 for lithium recovery from brines [J]. Desalination, 514: 115186.

LIU X H, ZHONG M L, CHEN X Y, et al, 2018. Separating lithium and magnesium in brine by aluminum-based materials [J]. Hydrometallurgy, 176: 73-77.

WANG H Y, ZHONG Y, DU B Q, et al, 2018. Recovery of both magnesium and lithium from high Mg/Li ratio brines using a novel process [J]. Hydrometallurgy, 175: 102-108.

XU W H, LIU D F, LIU X H, et al, 2023. Highly selective and efficient lithium extraction from brines by constructing a novel multiple-crack-porous $LiFePO_4/FePO_4$ electrode [J]. Desalination, 546: 116188.

YANG H T, LIANG T Y, ZENG D W, et al, 2017. Phase diagram of the quaternary system $LiCl+MgCl_2+KCl+H_2O$ at 323.15 K [J]. Calphad-computer coupling of phase diagrams and thermochemistry, 57: 126-133.

YI L W, GU X P, LU A H, et al, 2017. Atacamite and Nantokite in Kaerqueka Copper Deposit of Qimantag Area: evidence for cenozoic climate evolution of the Qaidam Basin [J]. Journal of earth science, 28(3): 492-499.

ZHANG H Z, XU Z L, DING H, et al, 2017. Positively charged capillary nanofiltration membrane with high rejection for Mg^{2+} and Ca^{2+} and good separation for Mg^{2+} and Li^+ [J]. Desalination, 420: 158-166.

ZHANG Z F, ZHAO T Y, HE L H, et al, 2023. Electrochemical extraction of rubidium from salt lake by using cupric ferrocyanide based on potassium shuttle [J]. Desalination, 549: 116331.

5.3 北京化工大学

北京化工大学专注于盐湖提锂研究，研究方向分布见图 5-3，开发出相关吸附剂和膜的制备及改性方法、优化相关萃取体系及工艺，开发了新的提取技术和工艺，为盐湖锂资源的提取利用提供了参考。

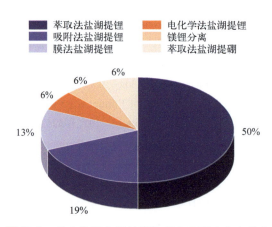

图 5-3 北京化工大学盐湖化学化工研究方向分布

（1）萃取法盐湖提锂

Ren 等科研人员指出传统磷酸三丁酯（TBP）锂萃取体系中 $FeCl_3$ 作为共萃剂存在易损失和降低有机相稳定性的缺点，因此提出采用四苯硼酸钠（$NaBPh_4$）

作为共萃剂、氯溴甲烷（CH_2ClBr）作为稀释剂，在$NaBPh_4$与Li^+的摩尔比为2.0、TBP体积分数为50%、O/A（相比）=1的最佳提取条件下，Li^+的单级萃取效率可达87.65%，Li/Mg分离系数可达2260.71，且该萃取体系具有良好的稳定性（Ren et al., 2021）。Li等科研人员以TBP为萃取剂、$NaBPh_4$为共萃剂、异丁酸苯乙酯为稀释剂萃取提锂，单级锂离子萃取率为85.70%，锂镁分离系数为1175，此外他们发现采用$NaHCO_3$溶液作为反萃剂时反萃率可达99%，并对反萃工艺进行了优化（Li et al., 2023a）。Duan等科研人员在传统$TBP-FeCl_3$-煤油萃取体系中引入磷酸二辛酯（P204）以提高Fe^{3+}的稳定性，最佳条件为10% P204+40% TBP、Fe/Li摩尔比为1.6、有机相与水相体积比O/A=1，单级萃取率为52.71%（Duan et al., 2024）。

β-二酮常用于高Na/Li比卤水提锂，但Li等科研人员指出β-二酮毒性高且水溶性大而不能广泛应用，因此以4,4,4-三氟-1-苯基-1,3-丁二酮和1-己基-3-甲基咪唑氯盐为原料合成了一种功能化离子液体作为萃取剂、2-辛酮为稀释剂，萃取茶卡盐湖卤水中的锂，该萃取体系无需共萃剂且有机相可再生，单级锂离子萃取率可达94%，10次循环后仍可保持约86%（Li et al., 2024），他们还合成了一种具有立体对称结构的新型离子液体1-丁基-3-甲基咪唑四苯基硼（$[Bmim]BPh_4$），并构建$[Bmim]BPh_4$-TBP（萃取剂）-CH_2BrCl（稀释剂）萃取体系，用于高Mg/Li比盐湖卤水提锂，最佳条件下锂镁分离系数可达2754，经4段逆流萃取工艺，Li^+萃取率高达99.47%（Li et al., 2021）。

Wang等科研人员采用一步法合成了新型杂多酸离子液体1-甲基咪唑硅钨酸盐（$[Mmim]_4SiW_{12}O_{40}$），并构建$[Mmim]_4SiW_{12}O_{40}$-TBP（萃取剂）-γ-庚烷内酯（稀释剂）萃取体系，从高Mg/Li比盐湖卤水中提取锂，最佳萃取条件下单级锂离子萃取率约60%（Wang et al., 2023）。Zhou等科研人员以磷酸三丁酯（TBP）、$FeCl_3$和丁二酸二乙酯分别作为萃取剂、共萃取剂和稀释剂萃取盐湖卤水中的锂离子，考察了TBP体积浓度、Fe/Li比和相比等条件对萃取效果的影响，最佳条件下单级萃取率约65%，分离系数约350（Zhou et al., 2020）。Wang等科研人员合成了无氟离子液体1-丁基-3-甲基咪唑磷钨酸盐（$[Bmim]_3PW_{12}O_{40}$）作为共萃取剂，构建TBP-$[Bmim]_3PW_{12}O_{40}$-DMP萃取体系用于高Mg/Li比盐湖卤水提锂，最优条件下5级错流萃取的锂离子萃取率高达99.23%（Wang et al., 2019）。

（2）吸附法盐湖提锂

Qi等科研人员以Li^+为模板采用本体聚合法合成了一种新型锂离子印迹聚合物（Li-IIP）用以盐湖提锂，pH = 8.5时在锂浓度为300mg/L的水溶液中吸附30min后，平衡吸附量达30.53mg/g，在Na^+、K^+、Ca^{2+}、Mg^{2+}存

在的情况下可实现 Li^+ 的选择性吸附，此外经过 8 次循环后锂吸附容量仍可保持 89.20%（Qi et al., 2024）。Xiang 等科研人员制备了新型聚多巴胺包封的 $Li_{1.6}Mn_{1.6}O_4$@C 电极，在高钠锂比（Na/Li = 44.78）的卤水中，新型电极与传统裸锂电极的锂萃取量分别为 39.6mg/g 和 20mg/g，且新型电极的水接触角为 86.9°，具有良好的亲水性，该研究为盐湖提锂电极的结构设计提供了思路（Xiang et al., 2022）。

Hu 等科研人员考察了 Mg/Li 分离的边界条件与 Mg/Al 比和 Mg/Li 比的关系，发现当 Mg/Al 摩尔比小于 2 时 Li^+ 以锂/铝层状双氢氧化物（Li/Al-LDHs）相形成沉淀，Mg^{2+} 则形成絮状镁/铝层状双氢氧化物（Mg/Al-LDHs），上述现象与 Mg/Li 比无关，这一发现为铝基提锂材料的设计提供了参考（Hu et al., 2019）。Sun 等科研人员从废旧的 Li/Al-LDHs 吸附剂中回收锂，将 Li/Al-LDHs 浆料的初始浓度、反应温度和反应时间等条件优化后，锂回收率可达 86.2%（Sun et al., 2019）。

（3）膜法盐湖提锂

Li 等科研人员利用商用 DK 膜研究了膜法（纳滤）高 Mg/Li 比盐湖卤水 Mg/Li 分离中的膜污染特性和分离效果，研究发现 DK 膜的 Mg 截留率可超过 81% 而 Li 的截留率低于 −69%，表明 DK 膜可用于盐湖卤水提锂，但污染后 DK 膜的功能层和海绵状多孔结构受到破坏、有效膜面积和孔径减小、亲水性降低、电负性增加，长期使用将导致膜分离性能下降（Li et al., 2023b）。

高 Mg/Li 比盐湖卤水制备氢氧化锂面临着锂镁分离、锂富集和提纯等挑战，因此 Zhao 等科研人员采用双极膜电渗析（BMED）与纳滤（NF）、反渗透（RO）、阴极电泳（CED）工艺相结合的集成膜工艺，从 Mg/Li 比大于 30.0 的盐湖卤水中直接制备 LiOH，初步处理后 Mg/Li 比可控制在 0.5 以下，锂浓度可控制在 14g/L 以上，该工艺制得的产品锂浓度在 1.0mol/L 以上，电流效率和能耗分别为 36.05% 和 6.20kWh/kg，优于传统工艺（Zhao et al., 2020）。

（4）电化学法盐湖提锂

Sun 等科研人员合成了具有超薄（1～2nm）碳涂层的氧化锰膜电极（核壳型 MnO_x@C），结合膜电容法和吸附法（吸附耦合电化学技术，ACEC）提取高钠卤水中的锂，结果显示该电极在高钠卤水 (Na/Li = 48.6) 中的锂吸附量高达 51.8mg/g，吸附时间为 550s，且锂离子的解吸率可达 91.3%（Sun et al., 2021）。

（5）镁锂分离

Guo 等科研人员采用结晶法使卤水中的 Mg^{2+} 形成固相 Mg/Al-LDHs 从而

与溶液分离，研究发现 Mg^{2+} 几乎完全被提取到固相中形成 Mg/Al-LDHs，而 Li^+ 仅析出 8% 绝大部分保留在溶液中，可在高效 Mg/Li 分离的同时实现镁资源的高值利用（Guo et al., 2018）。

（6）萃取法盐湖提硼

Xu 等科研人员对比了多种一元醇在高镁卤水中的提硼效果，并优选黏度适中、溶解度小、萃取率高的异癸醇系统研究了 pH、有机浓度、相比、温度等对硼萃取的影响，在优化条件下以含 2.5mol/L 异癸醇的有机相模拟三级逆流萃取试验，硼的萃取率达到 99.07%，用水模拟四级逆流反萃时反萃率为 98.71%，硼的总回收率达到 97.79%（Xu et al., 2021）。

主要参考文献

DUAN W J, WANG Y Y, LI R J, et al, 2024. Selective extraction of lithium from high magnesium/lithium ratio brines with a TBP-FeCl$_3$-P204-kerosene extraction system [J]. Separation and purification technology, 328: 125066.

GUO X Y, HU S F, WANG C X, et al, 2018. Highly efficient separation of magnesium and lithium and high utilization of magnesium from Salt Lake Brine by a reactioncoupled-couptechnology [J]. Industrial & engineering chemistry research, 57(19): 6618-6626.

HU S F, SUN Y, PU M, et al, 2019. Determination of boundary conditions for highly efficient separation of magnesium and lithium from salt lake brine by reaction-coupled separation technology [J]. Separation and purification technology, 229: 115813.

LI R J, WANG W H, WANG Y Y, et al, 2021. Novel ionic liquid as co-extractant for selective extraction of lithium ions from salt lake brines with high Mg/Li ratio [J]. Separation and purification technology, 277: 119471.

LI R J, WANG Y Y, CHEN L L, et al, 2024. Ionic liquid for selective extraction of lithium ions from Tibetan salt lake brine with high Na/Li ratio [J]. Desalination, 574: 117274.

LI R J, WANG Y Y, DUAN W J, et al, 2023a. Selective extraction of lithium ions from salt lake brines using a tributyl phosphate-sodium tetraphenyl boron-phenethyl isobutyrate system [J]. Desalination, 555: 116543.

LI Y, WANG M, XIANG X, et al, 2023b. Separation performance and fouling analyses of nanofiltration membrane for lithium extraction from salt lake brine [J]. Journal of water process engineering, 54: 104009.

QI D G, JIN D Y, TU Y M, et al, 2024. Synthesis of lithium ion-imprinted polymers for selective recovery of lithium ions from salt lake brines [J]. Separation and purification technology, 340: 126661.

REN Z Q, WEI X Y, LI R J, et al, 2021. Highly selective extraction of lithium ions from salt lake brines with sodium tetraphenylborate as co-extractant [J]. Separation and purification technology, 269: 118756.

SUN Y, WANG Y H, LIU Y, et al, 2021. Highly efficient lithium extraction from brine with a high sodium content by adsorption-coupled electrochemic al technology [J]. ACS sustainable chemistry & engineering, 9(33): 11022-11031.

SUN Y, YUN R P, ZANG Y F, et al, 2019. Highly efficient lithium recovery from pre-synthesized chlorine-ion-intercalated LiAl-Layered double hydroxides via a mild solution chemistry process [J]. Materials, 12(12): 1968.

WANG Y , LIU H , FAN J, et al, 2019. Recovery of lithium ions from Salt Lake Brine with a high magnesium/lithium ratio using heteropolyacid ionic liquid[J]. ACS sustainable chemistry & engineering, 7(3):3062-3072.

WANG Y Y, DUAN W J, LI R J, et al, 2023. One-step synthesis of heteropolyacid ionic liquid as co-extraction agent for recovery of lithium from aqueous solution with high magnesium/lithium ratio [J]. Desalination, 548: 116261.

XIANG X, WANG Y H, ZHANG J X, et al, 2022. Hydrophilic modification using polydopamine on core-shell $Li_{1.6}Mn_{1.6}O_4$@carbon electrodes for lithium extraction from lake brine [J]. ACS sustainable chemistry & engineering, 10(27): 8970-8979.

XU Z Y, SU H, ZHANG J, et al, 2021. Recovery of boron from brines with high magnesium content by solvent extraction using aliphatic alcohol [J]. RSC advances, 11(26): 16096-16105.

ZHAO Y J, WANG H Y, LI Y, et al, 2020. An integrated membrane process for preparation of lithium hydroxide from high Mg/Li ratio salt lake brine [J]. Desalination, 493: 114620.

ZHOU Z, FAN J, LIU X, et al, 2020. Recovery of lithium from salt-lake brines using solvent extraction with TBP as extractant and $FeCl_3$ as co-extraction agent[J]. Hydrometallurgy, 191: 105244.

5.4 华东理工大学

华东理工大学在盐湖化学化工领域主要聚焦于铝基吸附剂、离子筛吸附剂的设计与开发，磷酸三丁酯（TBP）体系萃取法提取锂中萃取剂成分改进，用于盐湖卤水中镁/锂分离的纳滤膜、离子交换膜的研发等，研究方向分布见图 5-4。

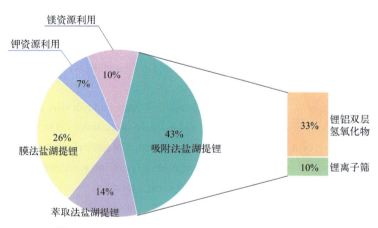

图 5-4 华东理工大学盐湖化学化工研究方向分布

（1）吸附法盐湖提锂

华东理工大学吸附法提锂研究概况见表 5-13。

表 5-13 吸附法盐湖提锂研究概况

吸附剂类型	锂吸附量	文献
Li/Al-LDHs 吸附剂	7.27mg/g	Zhong et al., 2021
Li/Al-LDHs 吸附剂	4.45～4.86mg/g	Zhang et al., 2024
Li/Al-LDHs 吸附剂	95%（硼），84%（锂）	Pan et al., 2023
Li/Al-LDHs 吸附剂	9.72mg/g	Chen et al., 2023
$Li_{1.6}Mn_{1.6}O_4$ 离子筛	3.88mmol/g	Sun et al., 2014
$Li_{1.6}Mn_{1.6}O_4$ 离子筛	6.06mmol/g	Xiao et al., 2013
$Li_{1.6}Mn_{1.6}O_4$ 离子筛	46.0mg/g	Bao et al., 2023b
PVC-PAN-MnO_2 离子筛	2800mg/m²	Bao et al., 2023a
PVC-MnO_2 离子筛	3.38mmol/g	Xiao et al., 2012

Zhong 等科研人员通过共沉淀法制备了二维六边形平面层间结构的 Li/Al-LDHs 吸附剂（Zhong et al., 2021）；Zhang 等科研人员开发了新型挤压造粒方法，合成了表面致密的 Li/Al-LDHs 吸附剂，在 Mg/Li 比高达 294.24 的察尔汗老卤中经 24 次循环后吸附量可稳定在 4.45～4.86mg/g 之间（Zhang et al., 2024）。Lin 等科研人员设计了不同层间含水量的 Li/Al-LDHs，研究了层间含水量与在高 Mg/Li 比盐水中 Li^+ 吸附性能的关系（Lin et al., 2022）。Guo、Hu 和 Jiang 等科研人员对吸附过程进行研究，在解吸过程中层状结构转变为三水铝石结构（Hu et al., 2020），Langmuir 和 Temkin 等温线模型可以较好描述锂离子吸附情况（Guo et al., 2024；Jiang et al., 2020）。

Chen 等科研人员对不同类型盐湖卤水中吸附提取锂进行了研究，他们采用分级化学共沉淀法合成了不同 Fe_3O_4 纳米颗粒含量的磁性锂/铝双层氢氧化物吸附剂（MLDHs）（Chen et al., 2020）；Li/Al-LDHs 吸附剂用于硫酸盐型盐湖卤水提取锂时，SO_4^{2-} 的强烈静电引力导致其与 Cl^- 产生竞争和交换，降低锂离子的吸附性能（Chen et al., 2022）；他们还合成了一种具有高层间电荷的 Li/Al-LDHs 吸附剂（HCLDHs）（Chen et al., 2023a）；提出在碳酸盐型卤水中可通过引入高浓度 Cl^- 可去除嵌入的 CO_3^{2-}，以减少 CO_3^{2-} 优先进入层间导致的 Li^+ 吸附性能降低（Chen et al., 2024）。

在铝基吸附剂从盐湖卤水提取锂的过程中，硼杂质的引入不可避免，为了减少硼的吸附，Pan 等采用逐步解吸法取代传统的一步洗脱（Pan et al., 2024）、提出一种硼-锂解吸法利用 Li/Al-LDHs 吸附剂同步提取硼和锂（Pan et al., 2023）。Li 等科研人员以察尔汗盐湖中高 Mg/Li 比卤水连续吸附锂为研究对象，建立了多柱连续吸附锂的复合模型，并根据模型进行参数优化（Li et al., 2023）；Yang 等研究了氢氧化铝吸附塔工业提取锂中洗脱工艺参数的优化（Yang et al., 2022）。

Sun、Xiao 等科研人员分别采用氧化还原沉淀（正交型 $LiMnO_2$）-固相反应（尖晶型 $Li_{1.6}Mn_{1.6}O_4$）-酸洗除锂、水热合成（正交型 $LiMnO_2$）-固相反应（尖晶型 $Li_{1.6}Mn_{1.6}O_4$）-酸洗除锂，合成了 $Li_{1.6}Mn_{1.6}O_4$ 离子筛锂离子吸附剂（Sun et al., 2014; Xiao et al., 2013）。Bao 等科研人员合成了一种具有高亲水性的 PVC-PAN-MnO_2 离子筛复合膜（Bao et al., 2023a）；他们还利用锂锰氧化物包裹 $Li_{1.6}Mn_{1.6}O_4$ 离子筛以提高锰的结构稳定性（Bao et al., 2023b）。Xiao 等科研人员以 $Li_4Mn_5O_{12}$ 为前驱体、PVC 为黏合剂制备了球形 PVC-MnO_2 离子筛，吸附量可达 3.38mmol/g（Xiao et al., 2012）。

（2）萃取法盐湖提锂

Qiao 等科研人员采用体积比为 60% 的磷酸三丁酯（TBP）、30% 的苯甲酸乙酯、10% 的煤油，添加 $FeCl_3$ 作为协萃剂，有机相来萃取锂离子（Qiao et al., 2023）。Zhou 等科研人员将磷酸盐引入 TBP 萃取锂体系，采用 TBP-六氟磷酸钠（$NaPF_6$）有机溶液萃取锂离子（Zhou et al., 2021）。孙淑英等科研人员对 TBP-煤油体系萃取锂离子的工艺进行了研究（孙淑英 等，2011）。Sun 等科研人员利用光谱和 DFT 计算分析了 TBP-$FeCl_3$ 萃锂过程中的离子竞争机制，以及锂离子和杂离子在有机相中的配合物结构（Sun et al., 2022），同时 DFT 计算结果表明稀释剂的电负性对锂离子的溶剂化有重要影响，进而影响萃取效果（Sun et al., 2023）。此外 Sun 等科研人员还研究了陶瓷混合脉冲柱萃取体系中流体力学特征，为工业萃取提锂提供了参考（Sun et al., 2021）。

（3）膜法盐湖提锂

华东理工大学膜法提锂研究概况见表 5-14。

表 5-14 膜法盐湖提锂研究概况

膜类型	膜过程	文献
PES/PEI-MWCNTs-OH	纳滤	Zhang et al., 2017
DL-2540	纳滤	Sun et al., 2015

续表

膜类型	膜过程	文献
PES-PA/DA/g-C_3N_4	纳滤	Ma et al., 2023
PES-PDA/g-C_3N_4	纳滤	Ma et al., 2022
PEI-PDA	纳滤	Bi et al., 2020
一价离子交换膜	电渗析	Nie et al., 2016
PEI/PS-DVB 离子交换膜	电渗析	Ying et al., 2022

Zhang 等科研人员以聚醚砜（PES）三通道毛细管超滤膜为底物，以聚乙烯亚胺（PEI）为前驱体，通过界面聚合法制备了带正电的纳滤膜，并且将改性的多壁碳纳米管（MWCNTs-OH）接枝到膜上，用于 Mg/Li 分离（Zhang et al., 2017）。Sun 等科研人员通过 DL-2540 型 NF 膜、采用西台吉乃尔湖的高 Mg/Li 比卤水，研究了膜法分离 Mg/Li 的操作条件和工艺（Sun et al., 2015）。

Ma 等科研人员以聚酰胺（PA）为界面聚合层、多巴胺（DA）和 g-C_3N_4 为复合中间层，聚醚砜（PES）超滤膜为底物，制备了三明治状纳滤膜，g-C_3N_4 改善了膜的亲水性和孔隙结构（Ma et al., 2023）；他们还利用聚多巴胺（PDA）包覆的 g-C_3N_4 作为中间层，制备了正电三明治结构纳滤膜（Ma et al., 2022）。Bi 等科研人员采用聚乙烯亚胺（PEI）和聚多巴胺（PDA）制备了带正电的纳滤膜（Bi et al., 2020）；他们还将工艺延伸至两级，研究发现在两级纳滤法中，pH 是分离效率的关键影响因素，较低的 pH 有利于分离（Bi et al., 2018）。Xu 等科研人员证明了 COF（共价有机框架）基纳滤膜中孔壁基团影响了离子水化，进而在 Mg/Li 分离中起着重要作用（Xu et al., 2021）。Chen 等科研人员通过 DFT 计算证明了带正电荷的膜可以提高对 Li^+ 的选择透过性，同时对 Mg^{2+} 的通过存在阻碍作用（Chen et al., 2023b）。

Nie 等科研人员采用一价选择性离子交换膜电渗析（ED）技术，对盐湖卤水中的 Mg^{2+}、Li^+ 进行分离（Nie et al., 2016）；同时他们的研究结果还表明，恒电压电渗析比恒电流电渗析在 Mg/Li 分离中更具优势（Nie et al., 2017）。Ying 等科研人员采用聚乙烯亚胺（PEI）/聚苯乙烯-二乙烯苯（PS-DVB）一价选择性离子交换膜（IEM）研究了电渗析法 Mg/Li 循环分离中性能下降的原因（Ying et al., 2022）。

（4）盐湖钾资源利用

Li 等科研人员采用混合悬浮、混合产品排出（MSMPR）结晶器研究了氯化钾的成核过程和结晶动力学,并将其用于察尔汗盐湖中氯化钾的工业生产（Li et al., 2009）。Song 等科研人员建立了一个计算流体动力学（CFD）模型,用于模拟和优化现有的连续 DTB 结晶器生产氯化钾的过程,他们根据优化结果,改进了 DTB 结晶器的叶轮（Song et al., 2010）。Chen 等科研人员研究了结晶法生产硫酸钾中的工艺对产率的影响（Chen et al., 2019）。

（5）盐湖镁资源利用

Huang 等科研人员以察尔汗盐湖卤水、结晶亚硫酸盐和 $MgCl_2·6H_2O$（AR）为研究对象制备了氧化镁,并研究了添加二氧化锆对氧化镁烧结性能的影响（Huang et al., 2014）。此外他们还考察了 $LiCl·H_2O$ 添加对上述氧化镁烧结的影响（Huang et al., 2013）。Zhang 等科研人员利用偏硅酸钠和氢氧化钠复合沉淀剂,在高效分离盐湖卤水中锂、镁的同时生成 MgO/SiO_2 沉淀,用以制备高性能耐火材料（Zhang et al., 2023）。此外,Song 等科研人员通过微计算机断层扫描（MCT）研究了察尔汗盐湖光卤石 ($KMgCl_3·6H_2O$) 中杂质的组成和分布（Song et al., 2015）。

主要参考文献

孙淑英, 叶帆, 宋兴福, 等, 2011. 盐湖卤水萃取提锂及其机理研究 [J]. 无机化学学报, 27(3): 439-444.

BAO L R, XU Z G, GUO W, et al, 2023a. Enhancement of lithium extraction from low grade brines by highly hydrophilic blend membranes using MnO_2 ion sieve as adsorbents [J]. Colloids and surfaces A-Physicochemical and engineering aspects, 674: 131884.

BAO L R, ZHANG J Z, TANG W P, et al, 2023b. Synthesis and adsorption properties of metal oxide-coated lithium ion-sieve from salt lake brine [J]. Desalination, 546: 116196.

BI Q Y, XU S A, 2018. Separation of magnesium and lithium from brine with high Mg^{2+}/Li^+ ratio by a two-stage nanofiltration process [J]. Desalination and water treatment, 129: 94-100.

BI Q Y, XU S A, 2020. A positively charged PI nanofiltration membrane with good separation for Li^+ and Mg^{2+} [J]. Desalination and water treatment, 198: 98-107.

CHEN H, ZHU M, SONG X F, et al, 2019. Process parameter sensitivity investigation on the reaction crystallization production of K_2SO_4 with salt lake leonite ore [J]. RSC advances, 9(53): 31004-31012.

CHEN J, HUANG K, DU J L, et al, 2023a. Why is aluminum-based lithium adsorbent ineffective in Li^+ extraction from sulfate-type brines [J]. AIChE journal, 69(10): e18176.

CHEN J, JIN J Q, YU J G, et al, 2024. Adsorption weakening mechanism and regulation strategy of aluminum-based lithium adsorbents in carbonate-style brines [J]. AIChE journal. 70(8):e18463.

CHEN J, LIAN C, YU J G, et al, 2022. A directional growth strategy for high layer charge Li/Al-LDHs to reinforce Li^+ extraction in low-grade salt lake brines [J]. AIChE journal, 70(2): e18280.

CHEN J, LIN S, YU J G, 2020. Quantitative effects of Fe$_3$O$_4$ nanoparticle content on Li$^+$ adsorption and magnetic recovery performances of magnetic lithium-aluminum layered double hydroxides in ultrahigh Mg/Li ratio brines [J]. Journal of hazardous materials, 388: 122101.

CHEN Y X, TAO H L, CHENG J, et al, 2023b. A Molecular model for understanding the membrane separation of Li$^+$/Mg^{2+} [J]. Industrial & engineering chemistry research, 62(21): 8433-8843.

GUO Y H, YU J G, SU H P, et al, 2024. Desorption enhancement of aluminum-based adsorbent in lithium extraction from sulfate-type salt lakes [J]. Desalination, 571: 117113.

HU F P, LIN S, LI P, et al, 2020. Quantitative effects of desorption intensity on structural stability and readsorption performance of lithium/aluminum layered double hydroxides in cyclic Li$^+$ extraction from brines with ultrahigh Mg/Li ratio [J]. Industrial & engineering chemistry research, 59(30): 13539-13548.

HUANG Q Z, LU G M, YU J G, 2013. Effect of LiCl·H$_2$O on Sintering properties of MgO from bischofite[J]. Metallurgy technology and materials II, 813: 364-371.

HUANG Q Z, LU G M, YU J G, 2014. Sintering and performance of MgO from bischofite with ZrO$_2$ additive[J]. Mechanical materials and manufacturing engineering III, 455: 11-17.

JIANG H X, YANG Y, SUN S Y, et al, 2020. Adsorption of lithium ions on lithium-aluminum hydroxides: equilibrium and kinetics [J]. Canadian journal of chemical engineering, 98(2): 544-555.

LI X S, SONG X F, LIU G S, et al, 2009. Size-dependent nucleation and growth kinetics model for potassium chloride-application in Qarhan Salt Lake [J]. Journal of crystal growth, 311(11): 3167-3173.

LI Z F, YANG Y, YU J G, 2023. Modeling and application of continuous ion exchanges process for lithium recovery from Salt Lake brine [J]. Separation and purification technology, 326: 124841.

LIN S, PAN Y N, DU J L, et al, 2022. Double-edged role of interlayer water on Li$^+$ extraction from ultrahigh Mg^{2+}/Li$^+$ ratio brines using Li/Al-LDHs [J]. Journal of colloid and interface science, 627: 872-879.

MA L, BI Q Y, TANG Y H, et al, 2022. Fabrication of high-performance nanofiltration membrane using polydopamine and carbon nitride as the interlayer [J]. Separations, 9(7): 180.

MA L, BI Q Y, ZHOU W J, et al, 2023. Nanofiltration membrane with a zwitterion-g-C$_3$N$_4$ composite interlayer for Mg^{2+}/Li$^+$ separation [J]. Journal of water process engineering, 53: 103751.

NIE X Y, SUN S Y, SONG X F, et al, 2017. Further investigation into lithium recovery from Salt Lake brines with different feed characteristics by electrodialysis [J]. Journal of membrane science, 530: 185-191.

NIE X Y, SUN S Y, SUN Z, et al, 2016. Ion-fractionation of lithium ions from magnesium ions by electrodialysis using monovalent selective ion-exchange membranes [J]. Desalination, 403: 128-135.

PAN Y A, YU J G, LIN S, 2023. A rational strategy for synchronous extraction of lithium and boron from salt lake brines [J]. Chemical engineering science, 276: 118757.

PAN Y N, YIN S Y, YU J G, et al, 2024. Efficient step-by-step desorption to reduce boron in brine lithium extraction [J]. Industrial & engineering chemistry research, 63(1): 471-479.

QIAO L J, CHEN H, YU J G, 2023. Recovery of lithium from salt-lake brine by liquid-liquid extraction using TBP-FeCl$_3$ based mixture solvent [J]. Canadian journal of chemical engineering, 101(4): 2139-2147.

SONG W J, YANG S Z, MBADINGA S M, et al, 2015. Non-destructive characterization using MCT reveals the composition and distribution of impurities in solar carnallite [J]. Rsc Advances, 5(21): 16230-16233.

SONG X F, ZHANG M H, WANG J, et al, 2010. Optimization design for DTB industrial crystallizer of potassium chloride [J]. Industrial & engineering chemistry research, 49(21): 10297-10302.

SUN Q, CHEN H, YU J G, 2021. Hydrodynamic investigation on a ceramic hybrid pulsed column for the extraction recovery of lithium from salt lake brine [J]. Chemical engineering and processing-process intensification, 169: 108596.

SUN Q, CHEN H, YU J G, 2022. Investigation on the lithium extraction process with the TBP-$FeCl_3$ solvent system using experimental and DFT methods [J]. Industrial & engineering chemistry research, 61(13): 4672-4682.

SUN Q, CHEN H, YU J G, 2023. A DFT investigation of the lithium extraction process under different diluent environments [J]. Chemical engineering science, 277: 118857.

SUN S Y, CAI L J, NIE X Y, et al, 2015. Separation of magnesium and lithium from brine using a Desal nanofiltration membrane [J]. Journal of water process engineering, 7: 210-217.

SUN S Y, XIAO J L, WANG J, et al, 2014. Synthesis and adsorption properties of $Li_{1.6}Mn_{1.6}O_4$ by a combination of redox precipitation and solid-phase reaction [J]. Industrial & engineering chemistry research, 53(40): 15517-15521.

XIAO G P, TONG K F, SUN S Y, et al, 2012. Preparation of spherical PVC-MnO_2 ion-sieve and its lithium adsorption property [J]. Chinese journal of inorganic chemistry, 28(11): 2385-2394.

XIAO J L, SUN S Y, WANG J, et al, 2013. Synthesis and adsorption properties of $Li_{1.6}Mn_{1.6}O_4$ spinel [J]. Industrial & engineering chemistry research, 52(34): 11967-11973.

XU F, DAI L H, WU Y L, et al, 2021. Li^+/Mg^{2+} separation by membrane separation: the role of the compensatory effect [J]. Journal of membrane science, 636: 119542.

YANG Y, JIANG H X, YU J G, 2022. Investigation on desorption process in fixed bed for lithium recovery [J]. Separation and purification technology, 281: 119596.

YING J D, LIN Y Q, ZHANG Y R, et al, 2022. Mechanistic insights into the degradation of monovalent selective ion exchange membrane towards long-term application of real salt lake brines [J]. Journal of membrane science, 652: 120446.

ZHANG H Z, XU Z L, DING H, et al, 2017. Positively charged capillary nanofiltration membrane with high rejection for Mg^{2+} and Ca^{2+} and good separation for Mg^{2+} and Li^+ [J]. Desalination, 420: 158-166.

ZHANG R, YU J G, LIN S, 2024. An antisolvent extraction strategy for extrusion granulation enhancement of aluminum-based lithium adsorbent used in ultrahigh Mg^{2+}/Li^+ Salt Lake brines [J]. Industrial & engineering chemistry research, 63(6): 2842-2850.

ZHANG Y, YAN X, WANG L, et al, 2023. Forsterite refractory preparation using magnesium resources from salt lake brines [J]. Minerals engineering, 203: 108333.

ZHONG J, LIN S, YU J G, 2021. Li^+ adsorption performance and mechanism using lithium/aluminum layered double hydroxides in low grade brines [J]. Desalination, 505: 114983.

ZHOU W J, LI Z, XU S A, 2021. Extraction of lithium from magnesium-rich solution using tri-*n*-butyl phosphate and sodium hexafluorophosphate [J]. Journal of sustainable metallurgy, 7(3): 1368-1378.

5.5 中国科学院过程工程研究所

中国科学院过程工程研究所在盐湖化学化工方面的研究工作将盐湖资源提取与应用作为主攻方向，研究方向分布见图5-5。主要包括盐湖提锂（萃取法和膜法）、盐湖提硼（吸附法）、盐湖提铷铯（萃取法和吸附法）等，开发或改性了多种用于盐湖提锂、硼、铷、铯的萃取剂和吸附剂，优化了萃取和吸附工艺，并通过理论计算、光谱等方法考察了萃取和吸附机理。

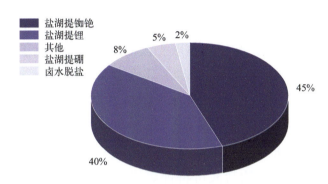

图5-5 中国科学院过程工程研究所盐湖化学化工研究方向分布

（1）盐湖提锂

① 萃取法

萃取法工艺和操作简单、成本容易控制，是盐湖提锂的重要方法。TBP-$FeCl_3$-MIBK有机溶液在盐湖提锂方面应用前景较好，Xiang等科研人员证实该体系萃取锂离子的机理是阳离子交换，即卤水中的$B(OH)_4^-$以硼酸形式被萃入有机相抢夺其中的H^+，为维持电中性Li^+、Mg^{2+}被萃取进入有机相，因此卤水中的$B(OH)_4^-$有利于锂的萃取（Xiang et al., 2016）。使用传统TBP-$FeCl_3$萃取剂提锂时，酸性环境（H^+）可使三价铁稳定，Su等科研人员通过光谱与热力学计算研究了上述体系中H^+和Li^+的萃取机理和竞争机制，指出两者萃入有机相分别以$HFeCl_4 \cdot 2TBP$和$LiFeCl_4 \cdot 2TBP$配合物形式存在，两个过程的表观平衡常数分别为799.8和120.6，结合文献中描述的该体系中H^+分配比4～6倍于Li^+可证实H^+的萃取比Li^+更容易，该研究为TBP-$FeCl_3$体系盐湖提锂中pH调节、有机相组分设计提供了参考（Su et al., 2020b）。

TBP-$FeCl_3$-P507萃取剂具有较好的锂离子选择性，且萃取率高，Su等科研人员采用东台吉乃尔湖卤水通过多级逆流萃取实验对该萃取剂的实用性进行了验证，结果表明三级逆流萃取率可达 99.8%，且反萃后 Fe^{3+} 完全保留在有机相中使其可直接用于下一次萃取而无需再生，证实了 TBP-$FeCl_3$-P507 多级逆流萃取是一种高效、经济、可持续的盐湖提锂工艺（Su et al., 2020a）。此外 Su 等科研人员构建了热力学经验模型以进一步分析 TBP-$FeCl_3$-P507 有机相萃锂后有机相的物质分布，发现该体系中 Li^+ 萃入有机相后主要以 $[Li(TBP)_2][FeCl_4]$ 配合物的形式存在，少量以 $[Li(TBP)][FeCl_4]$ 配合物形式存在，反萃阶段当 Li^+ 被 H_2O 剥离配合物（有机相）后，Fe^{3+} 仍可以 $FeCl_2L·HL·2TBP$（低 O/A 比）或 $[H(TBP)_2][FeCl_4]$（高 O/A 比）形式存在，该模型为实际工艺流程的设计提供了指导（Su et al., 2022）。Zhang 等科研人员提出了 LIX-54-TRPO-ADD1 萃取体系，萃取锂离子后采用二氧化碳气体反萃，并直接生产碳酸氢锂，产品质量达到电池级标准，锂的综合回收率可达 95%，与传统萃取工艺相比该方法避免了萃取剂乳化问题、毒性有机试剂或酸碱的使用，大大减少了环境污染（Zhang et al., 2023）。

Wang 等科研人员构建了 PHPD-Cyanex923 共萃体系，以 Li^++Na^++Cl^-+CO_3^{2-}+H_2O 体系为研究对象，优选 pH=13.06、在 T=293.15K、O/A=1:1 的条件下，Li/Na 分离系数可达 475.06，在初始锂离子浓度为 1.39g/L 的溶液中锂萃取率高达 97.83%，且使用 0.5mol/L 的盐酸可将锂离子完全反萃，McCabe-Thiele 和 ESI-MS 分析表明 Li^+ 在有机相中以 LiE·S、LiE·S_2、LiE 和 LiE·H_2O 的形式存在（其中 E、S 分别表示去质子 PHPD 和 Cyanex923），表明 Cyanex923 的加入强化了 PHPD 对锂的萃取，两者具有协同作用，该研究为高钠卤水的提锂提供了理论依据（Wang et al., 2019）。

β-二酮与氧化膦在碱性环境中萃取锂十分有效，但 β-二酮易乳化影响实际应用，Zhang 等科研人员为解决这一难题，以典型的 2-噻吩甲酰三氟丙酮（HTTA）和三辛基氧化膦（TOPO）为对象进行了研究，发现单一 HTTA 萃取锂时容易形成 Li·HTTA·$2H_2O$ 而发生乳化甚至凝固，但 HTTA 与 TOPO 混合溶液萃取锂时容易形成 Li·H_2O·HTTA·TOPO，即 TOPO 的加入取代了一分子水，显著减轻了有机相的乳化现象（Zhang et al., 2021）。

离子液体全部由离子组成，种类繁多，阴阳离子结构可设计，亲（疏）水性可调节，可参与体系电荷平衡过程（阳离子交换），有望取代 $FeCl_3$ 用作传统 TBP 萃取体系中的协萃剂。Masmoudi 等科研人员以传统 TBP-ILs-辛醇为萃取有机相，考察了锂离子萃取机理，结果表明锂离子通过阳离子交换和离子对转移两种机制萃入，即离子液体的亲水性阳离子与卤水中的 Li^+ 交换、离子液体可参与 Li^+ 和 TBP 的配位（Masmoudi et al., 2020）。Bai 等科研人员开发了磷酸盐型离子液体-TBP 萃取体系，即 [N1888][P507]-TBP-FeCl$_3$，萃取最佳相比为 O/A=10:1、反萃剂（稀盐酸）最佳浓度为 1.5mol/L，该条件下锂离子萃取率为 61%、反萃率为 90%，且萃取剂重复使用 7 次后 Li$^+$ 萃取率仍可保持最初的 70% 以上，与传统工艺相比，[N1888][P507] 的加入显著降低了反萃阶段所需的盐酸浓度（传统工艺为 6mol/L），延长了萃取剂使用寿命（Bai et al., 2021）；他们还采用羟基功能化离子 1-(2-羟乙基)-3-甲基咪唑双（三氟甲基磺酰基）亚胺（[HOEmim][NTf$_2$]）作为共萃取剂，构建了 [HOEmim][NTf$_2$]-TBP 萃取体系，在 278.15K、O/A 为 2:1 的条件下，Li$^+$ 单级萃取率为 95.01%，Li/Mg 分离因子达到 405.76，有机相经 5 次再生、循环使用后，萃取率仍可保持最初的 98%（Bai et al., 2020）；此外 Bai 等科研人员还提出了一种基于 NaNTf$_2$ 的协同萃取体系（NaNTf$_2$-TBP），在最佳萃取条件下，Li$^+$ 的萃取率超过 98%，而 Mg^{2+} 的萃取率仅为 1%，此外该体系的构建成功解决了以往阳离子交换导致的离子液体流失问题，新体系在 6 次循环使用后 Li$^+$ 萃取率几乎未降低，在保持锂分离能力的同时，实现了萃取剂的重复使用（Bai et al., 2022）。

② 膜法

Ashraf 等科研人员通过界面聚合技术采用聚多巴胺（PDA）和聚乙烯亚胺（PEI）对 DK 纳滤膜改性，改性后锂离子透过率可达 95%，Li/Mg 分离因子提高至 60，单级膜处理即可将 Mg/Li 比从 30 降低至 4.1，且膜的稳定性和亲水性得到提高（Ashraf et al., 2020b）；此外他们还提出了一种超滤膜-纳滤膜（UA001-NF270）结合的集成膜提锂工艺，在 LiCl-MgCl$_2$-H$_2$O 三元溶液中对 Li$^+$ 的透过率为 82.5%，同时 Mg^{2+} 的截留率可达 94.6%，经超滤膜预处理→两步纳滤分离的级联膜处理后，Mg/Li 比从 30 降低至 1.9（Ashraf et al., 2022）。Ashraf 等科研人员还对比分析了三种商用膜（NF-270、Desal-5DL 和 Desal-5DK）的 Mg/Li 分离性能，以 LiCl-MgCl$_2$-H$_2$O 溶液为进料液，发现在流量为 21.33L/(m^2·h) 时，DK 膜的 Mg^{2+} 截留率可达 96%，单级膜处理即可将 Mg/Li 比从 30 降低到 1.7（Ashraf et al., 2020a）。

③ 电化学法

Jin 等科研人员提出了一种基于电容去离子法（CDI）的新工艺用于从盐湖卤水中提取 Li$^+$ 和 B(OH)$_4^-$，该工艺采用 GA/CoP/Co$_3$O$_4$ 石墨烯气凝胶作为双功能阳极/阴极，在 Mg/Li 比 24:1 和 Cl/B 比 70:1 的卤水中 Li$^+$ 和 B(OH)$_4^-$ 的有效吸附容量分别达到 37mg/g 和 70mg/g，10 次循环后吸附量仍可保持 92%，表现出稳定的电化学吸附-解吸附性能（Jin et al., 2021）。

（2）盐湖提硼

Xu 等科研人员对比了多种一元醇在高镁卤水中的提硼效果，并优选黏度适中、溶解度小、萃取率高的异癸醇系统研究了 pH、有机浓度、相比、温度等对硼萃取的影响，在优化条件下以含 2.5mol/L 异癸醇的有机相模拟三级逆流萃取试验，硼的萃取率达到 99.07%，用水模拟四级逆流反萃时反萃率为 98.71%，硼的总回收率达到 97.79%（Xu et al., 2021）。Wang 等科研人员以 n-甲基葡萄糖胺（MG）为载体，通过接枝工艺将 GMA-co-TRIM 功能化，制备了具有稳定大孔结构和低溶胀的（GMA-co-TRIM）-MG 微球状吸附剂，硼吸附量与市售的 MG-PS 树脂吸附剂相当，但前者吸附速率更快（Wang et al., 2007）。

（3）盐湖提铷、铯

① 萃取法

Zhang 等科研人员采用 4-叔丁基-2-(甲基苄基)苯酚 (t-BAMBP) 的十二烷溶液萃取高钾溶液中的铷、铯，Cs/K 和 Rb/K 分离系数分别达到 1550.7 和 45.2，以高钾模拟卤水为进料液，经三级萃取可回收 99.1% 的铯和 86.5% 的铷（Zhang et al., 2018）。除提锂外，TBP 和冠醚也被用来萃取铯，Antonio 等科研人员通过 EXAFS 谱探索了 TBP-二苯并冠醚体系萃取铯后形成的配合物结构，发现铯萃入有机相后与 21-冠-7-醚和 24-冠-8-醚形成 1∶1 配合物，与 18-冠-6-醚形成 1∶1 和 1∶2 两种配合物（Antonio et al., 1997）。

Luo 等科研人员构建了 [C_2mim][NTf$_2$] 离子液体为稀释剂、1,3-二异丙氧基杯[4]冠-6 (BPC6) 为萃取剂的铷萃取体系，萃取机理为阳离子交换机制，Rb$^+$ 在有机相中与 BPC6 形成 1∶1 配合物，处理后 K/Rb 比显著降低（Luo et al., 2019）。Choi 等科研人员采用浸没式膜蒸馏（55℃）-吸附（KCuFC 吸附剂）集成工艺提取卤水中的铷，同时实现卤水淡化，Rb$^+$ 截留率为 99%、吸附容量最高可达 47%，2 次循环处理后淡水回收率约 85%（Choi et al., 2019）

② 吸附法

Xu 等科研人员设计并制备了醚氧和酚羟基协同作用的高交联聚合物（HCPs），用于盐湖提铯，新的吸附剂具有较好的 Cs/K 分离性能，且吸附速率极快，经 5 次循环后仍可保持 91% 的吸附量（Xu et al., 2022）。他们采用苯酚、间苯二酚和二甲醇缩甲醛作为原料通过傅克反应合成了两种高交联富羟基离子交换树脂 HCP-P 和 HCP-R 用于盐湖提铯，HCP-P 和 HCP-R 的 Cs$^+$ 吸附等温线符合 Langmuir 模型，吸附量分别达到 249.64mg/g 和 259.97mg/g，超过了大多数市售吸附剂，如 AMP-PAN 为 81mg/g、TAM-5 为 191.8mg/g，且具有较好的 Cs/K 分离性能，在 5 次吸附-解吸循环后吸附量仍可保持 90% 以上（Xu et al., 2020）。此外 Xu 等科研人员还以不同位置（邻位、间位和对位）被羟基取代的苯甲醇为单体，制备了的自缩聚超交联聚合物吸附剂（HCP-HBAs），三种聚合物中 HCP-o-HBAs（邻位）吸附量最高（302.1mg/g），分离性能最好（Cs/K、Cs/Rb、Cs/Mg 分离系数分别可达 44.7、13.8、10.1），此外其吸附速率极快、循环性能优异（Xu et al., 2023）。

Alamudy 等科研人员报道了一种简单环保的蒙脱石-普鲁士蓝（MMT-PB）杂化吸附剂的合成方法，用于吸附铯，他们指出铯吸附过程中化学吸附（离子交换）占主导地位，同时存在物理吸附（离子捕获），最大吸附量为 57.47mg/g（Alamudy et al., 2018），Chen 等科研人员在普鲁士蓝吸附剂（PB）中引入了离子液体，使铯吸附量提高至 548.7mg/g，达到传统 PB 吸附剂（362.8mg/g）的 1.5 倍，实际卤水实验中铯的吸附率超 90%，同时杂质阳离子的吸附率低于 4.2%，此外该吸附剂还具有良好的吸附-解吸循环稳定性（Chen et al., 2022）。

Li 等科研人员制备了以硅酸钛钾为吸附活性组分、海藻酸钙为载体的复合球形吸附剂，用以吸附提取卤水中的铷和铯，结果表明在 pH 值为 3～12 的范围内，吸附量保持恒定，当温度从 25℃升高到 55℃时，吸附量略有下降，当初始浓度为 0.10mol/L 时，吸附速率较快，铷和铯的吸附量分别为 1.55mmol/g 和 1.47mmol/g（Li et al., 2014）。

（4）卤水脱盐

Ma 等采用 LiF/HCl 刻蚀法制备了 $Ti_3C_2T_x$ MXene 材料，并首次将其应用于电容去离子（CDI），在 20mA/g 和 1.2V 的条件下可实现 68mg/g 的超高脱盐性能，且能耗较低，这些优异性能使 LiF/HCl 刻蚀法制备的 $Ti_3C_2T_x$ 成为 CDI 电极材料的理想材料（Ma et al., 2020）。

（5）卤水体系相化学

Li 等科研人员采用等温平衡法首次测定了 $CsCl-MgCl_2-H_2O$ 三元体系在 T=273.15K、308.15K 和 348.15K 下的溶解度，在 273.15～348.15K 温度范围内该体系平衡固相为 CsCl、$CsCl \cdot MgCl_2 \cdot 6H_2O$ 和 $MgCl_2 \cdot 6H_2O$，对应三个晶区和两个共饱和点，$CsCl \cdot MgCl_2 \cdot 6H_2O$ 和 CsCl 的晶区随温度增加而变大，而 $MgCl_2 \cdot 6H_2O$ 的晶区没有明显扩大（Li et al., 2020）。

（6）其他

Bell 等为提取盐湖卤水中的微量 La^{3+} 和 Ba^{2+}，以咪唑类离子液体为稀释剂、分别选用 7 种不同的质子型离子液体为萃取剂，构建离子液体混合萃取体系，并讨论了水相酸碱度、萃取剂结构和浓度对 La/Ba 分离系数的影响（Bell et al., 2014）。Liu 等科研人员开发了从锂云母中选择性沉淀有价金属的新多级浸出工艺，并分析了浸出液中铝的析出对锂云母中碱金属提取的影响（Liu et al., 2019）。

主要参考文献

ALAMUDY H A, CHO K, 2018. Selective adsorption of cesium from an aqueous solution by a montmorillonite-prussian blue hybrid [J]. Chemical engineering journal, 349: 595-602.

ANTONIO M R, DIETZ M L, JENSEN M P, et al, 1997. Exafs studies of cesium complexation by dibenzo-crown ethers in tri-*n*-butyl phosphate [J]. Inorganica chimica acta, 255(1): 13-20.

ASHRAF M A, LI X C, WANG J F, et al, 2020a. DiaNanofiltration-based process for effective separation of Li^+ from the high Mg^{2+}/Li^+ ratio aqueous solution [J]. Separation and purification technology, 247: 116965.

ASHRAF M A, USMAN M, HUSSAIN I, et al, 2022. Lithium extraction from high magnesium salt lake brine with an integrated membrane technology [J]. Separation and purification technology, 302: 122163.

ASHRAF M A, WANG J F, WU B C, et al, 2020b. Enhancement in Li^+/Mg^{2+} separation from salt lake brine with PDA-PEI composite nanofiltration membrane [J]. Journal of applied polymer science, 137(47): 49549.

BAI R B, WANG J F, CUI L, et al, 2020. Efficient extraction of lithium ions from high Mg/Li ratio brine through the synergy of TBP and hydroxyl functional ionic liquids [J]. Chinese journal of chemistry, 38(12): 1743-1751.

BAI R B, WANG J F, WANG D G, et al, 2021. Selective separation of lithium from the high magnesium brine by the extraction system containing phosphate-based ionic liquids [J]. Separation and purification technology, 274: 119051.

BAI R B, WANG J F, WANG D G, et al, 2022. Recovery of lithium from high Mg/Li ratio salt-lake brines using ion-exchange with $NaNTf_2$ and TBP [J]. Hydrometallurgy, 213: 105914.

BELL J R, LUO H M, DAI S, et al, 2014. Superbase-derived protic ionic liquid extractants for metal ion separation [J]. Separation and purification technology, 130: 147-150.

CHEN S Q, DONG Y A, WANG H H, et al, 2022. Highly efficient and selective cesium recovery from natural brine resources using mesoporous prussian blue analogs synthesized by ionic liquid-assisted strategy [J]. Resources conservation and recycling, 186, 106542.

CHOI Y, RYU S, NAIDU G, et al, 2019. Integrated submerged membrane distillation-adsorption system for rubidium recovery [J]. Separation and purification technology, 218: 146-155.

JIN W, HU M Q, SUN Z, et al, 2021. Simultaneous and precise recovery of lithium and boron from salt lake brine by capacitive deionization with oxygen vacancy-rich CoP/Co_3O_4-graphene aerogel [J]. Chemical engineering journal, 420: 127661.

LI B C, LIU H N, YE X S, et al, 2014. Rubidium and cesium ion adsorption by a potassium titanium silicate-calcium alginate composite adsorbent [J]. Separation science and technology, 49(7): 1076-1085.

LI H X, GUO L J, 2020. Solubility and phase equilibrium investigation of the ternary system $CsCl-MgCl_2-H_2O$ at

T=273.15, 308.15, and 348.15 K [J]. Journal of chemical and engineering data, 65(6): 2983-2989.

LIU J L, YIN Z L, LI X H, et al, 2019. A novel process for the selective precipitation of valuable metals from lepidolite [J]. Minerals engineering, 135: 29-36.

LUO Y, CHEN Q D, SHEN X H, 2019. Complexation and extraction investigation of rubidium ion by calixcrown-C_2mimNTf$_2$ system [J]. Separation and Purification Technology, 227: 115704.

MA J, CHENG Y J, WANG L, et al, 2020. Free-standing Ti$_3$C$_2$T$_x$ MXene film as binder-free electrode in capacitive deionization with an ultrahigh desalination capacity [J]. Chemical engineering journal, 384: 123329.

MASMOUDI A, ZANTE G, TRÉBOUET D, et al, 2020. Understanding the mechanism of lithium ion extraction using tributyl phosphate in room temperature ionic liquid [J]. Solvent extraction and ion exchange, 38(7): 777-799.

SU H, LI Z, ZHANG J, et al, 2020a. Recovery of lithium from salt lake brine using a mixed ternary solvent extraction system consisting of TBP, FeCl$_3$ and P507 [J]. Hydrometallurgy, 197: 105487.

SU H, LI Z, ZHU Z W, et al, 2020b. Extraction relationship of Li$^+$ and H$^+$ using tributyl phosphate in the presence of Fe(III) [J]. Separation science and technology, 55(9): 1677-1685.

SU H, TAN B R, ZHANG J, et al, 2022. Modelling of lithium extraction with TBP/P507-FeCl$_3$ system from salt-lake brine [J]. Separation and purification technology, 282: 120110.

WANG J F, YANG S C, BAI R B, et al, 2019. Lithium recovery from the mother liquor obtained in the process of Li$_2$CO$_3$ production [J]. Industrial & engineering chemistry research, 58(3): 1363-1372.

WANG L, QI T, GAO Z, et al, 2007. Synthesis of N-methylglucamine modified macroporous poly(GMA-co-TRIM) and its performance as a boron sorbent [J]. Reactive & functional polymers, 67(3): 202-209.

XIANG W, LIANG S K, ZHOU Z Y, et al, 2016. Extraction of lithium from salt lake brine containing borate anion and high concentration of magnesium [J]. Hydrometallurgy, 166: 9-15.

XU Z H, RONG M, MENG Q Y, et al, 2020. Fabrication of hypercrosslinked hydroxyl-rich solid phase extractants for cesium separation from the salt lake brine [J]. Chemical engineering journal, 400: 125991.

XU Z H, RONG M, NI S, et al, 2022. A strategy of synergistically using ether oxygen and phenolic hydroxyl groups for ultra-high selective and fast Cs$^+$ isolation [J]. Separation and purification technology, 284: 120285.

XU Z H, RONG M, NI S, et al, 2023. Self-polycondensing hypercross-linked polymers from hydroxybenzyl alcohols for efficient cesium adsorption [J]. ACS applied polymer materials, 5(10): 8315-8325.

XU Z Y, SU H, ZHANG J, et al, 2021. Recovery of boron from brines with high magnesium content by solvent extraction using aliphatic alcohol [J]. RSC advances, 11(26): 16096-105.

ZHANG J, LIU Y H, LIU W S, et al, 2021. Mechanism study on the synergistic effect and emulsification formation of phosphine oxide with β-diketone for lithium extraction from alkaline systems [J]. Separation and purification technology, 279: 119648.

ZHANG J, SU H, LIU W S, et al, 2023. A new process to produce battery grade lithium carbonate from salt lake brines by purification, synergistic solvent extraction and carbon dioxide stripping [J]. Hydrometallurgy, 215: 105991.

ZHANG J F, YANG L R, DONG T T, et al, 2018. Kinetics-controlled separation intensification for cesium and rubidium isolation from salt lake brine [J]. Industrial & engineering chemistry research, 57(12): 4399-4406.

5.6 浙江大学

浙江大学在盐湖化学化工、盐湖微生物和盐湖地质等方面展开了大量的研究（图 5-6），具体涉及改良传统纳滤膜的制备方法、人工制备多孔金属有机框架（MOF）膜以及二维共价有机框架（2D COFs）等新型材料、嗜盐微生物的多样性、中亚干旱环境成因、土壤内涝和盐碱化等。

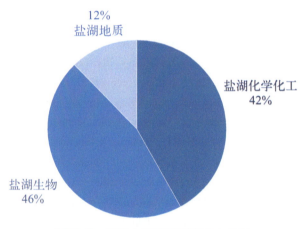

图 5-6　浙江大学盐湖研究方向分布

5.6.1　盐湖化学化工

（1）高分子纳滤膜

Yang 等科研人员使用商用 DK 纳滤膜分离 Mg^{2+}-Li^+-Cl^- 混合溶液中的 Mg^{2+} 和 Li^+，指出 Mg/Li 的分离主要受工作压力（或渗透量）的影响，极限分离因子在 0.31 左右，并使用 DSPM 模型评估了膜有效电荷密度对水通量和离子分离性能的影响（Yang et al., 2011）。Lu 等科研人员利用聚乙烯亚胺在纳滤膜表面构建带正电的纳米层，膜对 Mg^{2+} 的排斥率显著提高，而允许 Li^+ 通过，在 Mg/Li 比高达 150 时 Li/Mg 分离系数达到 12.37，且正电荷层的构建可有效阻碍 Ca^{2+} 在膜表面结垢，延长了膜的使用寿命（Lu et al., 2021）。

Li 等科研人员提出了反向界面聚合（RIP）方法，无须后期接枝或改性即可制备出表面带均匀分布正电荷的纳滤膜，膜的水通量可达 4.88～22.25L/(m²/h)，Mg^{2+} 截留率可达 84.36%～97.71%，在单盐溶液中 LiCl 与 $MgCl_2$ 的分离系数高达 13.93，且在 Mg/Li 比为 20 的混合盐溶液中也表现出优异的选择性($S_{Li,Mg}$ = 9.22)（Li et al., 2022）。

Li 等科研人员以 1,4-双 (3-氨基丙基) 哌嗪 (DAPP) 和三甲酰氯（TMC）为原料、聚丙烯腈（PAN）超滤膜为基底，采用界面聚合法制备了带正电荷的聚酰胺复合纳滤膜，膜的排盐性能为 $MgCl_2$ > $MgSO_4$ > NaCl ≥ LiCl，此外该膜可适应高盐环境，将 2.0g/L 的 $MgCl_2$ 和 LiCl 混合溶液（Mg/Li 比为 20∶1）过滤后，Mg/Li 比降低至 7.7∶1（Li et al., 2015）。

Cheng 等科研人员以哌嗪（PIP）和间苯二胺（MPD）为原料，调节二者比例（1∶10～10∶1）制备了一系列复合膜，以一里坪盐湖卤水为进料液，Mg^{2+} 和 Li^+ 的去除率分别达到 98.51% 和 −96.01%，此外 IR、XPS、ζ 电位和 SEM 分析表明 PIP 和 MPD 都参与了聚酰胺结构的形成，但不同原料比例的膜具有不同的分子组成和空间结构，均能够有效地阻碍 Mg^{2+} 通过电荷效应的渗透，同时有利于 Li^+ 和水分子的通过（Cheng et al., 2023）。

Li 等科研人员提出通过插入刚性正电单体组胺来修饰柔性半芳香族聚酰胺链的改性方法，可在分子水平上重塑内部孔隙和电荷分布，以弥补采用界面聚合法制备正电荷纳滤膜时存在"无用空隙"和结构缺陷的不足，该方法采用"膨胀-嵌入-反应-收缩（SERS）"和"原位插入（SIP）"两种途径构建了具有刚柔微结构的新型聚酰胺层，与传统方法制备的膜相比，水通量提高了 5 倍、Mg/Li 分离系数提高了 2 倍（Li et al., 2023）。Zhao 等科研人员通过多孔有机聚合物（POP）层间介导的界面聚合制备了比传统纳滤膜更薄、孔径更小的聚酰胺-纳滤膜，新型膜的 Li/Mg 分离系数（78.56）是传统膜（4.32）的 18 倍，且水通量也提高了 2 倍（Zhao et al., 2024）。

（2）金属有机框架（MOF）膜和共价有机框架（COF）膜

Guo 等研究人员构建了聚苯乙烯磺酸盐（PSS）-MOF 膜 PSS@HKUST-1，该膜对 Li/Na、Li/K、Li/Mg 的理想选择性因子分别为 78、99 和 10296，实际选择性因子分别为 35、67 和 1815，是相关膜的报道中最高的，此外 Li^+ 通量为 6.75mol/(m²/h)，且具有较高的电导率（25℃时为 $5.53×10^{-4}$S/cm，70℃时为 $1.89×10^{-3}$S/cm）（Guo et al., 2016）。

Hou 等科研人员证实 COFs 的模块化结构使膜成分可被精确调控，且离子传输可调节，如调控电荷密度分布以控制不同价离子的传输等，并分析了相关机理，这项工作为 COF 膜的离子传输研究提供了重要思路，并为优化膜性能提供了合理方法（Hou et al., 2021）。

5.6.2 盐湖生物

嗜盐微生物能够在高盐条件下生长并进行新陈代谢。由于对环境的适应，它们进化出了不同的性状和盐适应策略。根据生长所需要的盐浓度，可将嗜盐微生物分为轻度嗜盐菌（2%～5% NaCl）、中度嗜盐菌（5%～20% NaCl）和极端嗜盐菌（20%～30% NaCl）。胞外多糖（Exopolysaccharides, EPS）是微生物在高渗环境中生存所产生的最重要的一类物质，它们被认为可以保护细胞免受抗菌物质、干燥、噬菌体、渗透应激和抗体的侵害，并允许黏附在固体表面和形成生物膜。在制药工业中，多糖可作为药物控释的亲水性基质，增强非特异性免疫，它们的功能特性还包括生物絮凝剂、重金属的生物吸附等。随着工业的发展，高盐环境经常受到有机污染物的污染。目前，嗜盐菌在高盐条件下对这些有机污染物的生物修复方面显示出巨大的潜力（Zhuang et al., 2010）。

Gu 等科研人员研究发现，从西藏茶卡盐湖分离到的玫瑰色库克菌 *Kocuria rosea* ZJUQH，对含 10% NaCl 环境适应能力较好，属于中度嗜盐菌，在液体培养中产生 EPS（Gu et al., 2017），该团队研究了发酵培养基组成对该菌株产 EPS 的影响。组胺是食品中一类重要的氮化合物。它们是通过氨基酸脱羧产生的。发酵食品可能含有高水平的组胺，组胺含量高的食物可能对人体健康产生毒理学影响（Gao et al., 2023）。在生产减少组胺的食品时，需要大量的组胺降解酶，如二胺氧化酶（EC 1.4.3.22）、伯胺氧化酶（EC 1.4.3.21）和单胺氧化酶（EC 1.4.3.4）。Hou 等科研人员研究发现从内蒙古乌兰呼绍盐湖分离的 *Natronobeatus ordinarius* 表现出较强的组胺降解能力（Hou et al., 2024）。

Cheng 等研究人员从新疆高海拔（3884m）盐湖分离得到一种极端嗜盐古菌 *Natrinema altunense* AJ2^T（Cheng et al., 2017），在硝酸盐存在的情况下，该细菌株能够进行厌氧生长，并且具有氧化酶和过氧化氢酶活性。Debnath 等科研人员从中国茶卡盐湖水体和青海湖沉积物中分离得到两株黄色素、革兰氏染色阴性好氧杆状细菌（Debnath et al., 2020），这两株细菌的 16S rRNA 序列相似性高达 99.73%，并且主要在脂肪酸、呼吸醌类和极性脂质方面表现出独特性。

Han 等科研人员则从新疆盐湖分离得到一株革兰氏染色阴性、不运动、严格需氧棒状细菌，编号为 15181^T（Han et al., 2019）。

盐单胞菌属属于盐单胞菌科，属于 γ 变形菌纲，最早由弗里兰等人提出。在过去的二十年中，许多盐单胞菌物种已经从不同的盐环境中分离出来。Xu 等科研人员从青藏高原盐湖和四川盆地地下盐井中分离出革兰氏阴性、好氧、嗜中性和嗜盐细菌 3 株（Xu et al., 2007b），菌株 AJ275^T、AJ282^T 和 ZG16^T 被鉴定为盐单胞菌属（Halomonas）的新物种。

Xu 等科研人员对青藏高原阿牙克库木盐湖分离的一株古菌（Halorubrum arcis）进行了研究（Xu et al., 2007a），该菌株编号为 AJ201^T。Xu 等科研人员从新疆艾比盐湖分离出一株极端嗜盐菌株（Xu et al., 2005a），编号为 AB14^T。该菌株具有运动性，通过对菌株 AB14^T 的脂质组成、生理特性和基因序列进行比较研究，发现其与 Haloterrigena 属的其他物种存在显著差异，菌株 AB14^T 被确认为 Haloterrigena 属的一种新物种，命名为 Haloterrigena saccharevitans sp. nov.。该菌株可以在硝酸盐存在下进行厌氧生长，同时氧化酶和过氧化氢酶呈阳性反应，但不产生吲哚。Wu 等科研人员从中国青藏高原的阿牙克库木盐湖土壤样品中分离得到了新的嗜盐细菌——菌株 AJ261^T，属于盐单胞菌属（Halomonas）（Wu et al., 2008），该菌株在 3%～5% NaCl 的条件下生长最佳，并且可以利用多种碳水化合物作为碳源和能源，菌株 AJ261^T 代表了盐单胞菌属的一个新物种，被命名为 Halomonas caseinilytica。Zhang 等科研人员对比分析了新疆玛纳斯湖沉积物中的厌氧硝酸盐还原菌 MJB2^T 与已有分化群的生化特性、细胞结构和生长发育，指出 MJB2^T 是厌氧菌属的一个新菌种，并建议将其命名为 Anaerophilus nitrogenes gen. nov., sp. nov. (Zhang et al., 2020)。该菌株过氧化氢酶、氧化酶活性和产 H_2S 呈阳性反应。它能够利用硝酸钾作为电子受体，将其还原为亚硝酸盐，但不使用硫酸盐、亚硫酸盐、单质硫、铁（Ⅲ）和硫代硫酸盐作为终端电子受体。此外，该菌株对链霉素敏感，对多种抗生素表现出耐药性。Xu 等科研人员从新疆盐湖分离出一株革兰氏阴性、运动性、嗜中性和极端嗜盐菌株 AJ5^T，具有多形性，包括棒状和球状形态（Xu et al., 2005b）。该菌株需要较高的盐浓度才能生长，最适生长在 2.6～4.3mol/L NaCl 的条件下。此外，它也能在含有 $MgCl_2$ 的环境中生长。通过对 AJ5^T 与 Halobiforma 属的表型特征和 DNA-DNA 杂交的比较分析，支持将 AJ5^T 归类为新种，并建议将其命名为 Halobiforma lacisalsi sp. nov.，模式菌株为 AJ5^T。

5.6.3 盐湖地质

中亚干旱环境的成因仍有很大争议，主要原因可能是新生代降温（Lu et al., 2010）、青藏高原隆升。

然而，自渐新世以来，地球气候经历了渐进式的长期降温，此外，喜马拉雅-青藏造山带自印度与欧亚大陆南部在6000万～6500万年碰撞以来经历了漫长的隆升历史，而西藏北部也经历了大量的地表隆起。Lu等人对西藏最大的山间盆地柴达木盆地的沉积序列进行了新的磁地层研究（Lu et al., 2022），并结合了碎屑磷灰石裂变径迹分析，该研究为全球气候、区域构造和中亚干旱化对世界上最大黄土沉积形成的影响提供了新的见解。

土壤内涝和盐碱化是对农业用地和自然生态系统可持续性造成威胁的主要因素，由于内涝或盐碱化对大多数旱地植物的生长都有害，因此它们的综合影响预计将特别具有破坏性。虽然浸水土壤中的化学转化已有广泛报道，盐碱地的化学性质也得到了广泛研究，但涝渍和盐碱化共同作用下土壤中可溶阳离子和养分的电化学反应和行为仍不清楚。因此，Lu等人研究了内涝和盐度对西澳大利亚盐湖土壤中电化学、水溶性阳离子和水分散黏土的影响（Lu et al., 2004）。

主要参考文献

CHENG H, HUO Y Y, HU J, et al, 2017. High quality draft genome sequence of an extremely halophilic archaeon *Natrinema altunense* strain AJ2^T [J]. Standards in genomic sciences, 12: 25.

CHENG X, PAN Q M, TAN H F, et al, 2023. The construction of an efficient magnesium-lithium separation thin film composite membrane with dual aqueous-phase monomers (PIP and MPD) [J]. RSC advances, 13(32): 22113-22121.

DEBNATH S C, CHEN C, KHAN I, et al, 2020. *Flavobacterium salilacus* sp. nov., isolated from surface water of a hypersaline lake, and descriptions of *flavobacterium salilacus* subsp. *altitudinum* subsp. nov. and *flavobacterium salilacus* subsp. *salilacus* subsp. nov [J]. International journal of systematic and evolutionary microbiology, 70(7): 4250-4260.

GAO X L, ZHAO X, HU F, et al, 2023. He ronghai, ma haile, ho chitang. the latest advances on soy sauce research in the past decade: emphasis on the advances in China [J]. Food research international, 173(2): 113407.

GU D, JIAO Y C, WU J A, et al, 2017. Optimization of EPS production and characterization by a halophilic bacterium, *Kocuria rosea* zjuqh from Chaka Salt Lake with response surface methodology [J]. Molecules, 22(5): 814.

GUO Y, YING Y L, MAO Y Y, et al, 2016. Polystyrene sulfonate threaded through a metal-organic framework membrane for fast and selective lithium-ion separation [J]. Angewandte chemie-international edition, 128(48): 15344-15348.

HAN S B, HOU X J, YU Y H, et al, 2019. Description of Wenzhouxiangella salilacus sp. nov., a moderate halophilic bacterium isolated from a salt lake in Xinjiang province, China [J]. Antonie van leeuwenhoek international journal of general and molecular microbiology, 112(6): 847-855.

HOU J, LI X X, SUN Y, et al, 2024. Novel archaeal histamine oxidase from natronobeatus ordinarius: insights into histamine degradation for enhancing food safety [J]. Journal of agricultural and food chemistry, 72(12): 6519-6525.

HOU L X, XIAN W P, BING S S, et al, 2021. Understanding the ion transport behavior across nanofluidic membranes in response to the charge variations [J]. Advanced functional materials, 31(16): 2009970.

LI X H, ZHANG C J, ZHANG S N, et al, 2015. Preparation and characterization of positively charged polyamide composite nanofiltration hollow fiber membrane for lithium and magnesium separation [J]. Desalination, 369: 26-36.

LI Y H, WANG S H, LI H Y, et al, 2023. Polyamide nanofiltration membranes with rigid-flexible microstructures for high-efficiency Mg^{2+}/Li^+ separation [J]. Separation and purification technology, 306: 122552.

LI Y H, WANG S H, WU W Y, et al, 2022. Fabrication of positively charged nanofiltration membrane with uniform charge distribution by reversed interfacial polymerization for Mg^{2+}/Li^+ separation [J]. Journal of membrane science, 659: 120809.

LU D, MA T, LIN S S, et al, 2021. Constructing a selective blocked-nanolayer on nanofiltration membrane via surface-charge inversion for promoting Li plus permselectivity over Mg^{2+} [J]. Journal of membrane science, 635: 119504.

LU H, WANG X, LI L, 2010. Aeolian sediment evidence that global cooling has driven late Cenozoic stepwise aridification in central Asia [M]//CLIFT P D, TADA R, ZHENG H. Monsoon evolution and tectonics-climate linkage in Asia. 342: 29-44.

LU H J, MALUSA M G, ZHANG Z Y, et al, 2022. Syntectonic sediment recycling controls eolian deposition in eastern Asia since ~ 8 Ma [J]. Geophysical research letters, 49(3): e2021GL096789.

LU S G, TANG C X, RENGEL Z, 2004. Combined effects of waterlogging and salinity on electrochemistry, water-soluble cations and water dispersible clay in soils with various salinity levels [J]. Plant and soil, 264(1-2): 231-245.

WU Y H, XU X W, HUO Y Y, et al, 2008. *Halomonas caseinilytica* sp nov. a halophilic bacterium isolated from a saline lake on the Qinghai-tibet plateau, China [J]. International journal of systematic and evolutionary microbiology, 58: 1259-1262.

XU X W, LIU S J, TOHTY D, et al, 2005a. *Haloterrigena saccharevitans* sp nov., an extremely halophilic archaeon from Xin-Jiang, china [J]. International journal of systematic and evolutionary microbiology, 55: 2539-2542.

XU X W, WU M, ZHOU P J, et al, 2005b. *Halobiforma lacisalsi* sp nov., isolated from a salt lake in China [J]. International journal of systematic and evolutionary microbiology, 55: 1949-1952.

XU X W, WU Y H, ZHANG H B, et al, 2007a. *Halorubrum arcis* sp nov., an extremely halophilic archaeon isolated from a saline lake on the Qinghai-tibet plateau, China [J]. International journal of systematic and evolutionary microbiology, 57: 1069-1072.

XU X W, WU Y H, ZHOU Z, et al, 2007b. *Halomonas saccharevitans* sp nov., *Halomonas arcis* sp nov and *Halomonas subterranea* sp nov., halophilic bacteria isolated from hypersaline environments of China [J]. International journal of systematic and evolutionary microbiology, 57: 1619-1624.

YANG G, SHI H, LIU W Q, et al, 2011. Investigation of Mg^{2+}/Li^+ separation by nanofiltration [J]. Chinese journal of chemical engineering, 19(4): 586-591.

ZHANG R, ZENG Y, WANG T Q, et al, 2020. *Anaerophilus nitritogenes* gen. nov., sp. nov., isolated from salt lake sediment in Xinjiang Province, China [J]. Antonie van leeuwenhoek international journal of general and molecular microbiology, 113(3): 417-425.

ZHAO S Z, CUI W S, SHEN Q, et al, 2024. Porous organic polymer interlayers modulated nanofiltration membranes for ultra-permselective Li^+/Mg^{2+} separation [J]. Journal of membrane science, 690: 122207.

ZHUANG X L, HAN Z, BAI Z H, et al, 2010. Progress in decontamination by halophilic microorganisms in saline wastewater and soil [J]. Environmental pollution, 158(5): 1119-1126.

5.7 清华大学

清华大学联合其他科研单位在盐湖方面的研究（图5-7），侧重于盐湖化学化工，主要聚焦于盐湖资源中锂、镁和硼的高效提取与分离，包括萃取剂、吸附剂、膜材料的合成、选择及其性能表征等方向。此外，针对卤水腐蚀提取设备问题设计了一种新型陶瓷脉冲溶剂萃取塔，从流体力学性质角度考察了该设备的各项性能。同时，清华大学联合其他科研单位在盐湖地质与生态方面也进行了一些探索，通过分离盐湖中不同菌种，对盐湖微生物开展了系列研究。科研人员从基因层面对提取其耐盐基因进行了深入研究，以提高小麦抗盐碱性。在生态系统模型构建方面，利用数学模型进行拟合，探究在盐湖区域生态环境与气候的演变过程。

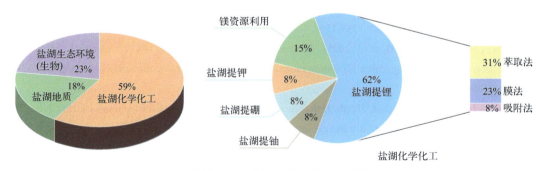

图 5-7 清华大学盐湖研究方向分布

5.7.1 盐湖化学化工

5.7.1.1 萃取法盐湖提锂

Zhou 等科研人员考察了 TBP（萃取剂）-$FeCl_3$（协萃剂）-MIBK（稀释剂）萃取体系的锂离子萃取平衡，及稀盐酸（HCl）、NH_4Cl 水溶液、NH_4Cl/HCl 混合水溶液作为反萃剂时的反萃平衡，结果表明单一 HCl 溶液容易腐蚀设备而单一 NH_4Cl 溶液的反萃效果较差，而混合溶液可以通过调节 HCl 与 NH_4Cl 的体积比来选择性洗出镁离子或锂离子，且对设备的腐蚀较弱（Zhou et al., 2012）。Xiang 等对上述体系的萃取机理进行了研究，发现卤水中的 $B(OH)_4^-$ 抢夺有机相中的 H^+ 以硼酸的形式被萃入，进而 Li^+ 和 Mg^{2+} 被萃入有机相维持电中性，即 Li^+ 通过与 H^+ 的阳离子交换萃入有机相（Xiang et al., 2016）；此外他们采用该萃取体系通过逆流萃取提取察尔汗盐湖卤水中的锂，并提出以 LiCl/NaCl 混合溶液为洗涤剂、HCl/NaCl 混合溶液为反萃剂、NaOH/NaCl 溶液为再生剂的洗涤-反萃-再生连续工艺，锂的总回收率高于 98%，溶出液中 Mg/Li 比由 94.8 降低至 0.03（Xiang et al., 2017）。清华大学的 Chen 等与中国科学院过程工程研究所的 Zhang 等科研人员合作（见 5.5.1.1），以 HTTA 和 TOPO 为例分析了二酮类化合物萃取锂离子时产生乳化现象的原因（Zhang et al., 2021）。

Yi 等科研人员为缓解工业化盐湖提锂时氯化物对不锈钢萃取塔内胆的腐蚀设计了杂化陶瓷内胆和陶瓷板内胆，这种杂化陶瓷内胆可提供更大的传质面积，从而提高传质效率（Yi et al., 2016）；中试试验表明杂化陶瓷内胆的轴向弥散系数比传统材料降低 50%、传质系数提高 50%，在适当的操作条件下传递单元的高度可低至 0.2m 左右，具有良好的传质性能（Yi et al., 2017）。

5.7.1.2 膜法盐湖提锂

Jiang 等科研人员采用 $Li_{1.5}Al_{0.5}Ge_{1.5}(PO_4)_3$ 膜通过电渗析对低浓度 LiOH 水溶液进行富集，并定量评估了跨膜电阻与进料液 LiOH 浓度的关系（Jiang et al., 2023）。Wu 等采用聚乙烯亚胺（PEI）修饰的聚砜超滤膜为基底、3-二氨基甲基环己基三乙氧基硅烷（DTES）为偶联剂、均苯三甲酰氯（TMC）/正己烷为有机相，通过界面聚合法制备了带正电荷的 DTES/PEI/TMC 复合纳滤膜，Mg^{2+} 排斥率可达 91.46%，Li/Mg 选择性系数（$S_{Li,Mg}$）可达 12.95，高选择性归因于 SiO_2 纳米颗粒的形成与强静电排斥作用，该膜可用于从高 Mg/Li 比卤水中提取锂（Wu et al., 2023）。清华大学与皇家墨尔本理工大学合作构建了纳滤-膜蒸馏-沉淀集成提锂工艺，通过纳滤 Li^+ 与杂质离子分离，该过程可使 Mg/Li 比降至 6 以下，而后通过膜蒸馏将 Li^+ 富集，最后采用二步沉淀析出碳酸锂（Pramanik et al., 2020）。

5.7.1.3 吸附法盐湖提锂

Wang 等科研人员合成了尖晶石型 $H_3LiTi_5O_{12}$ 纳米颗粒（HTO）锂吸附剂，吸附实验结果表明 HTO 对 Li^+/Na^+ 和 Li^+/K^+ 具有较高的分离系数，将 HTO 和活性炭（AC）混合涂覆制备膜电极后，HTO 对 Li^+ 的吸附明显加快，归因于施加电场后 HTO 的（111）晶面 O 和 Li 之间的氢键得到增强；此外当活性炭从 10% 增加到 50% 时，Li^+ 的解吸效率从 47% 提高到 90%，但吸附量从 18.1mg/g 下降到 9.8mg/g，研究者指出从综合回收率考虑，电吸附法采用 HTO∶AC 的质量比应为 9∶1；最终实际卤水提锂实验表明该吸附剂的锂吸附量可达 7.1mg/g，且具备良好的稳定性（Wang et al., 2023a）。

5.7.1.4 盐湖提钾

Li 等科研人员根据罗布泊卤水蒸发结晶产物中钾盐的性质与蒸发温度的关系，提出了新的硫酸钾生产工艺：通过浮选获得高钾品位的软钾镁矾、利用低镁饱和卤水分解光卤石（蒸发后期产物）制备粗氯化钾，最后将软钾镁矾与氯化钾混合转化生产硫酸钾，并优化了原料配比、转化时间、转化温度等条件，转化率为 57.54%、硫酸钾产率为 43.27%，表明该工艺可利用罗布泊卤水生产优质农用硫酸钾产品（Li et al., 2012）。

5.7.1.5 盐湖提硼

清华大学、北京化工大学（见 5.3.1.6）、中国科学院过程工程研究所（见 5.5.1.2）的科研人员合作，全面考察了一元醇化合物萃取硼的实验条件，并优化了工艺参数，为醇类化合物萃取高镁卤水中硼的研究提供了参考（Xu et al., 2021）。

5.7.1.6 盐湖提铀

Wang 等科研人员提出了一种无催化剂（由可见光引发）的自由基聚合方法，合成含亲铀配体的两性离子嵌段共聚物（BCPs），用作盐湖提铀吸附剂，该方法的单体转化率高达 95%、反应效率高（一步链式反应），该吸附剂在卤水中可保持拉伸构象而表现出显著的抗聚电解质效应，大幅提高了吸附剂的稳定性和传质速率，可用于高盐卤水中铀的吸附（Wang et al., 2023b）

5.7.1.7　镁资源综合利用

Ren 等科研人员采用热重分析（TG-DTG）和差示扫描量热（DSC）对三水菱镁石和水氯镁石的热分解过程进行了研究，结果表明三水菱镁石更适合用作制备高纯氧化镁（MgO）的前驱体（Ren et al., 2014）。Du 等科研人员研究了硫酸镁（$MgSO_4$）与碳酸铵 [$(NH_4)_2CO_3$] 反应生成水合碳酸镁的结晶转变过程、两种结晶产物 $MgCO_3·3H_2O$ 和 $4MgCO_3·Mg(OH)_2·4H_2O$ 的相互转化规律，以及两者在水合碳酸镁结晶过程中的相对含量变化，最后从晶体生长单元的角度分析了晶体转变过程，为盐湖镁资源利用提供了参考（Du et al., 2013）。

5.7.2　盐湖地质

在高盐环境中，生命可以在极高的渗透压和低水分活度下持续存在。清华大学科研人员通过对斑点湖沉积物中的微生物结构与其他高盐环境进行比较分析，认为该湖与火星湖泊具有相似性，通过探究斑点湖生物演化过程进而推断了火星湖泊生物的演变规律（Pontefract et al., 2017）。在对横跨犹他州大盐湖（GSL）的研究中，科研人员对从南侧和北侧收集的微生物碳酸盐进行了表征，以评估盐度增加对群落组成和丰度的影响，结果表明蓝藻和硅藻在美国大盐湖碳酸盐沉淀和微生物岩形成中发挥作用（Lindsay et al., 2017）。Michishita 等科研人员研究展示了多端元光谱混合分析（MESMA）如何应用于中国鄱阳湖地区和美国大盐湖地区的多尺度制图，研究结果表明多端元光谱混合分析可以获得更准确的结果（Michishita et al., 2012）。

针对青藏高原盐湖资源开发过程中如何高效利用太阳能这一科学问题，清华大学的科研工作者也做了相关研究。Wu 等科研人员在其研究论文中详细介绍了太阳池法原理，并比较了与自然蒸发法相比所具有的优势，结合西藏当地丰富的太阳能和当雄错和扎布耶等盐湖利用太阳池法的应用案例阐述了青藏高原是太阳能池建设和运营的理想场所（Wu et al., 2012）。

5.7.3 盐湖生物

在盐湖微生物研究方面,科研人员报道了一株分离自新疆盐湖的嗜盐菌株 *Halomonas* TD01,并开发了一种用于生产生物可降解塑料聚羟基脂肪酸酯的非无菌连续发酵工艺(Tan et al., 2011)。Wang 等科研人员通过 PCR 基因分析,考察了盐湖地表水和沉积物中的磺胺抗性生物种类(Wang et al., 2021)。此外,还有科研人员从山西省运城盐湖中分离出一株新型中度嗜盐细菌 *Spiribacter salilacus* sp. nov. C176^T,革兰氏染色阴性、不运动、杆状或弯曲杆状(Zhang et al., 2023)。Wang 等科研人员鉴定了面包小麦耐盐基因 *TaHKT1;5-D* 的关键上游转录因子 *TaSPL6-D*,证实 *TaSPL6-D^{in}* 是对面包小麦耐盐性有利的等位基因,能够提高小麦在盐碱地的产量(Wang et al., 2024)。Liang 等科研人员研究发现抗生素抗性基因的丰度随着湖泊盐度的增加而显著降低,抗生素抗性基因和微生物群落结构在不同湖泊和不同样本类型中存在显著差异。固氮弧菌属、气单胞菌属、假单胞菌属和考克氏菌属等微生物与多种抗生素抗性基因显著共存,表明这些细菌是盐湖生态系统中潜在的抗生素抗性基因宿主(Liang et al., 2021)。

主要参考文献

DU J, CHEN Z, WU Y L, et al, 2013. Study on crystal transformation process of magnesium carbonate hydrate based on salt lake magnesium resource utilization [J]. Turkish journal of chemistry, 37(2): 228-238.

JIANG Z Y, Y KONG W H, ZHAO F L, et al, 2023. Li$_{1.5}$Al$_{0.5}$Ge$_{1.5}$(PO$_4$)$_3$ membrane electrodialysis for lithium enrichment [J]. Journal of membrane science, 670: 121353.

LI H, CHEN Z, LEI G Y, 2012. Study on the process of potassium sulfate production from Lop Nur Salt Lake brine resource [J]. Advanced materials research, 518: 1831-1836.

LIANG H B, WANG F, MU R, et al, 2021. Metagenomics analysis revealing the occurrence of antibiotic resistome in salt lakes [J]. Science of the total environment, 790: 148262.

LINDSAY M R, ANDERSON C, FOX N, et al, 2017. Microbialite response to an anthropogenic salinity gradient in Great Salt Lake, Utah [J]. Geobiology, 15(1): 131-145.

MICHISHITA R, GONG P, XU B, 2012. Spectral mixture analysis for bi-sensor wetland map using Landsat TM and Terra MODIS data [J]. International journal of remote sensing, 33(11): 3373-3401.

PONTEFRACT A, ZHU T F, WALKER V K, et al, 2017. Microbial diversity in a hypersaline sulfate lake: a terrestrial analog of ancient Mars [J]. Frontiers in microbiology, 8: 1819.

PRAMANIK B K, ASIF M B, ROYCHAND R, et al, 2020. Lithium recovery from salt-lake brine: Impact of competing cations pretreatment and preconcentration [J]. Chemosphere, 260: 127623.

REN H R, CHEN Z, WU Y L, et al, 2014. Thermal characterization and kinetic analysis of nesquehonite, hydromagnesite, and brucite, using TG–DTG and DSC techniques [J]. Therm anal calorim 115: 1949–1960.

TAN D, XUE Y S, AIBAIDULA G, et al, 2011. Unsterile and continuous production of polyhydroxybutyrate by *Halomonas* TD01 [J]. Bioresource technology, 102(17): 8130-8136.

WANG M, CHENG J, WU J H, et al, 2024. Variation in *TaSPL6-D* confers salinity tolerance in bread wheat by activating *TaHKT1; 5-D* while preserving yield-related traits [J]. Nature genetics, 56: 1257-1269.

WANG Q Y, LI M, ZHAO B, et al, 2023a. Electricity facilitates the lithium sorption from salt-lake brine by $H_3LiTi_5O_{12}$ nanoparticles: Kinetics, selectivity and mechanism [J]. Chemical engineering journal, 471: 144532.

WANG W, LIU Z Y, GENG Y Y, et al, 2023b. Anti-polyelectrolyte zwitterionic block copolymers as adaptable uranium harvester in high-salinity environments: catalyst-free light-driven polymerization and conformational dynamics study [J]. Advanced fiber materials, 5(6): 1879-1891.

WANG Y Q, LU S Y, LIU X H, et al, 2021. Profiles of antibiotic resistance genes in an inland salt-lake Ebinur Lake, Xinjiang, China: the relationship with antibiotics, environmental factors, and microbial communities [J]. Ecotoxicology and environmental safety, 221: 112427.

WU H H, ZHAO H Y, LIN Y K, et al, 2023. Positively-charged PEI/TMC nanofiltration membrane prepared by adding a diamino-silane coupling agent for Li^+/Mg^{2+} separation [J]. Journal of membrane science, 672: 121468.

WU Q, LIU M L, HUANG W N, et al, 2012. Utilization of solar energy on exploitation of salt lake resources in tibetan plateau [C]. 2012 Asia-Pacific power and energy engineering conference. China: 1-5.

XIANG W, LIANG S K, ZHOU Z Y, et al, 2016. Extraction of lithium from salt lake brine containing borate anion and high concentration of magnesium [J]. Hydrometallurgy, 166: 9-15.

XIANG W, LIANG S K, ZHOU Z Y, et al, 2017. Lithium recovery from salt lake brine by counter-current extraction using tributyl phosphate/$FeCl_3$ in methyl isobutyl ketone [J]. Hydrometallurgy, 171: 27-32.

XU Z Y, SU H, ZHANG J, et al, 2021. Recovery of boron from brines with high magnesium content by solvent extraction using aliphatic alcohol [J]. RSC advances, 11(26): 16096-16105.

YI H, WANG Y, SMITH K H, et al, 2016. Hydrodynamic performance of a pulsed solvent extraction column with novel ceramic internals: holdup and drop size [J]. Industrial & engineering chemistry research, 56(4): 999-1007.

YI H, WANG Y, SMITH K H, et al, 2017. Axial dispersion and mass transfer of a pulsed solvent extraction column with novel ceramic internals [J]. Industrial & engineering chemistry research 56 (11): 3049-3058.

ZHANG J, LIU Y H, LIU W S, et al, 2021. Mechanism study on the synergistic effect and emulsification formation of phosphine oxide with *β*-diketone for lithium extraction from alkaline systems [J]. Separation and purification technology, 279: 119648.

ZHANG T T, LIU D, ZHANG X Y, et al, 2023. *Spiribacter salilacus* sp. nov. a novel moderately halophilic bacterium isolated from a saline lake in China [J]. Arch microbiol, 205(5): 166.

ZHOU Z Y, QIN W, FEI W Y, et al, 2012. Recovery of lithium using tributyl phosphate in methyl isobutyl ketone and $FeCl_3$ [J]. Industrial & engineering chemistry research, 51(39): 12926-12932.

5.8 江苏大学

江苏大学在盐湖化学化工和盐湖微生物领域做了一些工作（图 5-8），其中在盐湖化学化工方面主要聚焦于吸附法、电化学法、膜法等提锂手段的研究。盐湖微生物的研究主要集中在我国盐湖中嗜盐古菌的多样性与分类学方面，遵循多相分类学的研究思路，综合微生物的表型特征、细胞化学组分、比较基因组学数据，共鉴定并建立盐杆菌纲（*Halobacteria*）、盐杆菌目（*Halobacteriales*）内分属于 4 个科的 6 个新的属级分类单元和 31 个新的种级分类单元。

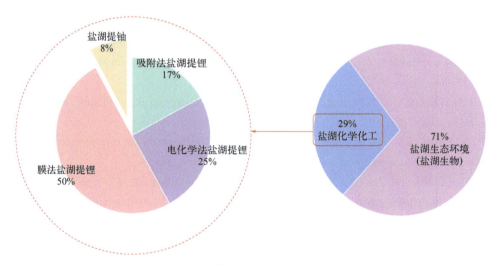

图 5-8　江苏大学盐湖研究方向分布

5.8.1　盐湖化学化工

5.8.1.1　吸附法盐湖提锂

Yu 等科研人员通过 3D 打印制备钛型锂离子筛（Ti-LIS）单片吸附剂，用于从卤水中回收锂，该吸附剂中吸附活性组分含量高达 75%，抗压强度可达 51MPa，力学性能优异（Yu et al., 2023）。Zhang 等科研人员将 H_2TiO_3 锂离子筛集成到碳纤维（CA）气凝胶上制备了 H_2TiO_3@CA 复合材料，用于吸附提锂，吸附过程主要为化学吸附，最大吸附量为 30.34mg/g（Zhang et al., 2024）。

5.8.1.2　电化学法盐湖提锂

锰酸锂（$LiMn_2O_4$，LMO）是锂离子电化学吸附的常用电极材料之一，Gu 等科研人员为了减少 Mn 的溶损、提高循环稳定性，通过调整前驱体的水/乙醇体积比，设计出粒径可控的八面体型 LMO，吸附 1h 后锂吸附量达到 20.6mg/g，能耗为 15.2Wh/mol，且每 30 次循环的 Mn 溶损率仅为 0.187%，吸附容量可保持最初的 86.9%，该八面体 LMO 具有较大的吸附容量、较低的能耗、良好的结构稳定性和循环稳定性（Gu et al., 2023）。Zhou 等科研人员通过设计并合成了截断的八面体 LMO，晶面取向主要为（111）而少部分为（100），减少 Mn 溶解的同时促进了 Li^+ 的扩散，吸附量为 20.25mg/g，30 次循环后锰溶损仅为 0.44%，吸附量可保持最初的 85%，解决了传统 LMO 中 Li^+ 扩散优势晶面易发生 Mn 溶解的问题（Zhou et al., 2023）。CeO_2 有助于抑制活性金属氧化物的团聚，促进金属氧化物之间的接触和电子转移，有利于提高 LMO 的结构稳定性、降低电阻。Luo 等科研人员采用溶胶-凝胶法制备了具有岛状 CeO_2 涂层的 LMO 电极材料 CeLMO，用于电化学吸附法提锂，吸附量可达 36.52mg/g，在 50mA/g 的电场中循环 30 次后 Mn 溶损率仅为 0.016%，吸附量保持率约 60%（Luo et al., 2023）。

5.8.1.3　膜法盐湖提锂

Zhao 等科研人员以 γ-环糊精（γ-CD_s）、聚乙烯亚胺（PEI）、三甲基氯（TMC）为原料，通过界面聚合法制备了具复合纳滤膜 PEI/γ-CD_s-TMC，水通量为 4.86L/($m^2 \cdot h \cdot bar$)，Li/Mg 选择性系数（$S_{Li,Mg}$）为 10.8（Zhao et al., 2022）。Lu 等科研人员以聚醚砜为基底、聚多巴胺为界面黏附层、SiO_2 颗粒为亲水层、Li^+ 印迹聚合物为印迹层制备了多层锂离子印迹膜，用于盐湖提锂和离子分离，该膜接枝 12-冠-4-醚作为吸附单元，形成了选择性的"Li^+ 识别位点"，Li/Na 和 Li/K 的相对选择性系数分别达到 1.85 和 2.07，经 5 次循环后吸附量仍可保持最初的 90.3%（Lu et al., 2017）。Xu 等科研人员以 12-冠-4-醚和 18-冠-6-醚为功能单体制备了新型 Fe_3O_4@SiO_2@IIPs 印迹聚合物吸附剂，可用于吸附提取卤水中的锂和铷，该吸附剂在 5 次循环后仍可保持良好的吸附性能，在盐湖提锂和铷方面具有一定的前景（Xu et al., 2019）。

Bai 等科研人员以 PolyHIPE 乳液为原料，采用 UV 引发的表面聚合法制备了 2-(烯丙氧基)甲基-12-冠-4-醚（2AM12C4）功能化锂离子吸附剂（PVBC-g-PCE），该吸附剂在 pH 值为 6.0 时吸附容量达到最大，为 4.43mg/g，Li^+ 与 Na^+、K^+、Mg^{2+}、Ca^{2+} 干扰离子的相对分离系数在 3.16～7.98 之间，有望用于盐湖提锂（Bai et al., 2020）。Wang 等科研人员以 PolyHIPE 乳液为原料，通过表面引发原子转移自由基聚合法构建了氨基乙基苯并-12-冠-4-醚（2AB12C4）功能化锂离子吸附剂（PVBC-g-PGMA-CE），在 25℃下的平衡时间为 50min，最大吸附量为 4.76mg/g，Li^+ 与 Ca^{2+}、Mg^{2+}、Na^+ 和 K^+ 的相对分离系数均超过 4.67，经 5 次循环后吸附量仍保持最初的 97.3%（Wang et al., 2020）。Sun 等科研人员以聚偏氟乙烯（PVDF）为基质、冠醚（CE）为功能单体、Li^+ 为模板通过相转化合成了锂离子印迹膜用于盐湖提锂，最大相对分离系数可达 4.42，该膜的合成简便、快速、环保，具有一定的应用前景（Sun et al., 2017）。

5.8.1.4 盐湖提铀

Chen 等科研人员针对盐湖卤水盐度高、铀浓度低的状况设计了一种由近红外推进的智能捕集器，通过其上的偕胺肟基团捕获铀离子，铀提取率接近 100%、容量高达 221.5mg/g（Chen et al., 2024）。

5.8.2 盐湖生物

科研人员基于宏基因组测序分析青海托素盐湖和西藏昆仲错盐湖中嗜盐古菌多样性。托素盐湖中古菌占比超过 65.94%，而昆仲错盐湖中古菌占比仅为 0.47%。两个盐湖中的主要古菌类群为甲烷杆菌门（*Methanobacteriota*），分别占比 99.41% 和 47.83%。在属级分类水平上，两个盐湖的嗜盐古菌多样性和丰度存在显著差异。嗜盐古菌丰度通常与盐度和有机质含量呈正相关，托素盐湖中丰富的嗜盐古菌可能归因于其较高的盐度和有机质含量（Mao et al., 2024）。

基于从山西、新疆、内蒙古、西藏、青海等地盐湖分离获得的新的嗜盐古菌菌株资源，科研人员遵循多相分类学的研究思路，共鉴定并建立盐杆菌纲（*Halobacteria*）、盐杆菌目（*Halobacteriales*）内钠白菌科（*Natrialbaceae*）6 个新的属级和 14 个新的种级分类单元（Bao et al., 2022；Cui et al., 2007；Li et al., 2023；Mao et al., 2024；Sun et al., 2022；Tao et al., 2020；Tan et al., 2023）、盐富饶菌科（*Haloferacaceae*）7 个新的种级分类单元（Cui et al., 2021；Dilmurat et al., 2022；Li et al., 2022；Qiu et al., 2013a；Qiu et al., 2013b；Zhang et al., 2013）、盐杆菌科（*Halobacteriaceae*）7 个新的种级分类单元（Wang et al., 2023；Xu et al., 2015；Yin et al., 2020；Yuan et al., 2015a；Yuan et al., 2015c；Wu et al., 2022；Zheng et al., 2022）和盐盒菌科（*Haloarculaceae*）3 个新的种级分类单元（Ma et al., 2024；Wang et al., 2022；Yuan et al., 2015b）。并且，修订了 *Halobellus* 属（Zhang et al., 2013）、*Haloarchaeobius* 属（Yuan et al., 2015c）、*Haloprofundus* 属（Li et al., 2022）和 *Haloarcula* 属（Ma et al., 2024）的描述。

Sun 等科研人员对 *Halovarius* 属和 *Natribaculum* 属进行了基于基因组的分类学研究，结果表明 *Halovarius luteus* 应该被重新分类到 *Natribaculum* 属中，并更名为 *Natribaculum luteum* comb. nov.（Sun et al., 2022）。

Hou 等科研人员首次鉴定出盐湖古细菌的组胺氧化酶基因，并利用组胺氧化酶去除高盐食品中的组胺有害物（Hou et al., 2024）。

主要参考文献

BAI X, DAI J D, MA Y, et al, 2020. 2-(allyloxy) methylol-12-crown-4 ether functionalized polymer brushes from porous PolyHIPE using UV-initiated surface polymerization for recognition and recovery of lithium [J]. Chemical engineering journal, 380: 122386.

BAO C X, LI S Y, XIN Y J, et al, 2022. *Natrinema halophilum* sp. nov., *Natrinema salinisoli* sp. nov., *Natrinema amylolyticum* sp. nov. and *Haloterrigena alkaliphila* sp. nov., four extremely halophilic archaea isolated from salt mine, saline soil and salt lake [J]. International journal of systematic and evolutionary microbiology, 72(5): 005385.

CHEN X P, LI H, YANG K W, et al, 2024. Significantly enhanced uranium extraction by intelligent light-driven nanorobot catchers with precise controllable moving trajectory [J]. Journal of hazardous materials, 469: 133908.

CUI H L, SHI X W, YIN X M, et al, 2021. *Halobaculum halophilum* sp. nov. and *Halobaculum salinum* sp. nov., isolated from salt lake and saline soil [J]. International journal of systematic and evolutionary microbiology, 71(7): 004900.

CUI H L, TOHTY D, LIU H C, et al, 2007. *Natronorubrum sulfidifaciens* sp. nov., an extremely haloalkaliphilic archaeon isolated from Aiding salt lake in Xin-Jiang, China [J]. International journal of systematic and evolutionary microbiology, 57: 738-740.

DILMURAT M, HU X Y, DILBAR T, et al, 2022. *Halobaculum rubrum* sp. nov., an extremely halophilic archaeon isolated from a salt lake [J]. International journal of systematic and evolutionary microbiology, 72(2): 005242.

GU J, ZHOU G L, CHEN L L, et al, 2023. Particle size control and electrochemical lithium extraction performance of LiMn$_2$O$_4$ [J]. Journal of electroanalytical chemistry, 940: 117487

HOU J, LI X X, SUN Y, et al, 2024. Novel archaeal histamine oxidase from Natronobeatus ordinarius: insights into histamine degradation for enhancing food safety [J]. Journal of agricultural and food chemistry, 72: 6519-6525.

LI S Y, XIN Y J, BAO C X, et al, 2022. *Haloprofundus salilacus* sp. nov., *Haloprofundus halobius* sp. nov. and *Haloprofundus salinisoli* sp. nov. three extremely halophilic archaea isolated from salt lake and saline soil [J]. Extremophiles, 26(1): 6.

LI X X, TAN S, CHENG M, et al, 2023. *Salinilacihabitans rarus* gen. nov., sp. nov., *Natrononativus amylolyticus* gen. nov., sp. nov., *Natronobeatus ordinarius* gen. nov., sp. nov., and *Halovivax gelatinilyticus* sp. nov., halophilic archaea, isolated from a salt lake and soda lakes [J]. Extremophiles, 27(2): 15.

LU J, QIN Y Y, ZHANG Q, et al, 2017. Multilayered ion-imprinted membranes with high selectivity towards Li$^+$ based on the synergistic effect of 12-crown-4 and polyether sulfone [J]. Applied surface science, 427: 931-941.

LUO G L, LI X W, CHEN L L, et al, 2023. Island-like CeO$_2$ decorated LiMn$_2$O$_4$: Surface modification enhancing electrochemical lithium extraction and cycle performance [J]. Chemical engineering journal, 455: 140928

MA X, HU Y, LI X X, et al, 2024. Genome-based taxonomy of genera *Haloarcula* and *Halomicroarcula*, and description of six novel species of *Haloarcula* [J]. Extremophiles, 28(1): 10.

MAO Y L, WANG B B, YIN X M, et al, 2024. *Halomontanus rarus* gen. nov., sp. nov., a novel halophilic archaeon of the family *Natrialbaceae* from salt lakes on the Qinghai-Xizang Plateau [J]. Systematic and applied microbiology, 47(2-3): 126500.

QIU X X, MOU Y Z, ZHAO M L, et al, 2013a. *Halobellus inordinatus* sp. nov., from a marine solar saltern and an inland salt lake of China [J]. International journal of systematic and evolutionary microbiology, 63: 3975-3980.

QIU X X, ZHAO M L, HAN D, et al, 2013b. *Halorubrum rubrum* sp. nov., an extremely halophilic archaeon from a Chinese salt lake [J]. Antonie van leeuwenhoek, 104: 885-891.

SUN D S, ZHU Y Z, MENG M J, et al, 2017. Fabrication of highly selective ion imprinted macroporous membranes with crown ether for targeted separation of lithium ion [J]. Separation and purification technology, 175: 19-26.

SUN Y P, WANG B B, ZHENG X W, et al, 2022. Description of *Halosolutus amylolyticus* gen. nov., sp. nov., *Halosolutus halophilus* sp. nov. and *Halosolutus gelatinilyticus* sp. nov., and genome-based taxonomy of genera *Natribaculum* and *Halovarius* [J]. International journal of systematic and evolutionary microbiology, 72(10): 005598.

TAN S, CHENG M, LI X X, et al, 2023. *Natronosalvus halobius* gen. nov., sp. nov., *Natronosalvus caseinilyticus* sp. nov., *Natronosalvus vescus* sp. nov., *Natronosalvus rutilus* sp. nov. and *Natronosalvus amylolyticus* sp. nov., halophilic archaea isolated from salt lakes and soda lakes [J]. International journal of systematic and evolutionary microbiology, 73(9): 006036.

TAO C Q, DING Y, ZHAO Y J, et al, 2020. *Natronorubrum halophilum* sp. nov. isolated from two inland salt lakes [J]. Journal of microbiology, 58: 105-112.

WANG B B, BAO C X, SUN Y P, et al 2023. *Halobacterium wangiae* sp. nov. and *Halobacterium zhouii* sp. nov., two extremely halophilic archaea isolated from sediment of a salt lake and saline soil of an inland saltern [J]. International journal of systematic and evolutionary microbiology, 73(5): 005922.

WANG B B, SUN Y P, WU Z P, et al, 2022. *Halorientalis salina* sp. nov., *Halorientalis marina* sp. nov., *Halorientalis litorea* sp. nov. three extremely halophilic archaea isolated from a salt lake and coarse sea salt [J]. Extremophiles, 26(3): 26.

WANG P, DAI J D, MA Y, et al, 2020. Fabrication and evaluation of aminoethyl benzo-12-crown-4 functionalized polymer brushes adsorbents formed by surface-initiated ATRP based on macroporous polyHIPEs and postsynthetic modification [J]. Chemical engineering journal, 380: 122495.

WU Z P, SUN Y P, WANG B B, et al, 2022. *Halocatena salina* sp. nov., a filamentous halophilic archaeon isolated from Aiding Salt Lake [J]. International journal of systematic and evolutionary microbiology, 72(12): 005637.

XU J C, PU Z L, XU X C, et al, 2019. Simultaneous adsorption of Li(I) and Rb(I) by dual crown ethers modified magnetic ion imprinting polymers [J]. Applied organometallic chemistry, 33(3): e4778.

XU W D, ZHANG W J, HAN D, et al, 2015. *Halorussus ruber* sp. nov., isolated from an inland salt lake of China [J]. Archives of microbiology, 197: 91-95.

YIN X M, YANG X Y, HOU J, et al, 2020. *Natronomonas halophila* sp. nov. and *Natronomonas salina* sp. nov., two novel halophilic archaea [J]. International journal of systematic and evolutionary microbiology, 70: 5686-5692.

YU J T, ZHU J, LUO G L, et al, 2023. 3D-printed titanium-based ionic sieve monolithic adsorbent for selective lithium recovery from salt lakes [J]. Desalination, 560: 116651.

YUAN P P, YE W T, PAN J X, et al, 2015a. *Halorussus amylolyticus* sp. nov., isolated from an inland salt lake [J]. International journal of systematic and evolutionary microbiology, 65: 3734-3738.

YUAN P P, YIN S, HAN D, et al, 2015b. *Halorientalis brevis* sp. nov., Isolated from an Inland Salt Lake of China [J]. Current microbiology, 71: 382-386.

YUAN P P, ZHANG W J, HAN D, et al, 2015c. *Haloarchaeobius salinus* sp. nov., isolated from an inland salt lake, and emended description of the genus *Haloarchaeobius* [J]. International journal of systematic and evolutionary microbiology, 65: 910-914.

ZHANG T, LIU Y, PENG Y X, et al, 2024. In situ carbonized cellulose-based hybrid aerogels for lithium adsorption and recovery [J]. Biomass conversion and biorefinery, 14: 7139-7147.

ZHANG W J, HAN D, QIU X X, et al, 2013. *Halobellus rarus* sp. nov., a halophilic archaeon from an inland salt lake of China [J]. Antonie van Leeuwenhoek, 104: 377-384.

ZHAO Y, LI N, SHI J, et al, 2022. Extra-thin composite nanofiltration membranes tuned by γ-cyclodextrins containing amphipathic cavities for efficient separation of magnesium/lithium ions [J]. Separation and purification technology, 286: 120419.

ZHENG X W, WU Z P, SUN Y P, et al, 2022. *Halorussus vallis* sp. nov., *Halorussus aquaticus* sp. nov., *Halorussus gelatinilyticus* sp. nov., *Halorussus limi* sp. nov., *Halorussus salilacus* sp. nov., *Halorussus salinisoli* sp. nov. six extremely halophilic archaea isolated from solar saltern, salt lake and saline soil [J]. Extremophiles, 26(3): 32.

ZHOU G L, CHEN L L, LI X W, et al, 2023. Construction of truncated-octahedral $LiMn_2O_4$ for battery-like electrochemical lithium recovery from brine [J]. Green energy & environment, 8(4): 1081-1090.

5.9 天津科技大学

天津科技大学盐湖相关研究涉及盐湖化学化工和盐湖生物，其中在盐湖化学化工领域主要聚焦于盐湖卤水提取锂（萃取法、吸附法、电化学法）、萃取法盐湖卤水提取镁、膜法镁/锂分离，以及盐湖卤水中多种盐体系的固-液相平衡及热力学性质研究等（图5-9）。

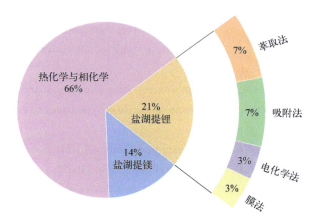

图 5-9 天津科技大学盐湖化学化工研究方向分布

5.9.1 盐湖化学化工

5.9.1.1 盐湖提锂

锂是一种重要的碱金属资源，锂及其化合物在国民经济和工业等领域有着十分广泛的应用。而当前全球总计1400万吨的可开采锂储量大多数存在于盐湖卤水中，如何实现盐湖锂资源的高效开发意义重大。天津科技大学在盐湖卤水提取锂方面的研究主要有磷酸三异丁酯（TIBP）锂离子萃取体系设计、钛基和铝基锂吸附剂合成、电化学法提锂等。

① 萃取法盐湖提锂。Gao 等科研人员开发了离子液体增强 TIBP-煤油锂

离子萃取体系，考察了 1-丁基-3-甲基咪唑六氟磷酸盐（[C_4mim][PF_6]）、1-丁基-3-甲基咪唑双（三氟甲烷磺酰）亚胺盐（[C_4mim][NTf_2]）、1-乙基-3-甲基咪唑双（三氟甲烷磺酰）亚胺盐（[C_2mim][NTf_2]）三种疏水性离子液体对 TIBP-煤油体系锂离子萃取效果的增强作用，以及萃取和反萃条件的选择，结果表明 [C_2mim][NTf_2]-TIBP-煤油体系萃取效果最好（Gao et al, 2015）。此外他们还研究了在磷酸盐离子液体 [$C_n$mim][PF_6]-TIBP-煤油体系中离子液体碳链长度对锂离子萃取效果的影响，结果表明对于磷酸盐型离子液体，[C_4mim][PF_6] 对锂离子萃取的增强作用最好，单次萃取率可达 74.14%（Gao et al., 2016）。

② 吸附法盐湖提锂。Wang 等科研人员以间苯二酚和甲醛为原料，制备了一种酚醛树脂负载 H_2TiO_3 吸附剂，用于提取不同品位盐湖卤水中的锂（Wang et al., 2023a）。Li 等科研人员制备了一种铁掺杂锂铝层状双氢氧化物（Li-Al-Fe-Cl LDH）锂吸附剂，用于提取低品位盐湖卤水中的锂（Li et al., 2023）。

③ 电化学法盐湖提锂。除萃取法和吸附法提锂外，Zhao 等科研人员还通过脉冲电场控制 LMO/MXene 复合电极从盐湖卤水中提取锂（Zhao et al., 2022）。

④ 膜法 Mg/Li 分离。Wang 等科研人员采用亲水二维 MXene 纳米片，以 PES 膜为基底，在聚酰胺（PA）层上接枝苯并-15-冠-5-醚（$B_{15}C_5$），通过共混法制备了 $B_{15}C_5$-MX-NF 纳滤膜，结果表明 $B_{15}C_5$-MX-NF 膜具有良好的水渗透性，其 Mg/Li 分离系数可达 15.8（Wang et al., 2024）。

5.9.1.2 盐湖提镁

我国盐湖中镁资源丰富，且在卤水综合利用工艺中被不断提取出来，镁因其价格较低且提取成本较高而被随意丢弃，因而在盐湖区容易形成"镁害"，因此盐湖中镁的提取和高价值利用具有重要意义。Sun 等科研人员以甲基三辛基铵（[A336]$^+$）为正离子，皂化二(2-乙基己基)磷酸（[P204]$^-$）为阴离子，成功合成了一种具有高电导率和选择性萃取 Mg^{2+} 的功能化离子液体，受到高电导率的启发提出了一种新的"萃取-电沉积"复合技术（Sun et al., 2023）。Zhang 等科研人员开发了一种用于 $MgSO_4·7H_2O$ 结晶过程的换热器，并根据该换热器设计了新的冷却结晶系统（Zhang et al., 2014）。Du 等科研人员研究了利用碳酸铵 [[NH_4]$_2CO_3$] 和硫酸镁（$MgSO_4$）生产水合碳酸镁过程中的晶体转变过程（Du et al., 2013）。Hu 等科研人员为了高效利用碱性盐湖卤水，采用扎布耶盐湖卤水为催化剂，通过 2-氨基苄腈将二氧化碳高效地转化为喹唑啉-2,4(1H,3H)-二酮（Hu et al., 2018）。

5.9.1.3　盐湖提钾

Zhou 等科研人员提出了一种新的综合利用体系，并进行了实验测试。新系统包括真空制盐工艺和常压钾盐工艺，可以逐步消除现有的废液，有助于运城盐湖的可持续发展（Zhou et al., 2019）

5.9.1.4　热化学与相化学

盐湖卤水蕴含丰富硼、钾、锂等资源，基本的相平衡数据对于合理开采提取卤水资源和指导特定矿物的工业生产、离子分离等至关重要（Song et al., 2017），目前针对卤水中各种盐-水体系的固-液相平衡已有大量研究，天津科技大学相关工作如表 5-15 所示。

表 5-15　盐湖卤水相平衡研究

体系	温度	文献
$KBO_2-K_2SO_4-H_2O$	288.15K, 308.15K	Yuan et al., 2021
$KCl-MgCl_2-K_2B_4O_7-MgB_4O_7-H_2O$	308.15K	Wang et al., 2021
$Na^+-Mg^{2+}-Cl^--B_4O_7^{2-}-H_2O$	298.15K	Gao et al., 2022
$LiCl-MgCl_2-Li_2B_4O_7-MgB_4O_7-H_2O$	298.15K	Zheng et al., 2021
$Li^+-K^+-Cl^--SO_4^{2-}-H_2O$	288.15K	Zhang et al., 2021
$NaCl-NaBO_2-Na_2SO_4-H_2O$	308.15K	Guo et al., 2021
$Li^+-Na^+-Cl^--SO_4^{2-}-H_2O$	298.15K	Liu et al., 2015
$KCl-MgCl_2-K_2B_4O_7-MgB_4O_7-H_2O$	318.15K	Wu et al., 2021
$LiBO_2-NaBO_2-KBO_2-H_2O$、$NaBO_2-KBO_2-H_2O$	288.15K	Qin et al., 2022
$NaCl-NaBO_2-KCl-KBO_2-H_2O$	288.15K	Wang et al., 2022
$Li_2SO_4-Na_2SO_4-MgSO_4-H_2O$	288.15K	Wang et al., 2020
$Li_2SO_4-Li_2CO_3-H_2O$、$LiCl-Li_2CO_3-H_2O$	308.15K	Wang et al., 2023b
$Li^+-Mg^{2+}-Cl^--SO_4^{2-}-H_2O$	273.15K	Wang et al., 2012
$Li^+-Na^+-K^+-SO_4^{2-}$	250～643K	Zhou et al., 2021
$Na^+-Mg^{2+}-Cl^--SO_4^{2-}-H_2O$	348K	Zhou et al., 2010
$MgCl_2-MgSO_4-MgB_4O_7-H_2O$	298.15K	Meng et al., 2011
$LiCl-Li_2SO_4-Li_2B_4O_7-H_2O$	298.15K	Meng et al., 2012
拉果错盐湖卤水体系	5℃	Cui et al., 2014
$Li^+-K^+-Ca^{2+}-Cl^--H_2O$	273.15K, 298.15K	Hao et al., 2023

① 硼酸盐体系。Wang 等科研人员采用等温溶解平衡法研究了 $KCl-MgCl_2-K_2B_4O_7-MgB_4O_7-H_2O$ 体系在 308.15K 和 0.1MPa 下的溶解度，同时确定了该体系的密度、折射率和 pH 等理化性质（Wang et al., 2021）。Gao 等科研人员采用等温溶解平衡法研究了 $Na^+-Mg^{2+}-Cl^--B_4O_7^{2-}-H_2O$ 体系在 298.15K、0.1MPa 下的溶解度，同时测定了该体系的密度、折射率和 pH 等理化性质（Gao et al., 2022）。Zheng 等科研人员采用等温溶解平衡法，研究了 298.15K 和 0.1MPa 下 $LiCl-MgCl_2-Li_2B_4O_7-MgB_4O_7-H_2O$ 体系的溶解度和理化性质，包括密度、折射率和 pH（Zheng et al., 2021）。Wu 等人采用等温溶解平衡法，研究了 $KCl-MgCl_2-K_2B_4O_7-MgB_4O_7-H_2O$ 体系在 318.15K 和 0.1MPa 条件下的溶解度（Wu et al., 2021）。Meng 等科研人员利用 Pitzer 及其扩展的 HWM 模型计算了 $MgCl_2-MgSO_4-MgB_4O_7-H_2O$ 体系在 298.15K 条件下的溶解度（Meng et al., 2011）。Meng 还采用上述模型，计算了 $LiCl-Li_2SO_4-Li_2B_4O_7-H_2O$ 在 298.15K 下的溶解度，以及各稳定平衡点的平衡常数，研究结果可为从盐湖盐水资源中提取硼酸锂提供理论依据（Meng et al., 2012）。Xiao 等科研人员测定了 283.15～363.15K 和 101kPa 时 $LiBO_2$ 水溶液（离子强度为 0.08083～0.75731mol/kg）的密度，据此计算得出了表观摩尔体积-热膨胀系数-温度/摩尔浓度的关系式，并首次建立了 $LiB(OH)_4$ 的 Pitzer 单盐参数和温度依赖系数（Xiao et al., 2022）。

Yuan 等科研人员采用等温溶解法研究了三元体系：$KBO_2-K_2SO_4-H_2O$ 在 288.15K、308.15K 和 0.1MPa 条件下的固体-液相平衡（Yuan et al., 2021）。Guo 等首次采用等温溶解平衡法测定了 $NaCl-NaBO_2-Na_2SO_4-H_2O$ 体系在 308.15K 下的溶解度、密度、折射率和 pH（Guo et al., 2021）。Qin 等科研人员采用等温溶液平衡法测定了 $LiBO_2-NaBO_2-KBO_2-H_2O$ 体系和其子体系 $NaBO_2-KBO_2-H_2O$ 在 288.15K 和 0.1MPa 条件下的溶解度、密度和折射率（Qin et al., 2022）。Wang 等科研人员采用等温溶液平衡法测定了 $NaCl-NaBO_2-KCl-KBO_2-H_2O$ 在 288.15K 下的溶解度、密度和折射率（Wang et al., 2022）。

② 硫（碳）酸盐和氯化物体系。Wang 等科研人员测定了 $Li_2SO_4-Na_2SO_4-MgSO_4-H_2O$ 体系在 288.15K 和 0.1MPa 下的溶解度（Wang et al., 2020）。科研人员还采用等温溶解平衡法研究了 $Li_2SO_4-Li_2CO_3-H_2O$ 体系、$LiCl-Li_2CO_3-H_2O$ 体系在 308.15K 和 0.1MPa 条件下的溶解度、密度、折射率和 pH（Wang et al., 2023b）。Liu 等科研人员利用 PSC 和 HMW 模型计算了 $Li^+-Na^+-Cl^--SO_4^{2-}-H_2O$ 体系在 298.15K 下的溶解度，并根据 Janecke 指数，绘制了干盐相图和水相图（Liu et al., 2015）。Zhou 等科研人员利用改进的综合热力学模型，绘制了硫酸

盐型卤水中 Li^+-Na^+-K^+-SO_4^{2-} 及其在 250～643K 温度范围内的子体系的相图，并研究了相平衡特征（Zhou et al., 2021）；他们还通过 348K 下 Na^+-Mg^{2+}-Cl^--SO_4^{2-}-H_2O 体系的等温蒸发实验确定了非平衡状态下的 NaCl 固体形成区域，并提出了用最大区域和最小区域来表示不同晶种的非平衡态成盐区域、条件成盐区域来表示非平衡成盐相图的特征区域（Zhou et al., 2010）。Cui 等科研人员在 5℃ 下通过等温蒸发实验考察了拉果错盐湖卤水体系（加入六水氯化镁进行预处理）的析盐规律，发现在蒸发浓缩过程中，盐的析出相依次为碳酸镁、硫酸钠、硼酸盐、氯化钠（Cui et al., 2014）。

Wang 等科研人员采用 PSC 和 HMW 模型计算了 273.15K 时 Li^+-Mg^{2+}-Cl^--SO_4^{2-}-H_2O 四元体系的溶解度，利用温度相关方程和三元体系溶解度数据拟合得到 LiCl、$MgCl_2$、Li_2SO_4 和 $MgSO_4$ 的 Pitzer 单盐参数、混合离子相互作用参数等，并绘制相图，为复杂体系的溶解度预测提供了必要的参数（Wang et al., 2012）。察尔汗盐湖卤水为氯离子型，可简化为 Li^+、Na^+、K^+、Mg^{2+}、Ca^{2+}、Cl^-、H_2O 等六元体系，其 KCl-LiCl-H_2O 和 KCl-$CaCl_2$-H_2O 两个子系统存在明显的盐化效应，影响了实际卤水的性质和溶解行为，为此 Hao 等科研人员将溶解行为的研究和相图的确定扩展到 Li^+、K^+、Ca^{2+}、Cl^-、H_2O 四元体系，在 298.15K 和 273.15K 下考察了该体系的相组成、溶解度，该研究填补了部分察尔汗盐湖卤水相平衡数据的空白（Hao et al., 2023）。Zhang 等科研人员采用等温溶解平衡法测定了 288.15K 下 Li^+-K^+-Cl^--SO_4^{2-}-H_2O 体系饱和溶液的相组成、密度和折射率，发现该温度下体系存在 KCl、LiCl·H_2O、K_2SO_4、Li_2SO_4·H_2O 及 Li_2SO_4·K_2SO_4 双盐 5 种固相，其中 K_2SO_4 占据的相区最大，而 LiCl·H_2O 占据的相区最小，表明该体系中 K_2SO_4 容易结晶并分离（Zhang et al., 2021）。

此外，Zhou 等科研人员对 eNRTL 模型进行了改进并构建了适用性更广的热力学模型，可用于预测高浓度、高非理想体系的热力学性质（Zhou et al., 2020）。

③ 固相盐热力学性质。Zheng 等科研人员采用差示扫描量热法得到了 MgB_2O_4·$3H_2O$ 和 $Mg_2B_6O_{11}$·$15H_2O$ 的摩尔热容（Zheng et al., 2020）。Song 等科研人员用精密量热法测定了 MgB_4O_7·$9H_2O$ 和 MgB_6O_{10}·$7.5H_2O$ 的热容（Song et al., 2019）。Yuan 等科研人员采用微量量热计测定了 $NaBO_2$·$4H_2O$ 和 $NaBO_2$·$2H_2O$ 的溶解焓，并根据设计的热循环和热力学基本公式，准确得到了 $NaBO_2$·$4H_2O$ 的标准生成焓、标准吉布斯自由能、标准溶解焓、标准溶解

熵、溶解吉布斯自由能等数据（Yuan et al., 2020）。Sun 等科研人员使用精密量热计测试了 $Cs_2O_3B_2O_3·5H_2O$ 的摩尔热容，并给出 303～349K 温度范围内焓、熵和吉布斯自由能的相关热力学函数（Sun et al., 2019）；在 298.15K 下测试了 $Cs_2B_4O_7·5H_2O$ 和 $CsB_5O_8·4H_2O$ 的溶解焓，并根据 PSC 模型首次得到了相关的 Pitzer 单参数（Sun et al., 2020），这些热力学数据为卤水中矿产资源的开采利用提供了重要指导。

5.9.2 盐湖生物

卤虫是一种无甲目卤虫科卤虫属嗜盐的节肢动物，在我国分布在内陆盐湖等高盐度的水环境中，卤虫卵和幼体是养殖鱼、虾、贝类幼体的优质饵料，成体亦作为水产养殖动物饵料，是重要的农业资源。Li 等科研人员考察了青藏高原地区盐卤虫种群在栖息地盐度下降后的遗传变异特征（Li et al., 2024b），同时对中国内陆盐湖十个卤虫种群的遗传结构进行了研究，首次建立了该种群的物种分布模型（Li et al., 2024a）。

主要参考文献

CUI Y H, Y J J. 2014. Study on the salt precipitation law of La Guocuo salt lake brine with pretreatment at 5℃ [J]. Chemical, material nnd metallurgical engineering, 881: 683-688.

DU J, CHEN Z, WU Y L, et al. 2013. Study on crystal transformation process of magnesium carbonate hydrate based on salt lake magnesium resource utilization [J]. Turkish journal of chemistry, 37(2): 228-238.

GAO D L, YU X P, GUO Y F, et al. 2015. Extraction of lithium from salt lake brine with triisobutyl phosphate in ionic liquid and kerosene [J]. Chemical research in chinese universities, 31(4): 621-626.

GAO D L, GUO Y F, YU X P, et al. 2016. Extracting lithium from the high concentration ratio of magnesium and lithium brine using imidazolium-based ionic liquids with varying alkyl chain lengths [J]. Journal of chemical engineering of japan, 49(2): 104-110.

GAO C, DU X M, QIN H J, et al. 2022. Solid-liquid phase equilibria of the quaternary system Na^+, Mg^{2+}// Cl^-, $B_4O_7^{2-}$-H_2O at 298.15 K [J]. Russian journal of inorganic chemistry, 67(4): 497-503.

GUO W T, WANG M M, QIN H J, et al. 2021. Solubilities, densities, refractive indices, and pH values of the quaternary system ($NaCl + NaBO_2 + Na_2SO_4 + H_2O$) at 308.15 K [J]. Russian journal of physical chemistry A, 95: S77-S83.

HAO Q, ZHOU H, CHANG J Y, et al. 2023. Solid and liquid phase equilibria of Li^+, K^+, Ca^{2+}+Cl^--H_2O quaternary systems at 298.15 and 273.15 K [J]. Journal of chemical and engineering data, 68(4): 1010-1017.

HU J Y, CHEN S Q, GUO Y F, et al. 2018. Basic salt-lake brine: an efficient catalyst for the transformation of CO_2 into quinazoline-2,4($1H$,$3H$)-diones [J]. ChemSusChem, 11(24): 4219-4225.

LI K, ZHANG R, SUI L Y, et al. 2024a. Genetic structure of ten artemia populations from china: cumulative effects of ancient geological events, climatic changes, and human activities [J]. Frontiers in marine science, 11: 1375641.

LI W J, CHEN P P, SUI L Y, et al. 2024b. Temporal genetic variation mediated by climate change-induced salinity decline, a study on artemia (crustacea: anostraca) from kyebxang Co, a high altitude salt lake on the qinghai-tibet plateau [J]. Gene, 902: 148160.

LI Y Y, TANG N, ZHANG L, et al. 2023. Fabrication of Fe-doped lithium-aluminum-layered hydroxide chloride with enhanced reusable stability inspired by computational theory and its application in lithium extraction [J]. Colloids and surfaces A-Physicochemical and engineering aspects, 658: 130641.

LIU Y H, GUO Y F, WANG X K, et al. 2015. Predictions on the solubility and equiscale line of water content for the quaternary system (Li + Na + Cl + SO_4 + H_2O) at 298.15 K [J]. Calphad-computer coupling of phase diagrams and thermochemistry, 48: 13-17.

MENG L Z, DENG T L. 2011. Solubility prediction for the system of $MgCl_2$-$MgSO_4$-MgB_4O_7-H_2O at 298.15 K using the ion-interaction model [J]. Russian journal of inorganic chemistry, 56(8): 1335-1338.

MENG L Z. 2012. Solubility prediction for $LiCl$-Li_2SO_4-$Li_2B_4O_7$-H_2O system at 298.15 K using ion-interaction model [J]. Journal of chemical engineering of japan, 45(8): 563-567.

QIN H J, ZHANG L, HAN S J, et al. 2022. Solubilities, densities, and refractive indices of the quaternary system ($LiBO_2$ + $NaBO_2$ + KBO_2 + H_2O) and subsystem ($NaBO_2$ + KBO_2 + H_2O) at 288.15 K and 0.1 MPa [J]. Russian journal of inorganic chemistry, 67(5): 691-698.

SONG J T, YUAN F, LI L, et al. 2019. Heat capacities and thermodynamic properties of hungchaoite and mcallisterite [J]. Molecules, 24(4): 4470.

SONG Y, ZHAO D, DU X M, et al. 2017. Solid-liquid phase equilibria of the aqueous systems containing lithium, magnesium and borate ions[C]//IOP Conference series: materials science and engineering. IOP Publishing, 274(1): 12083.

SUN K R, DU S Y, MENG Y Q, et al. 2020. Thermodynamic properties for the aqueous solutions of cesium borates at 298.15 K and 101 kPa: experimental and correlation by pitzer ion-interaction model [J]. Journal of molecular liquids, 318: 114272.

SUN K R, ZHAO K Y, LI L, et al. 2019. Heat capacity and thermodynamic property of cesium tetraborate pentahydrate [J]. Journal of chemistry, 2019(1): 9371328.

SUN X S, WANG X Z, WAN Y L, et al. 2023. Synthesis of functional ionic liquids with high extraction rate and electroconductivity for lithium-magnesium separation and metallic magnesium production from salt lake brine [J]. Chemical engineering journal, 452: 139610.

WANG D Y, HE J Y, JIANG J, et al. 2023b. Solubilities, densities, refractive indices, and ph values in the ternary systems (Li_2SO_4 + Li_2CO_3 + H_2O) and ($LiCl$ + Li_2CO_3 + H_2O) at 308.15 K [J]. Russian journal of physical chemistry A, 97(6): 1102-1107.

WANG D Y, WANG M M, GUO Y F, et al. 2022. Solubilities, densities, and refractive indices of the quaternary system ($NaCl$ + $NaBO_2$ + KCl + KBO_2 + H_2O) at 288.15 K [J]. Russian journal of inorganic chemistry, 67(14): 2239-2246.

WANG H S, ZENG G Y, YANG Z M, et al. 2024. Nanofiltration membrane based on a dual-reinforcement strategy of support and selective layers for efficient Mg^{2+}/Li^+ separation [J]. Separation and purification technology, 330: 125254.

WANG M M, GUO W T, WANG S Q, et al. 2021. Solid-liquid phase equilibria in the quaternary system ($KCl + MgCl_2 + K_2B_4O_7 + MgB_4O_7 + H_2O$) at 308.15 K [J]. Russian journal of inorganic chemistry, 66(3): 412-420.

WANG S Q, GU P, YUAN F, et al. 2020. Solid-liquid phase equilibria of the quaternary system ($Li_2SO_4 + Na_2SO_4 + MgSO_4 + H_2O$) at 288.15 K: experimental and model simulation [J]. Journal of chemical and engineering data, 65(5): 2597-2602.

WANG S Q, GUO Y F, DENG T L. et al. 2012. Solubility prediction for the reciprocal quaternary system ($Li^+, Mg^{2+}//Cl^-, SO_4^{2-}+H_2O$) at 273.15 K using pitzer ion-interaction model [J]. Advanced materials research, 549: 437-440.

WANG X Z, JIANG X T, WU J M, et al. 2023a. Recovery of lithium from brine with different degrees of mineralization by resorcinol/urea-formaldehyde foam-supported H_2TiO_3 [J]. Chemical engineering journal, 462: 142285.

WU J T, ZHANG L, LI D C, et al. 2021. Solubilities, densities, and refractive indices of the quaternary system ($KCl + MgCl_2 + K_2B_4O_7 + MgB_4O_7 + H_2O$) [J]. Russian journal of physical chemistry A, 95: S217-S221.

XIAO J, WANG J X, YUAN F, et al. 2022. Volumetric properties of the binary aqueous system lithium metaborate from 283.15 to 363.15 K and 101 kPa: Experimental and thermodynamic model [J]. Journal of molecular liquids, 366: 120174.

YUAN F, LI H, LI L, et al. 2021. Solid-liquid phase equilibria of the ternary system ($KBO_2 + K_2SO_4 + H_2O$) at 288.15, 308.15 K, and 0.1 MPa [J]. Journal of chemical and engineering data, 66(4): 1703-1708.

YUAN F, ZHANG Y L, SONG J T, et al. 2020. Dissolution enthalpies and the thermodynamic properties of sodium metaborates [J]. Journal of molecular liquids, 315: 113813.

ZHAO X Y, ZHENG L X, HOU Y D, et al. 2022. Pulsed electric field controlled lithium extraction process by LMO/MXene composite electrode from brines [J]. Chemical engineering journal, 450: 138454.

ZHOU H, CHEN Y D, KANG Q Y, et al. 2010. Non-equilibrium state salt-forming phase diagram: utilization of bittern resource in high efficiency [J]. Chinese journal of chemical engineering, 18(4): 635-641.

ZHOU H, GU X L, DAI Y P, et al. 2020. Thermodynamic modeling and phase diagram prediction of salt lake brine systems. I. Aqueous $Mg^{2+}-Ca^{2+}-Cl^-$ binary and ternary systems [J]. Chinese journal of chemical engineering, 28(9): 2391-2408.

ZHOU H, TANG J J, GUO J, et al. 2019. Integrated system of comprehensive utilizing the concentrated brine of Yuncheng salt-lake basing on salt-forming diagram [J]. Chinese journal of chemical engineering, 27(1): 182-190.

ZHOU H, WU P, LI W X, et al. 2021. Thermodynamic modeling and phase diagram prediction of salt lake brine systems II. Aqueous $Li^+-Na^+-K^+-SO_4^{2-}$ and its subsystems [J]. Chinese journal of chemical engineering, 34: 134-149.

ZHANG A Q, WANG Y F. 2014. A novel design of heat exchanger for epsom salt cooling crystallization [J]. Advanced materials research, 881: 1505-1508.

ZHANG L, WU J T, WANG S Q, et al. 2021. Phase equilibria in $Li^+, K^+//Cl^-, SO_4^{2-}-H_2O$ reciprocal system at

288.15 K [J]. Russian journal of inorganic chemistry, 66(6): 924-930.

ZHENG H Y, SUN K R, LI L, et al. 2020, Heat capacities and thermodynamic properties of pinnoite and inderite [J]. Journal of chemistry, 2020: 6181356.

ZHENG Z W, GU P, WANG S Q, et al. 2021. Solid-liquid phase equilibria in the quaternary system containing lithium, magnesium, chloride, and borate at 298.15 K [J]. Russian journal of physical chemistry A, 95(10): 2083-2089.

附 录

附录一 国家及机构盐湖创新指数评估原则 / 168
附录二 国家盐湖创新指数指标体系 / 169
附录三 机构盐湖创新指数指标体系 / 175

附录一
国家及机构盐湖创新指数评估原则

建立科技创新指标体系旨在对国家（或机构）的科技创新效能进行全面评估，系统描绘当前国内盐湖科技创新发展态势。第 3 章和第 4 章指标体系的构建遵循以下原则：

一是科学性原则。科学性原则要求指标的选取应覆盖评价的各个维度，同时能充分适用于多元化评估对象。因此，需要仔细辨析研究领域和研究机构的发展特点，正确认识科技创新活动规律，保证评价指标体系可以对所有待评估年份和对象作出科学公正的评价。

二是系统性原则。各个测度指标既要客观反映年份和机构的科技创新实力，也要互相联系，彼此呼应，指标之间既要有区分度，又具有紧密的内在逻辑；上级指标对下级指标发挥统领作用；围绕评价目标分层次、模块化组成指标体系。

三是可操作性原则。本书基于多源数据开展科技创新指数评估，为使指标易于收集和量化，倾向于选取相对成熟、操作简明、数据可得的指标，确保各创新维度测度结果的准确性，便于开展横向、纵向比较与分析。

基于此，通过如下步骤构建了一套能够科学反映评价内涵的综合指标体系。

① 从知识创新、技术创新和创新协作三个维度出发，设计二级指标，着重对三级指标进行遴选和调整，各指标从不同侧面反映科技创新活动的状态和特征；

② 确定各指标权重，收集、整理、校对指标体系需要的数据，基于指标体系对数据进行运算和统计，将综合评价结果与实际情况进行细致的比对分析，并对指标体系和评价方法进行调整优化；

③ 将经过实证检验的评价模型交由相关专家进行评判审定，研制指标体系。

附录二
国家盐湖创新指数指标体系

一、国家盐湖创新指数评估体系

总指数	一级指标	一级指标权重	二级指标	二级指标权重	三级指标	三级指标权重	指标界定及数据来源
A：盐湖创新指数	B1：盐湖知识创新	1/3	C1：盐湖知识创新产出	1/2	D1：盐湖相关 Web of Science 核心合集论文数	1/5	Incites
					D2：盐湖相关 Web of Science 核心合集论文被引排名前 10% 论文数	1/5	Incites
					D3：盐湖相关 Web of Science 核心合集中 Q1 区期刊论文数	1/5	Incites
					D4：盐湖相关国家／地方标准起草数	1/5	中国标准服务网
					D5：盐湖相关国家基金项目数	1/5	Letpub 基金数据库
			C2：盐湖知识创新影响	1/2	D6：盐湖相关 SCIE 篇均论文被引频次	1/4	PlumX
					D7：盐湖相关 SCIE 论文使用频次	1/4	PlumX
					D8：盐湖相关 SCIE 论文提及频次	1/4	PlumX
					D9：盐湖相关 SCIE 论文社交媒体频次	1/4	PlumX
	B2：盐湖技术创新	1/3	C3：盐湖技术创新产出	1/3	D10：盐湖相关发明专利授权数	1/2	Incopat
					D11：盐湖相关 PCT 专利数	1/2	Incopat
			C4：盐湖技术创新质量	1/3	D12：盐湖相关高被引专利数	1/4	Incopat
					D13：盐湖相关专利转让数	1/4	Incopat
					D14：盐湖相关专利平均权利要求数	1/4	Incopat
					D15：盐湖相关专利家族国家数	1/4	Incopat

续表

总指数	一级指标	一级指标权重	二级指标	二级指标权重	三级指标	三级指标权重	指标界定及数据来源
A：盐湖创新指数	B2：盐湖技术创新	1/3	C5：盐湖技术创新影响	1/3	D16：盐湖相关专利篇均被引频次	1/2	Incopat
					D17：盐湖相关专利施引国家数	1/2	Incopat
	B3：盐湖协作创新	1/3	C6：盐湖创新主体规模	1/2	D18：盐湖相关SCIE论文作者数量	1/5	Incites
					D19：盐湖相关SCIE论文发文机构数	1/5	Incites
					D20：盐湖相关专利发明人数量	1/5	Incopat
					D21：盐湖相关专利申请人数量	1/5	Incopat
					D22：盐湖相关博士毕业人员数量	1/5	知网、万方和中国科学院学位论文数据库
			C7：盐湖创新协作水平	1/2	D23：盐湖相关国际合作论文数	1/3	Incites
					D24：盐湖相关国内合作论文数	1/3	Incites
					D25：盐湖相关合作专利数	1/3	Incopat

指标定义

D1：盐湖相关Web of Science核心合集论文数

定义：盐湖相关Web of Science论文数是指Web of Science核心合集中收录的盐湖相关的（标题或摘要中含有盐湖相关表述的文章）论文数量。在本项目中，主要考量被核心合集的科学引文索引（Science Citation Index Expanded, SCIE）数据库收录的研究论文（Article）和综述（Review）。

D2：盐湖相关Web of Science核心合集论文被引排名前10%论文数

定义：盐湖相关Web of Science论文被引排名前10%论文数（Documents in Top 10%）是指按照盐湖相关的（标题或摘要中含有盐湖相关表述的文章）论文数量统计，被引频次排名前10%的论文数量。

D3：盐湖相关 Web of Science 核心合集中 Q1 区期刊论文数

定义：盐湖相关 Web of Science 中 Q1 分区期刊论文数是指盐湖相关的（标题或摘要中含有盐湖相关表述的文章）论文数量中 Q1 期刊的数量。

D4：盐湖相关国家 / 地方标准起草数

定义：相关标准中标题须含有"盐湖"或者"卤水"，并人工排除含有卤水但与盐湖卤水不相关的标准。

D5：盐湖相关国家基金项目数

定义：盐湖相关国家基金项目数量，项目提名中需含有"盐湖"或者"卤水"，并人工排除含有卤水但与盐湖卤水不相关的国家基金项目。

D6：盐湖相关 SCIE 篇均论文被引频次

定义：盐湖相关 SCIE 篇均论文被引频次是指一组盐湖相关论文所获得的平均引用次数，通过论文被引频次总数除以该组论文数量计算得到。

D7：盐湖相关 SCIE 论文使用频次

定义：盐湖相关 SCIE 论文使用频次反映一组盐湖相关论文满足用户信息需要的次数（Captures），是摘要浏览次数、点击次数、下载量、播放次数等总和。评估年份每篇论文使用频次的总和为该年份的使用频次。

D8：盐湖相关 SCIE 论文提及频次

定义：盐湖相关 SCIE 论文提及频次是指关于一组盐湖相关论文的博客提及数、评论数、论坛主题数、新闻提及数、问答网站提及数等总和（Mentions），有助于发现人们如何与研究产生互动。评估年份每篇论文提及频次的总和为该年份的提及频次。

D9：盐湖相关 SCIE 论文社交媒体频次

定义：盐湖相关社交媒体频次是指在社交媒体平台关于一组论文的喜欢、分享、评分和转发数量等总和（Social Media）。评估年份每篇论文社交媒体频次的总和为该年份的社交媒体频次。

D10：盐湖相关发明专利授权数

定义：盐湖相关发明专利授权数是指被各个国家 / 地区专利受理机构授权或向世界知识产权组织（WIPO）提交申请并公开的盐湖相关发明专利数量。

D11：盐湖相关 PCT 专利数

定义：通过《专利合作条约》(Patent Cooperation Treaty，PCT)，可以只提交一份国际专利申请，即在许多国家中的每一国家同时为一项发明申请专利保护。PCT 缔约国的任何国民或居民均可提出这种申请。一般可以向申请人为其国民或居民的缔约国的国家专利局提出申请；也可以按申请人的选择，向设在日内瓦的 WIPO 国际局提出申请。PCT 专利通常被认为拥有较高的技术价值。

D12：盐湖相关高被引专利数

定义：高被引专利是指被引频次大于 10 的专利。盐湖相关高被引专利数是指评估对象拥有被标记为高被引的盐湖相关专利数量。

D13：盐湖相关专利转让数

定义：专利转让是指专利权人将其拥有的发明创造专利的所有权或持有权转移给他人的行为。在专利权转让中，转让专利权的一方为"转让方"，接受专利权的一方为"受让方"。一旦发生专利权的转让，转让方就不再对该专利拥有任何权利；受让方即成为该专利的新的所有者，有权行使专利权的所有权利。盐湖相关专利转让数是指评估对象拥有的专利中有发生转让行为的盐湖相关专利数量。

D14：盐湖相关专利平均权利要求数

定义：发明或实用新型专利权的保护范围以其权利要求的内容为准，权利要求以科学术语定义该专利所给予的保护范围。它们不论在专利申请还是专利诉讼中都起着最关键的影响。专利权利要求项数的多少则反映专利覆盖的深度和保护层次设计。在本报告中，盐湖相关专利平均权利要求数是指评估对象所拥有的盐湖相关专利中的权利要求项数的平均水平。

D15：盐湖相关专利家族国家数

定义：专利家族是指具有共同优先权的，在不同国家 / 地区或国际专利组织多次申请、多次公布或批准的内容相同或基本相同的一组专利文献。WIPO《工业产权信息与文献手册》将专利族分为六种：简单专利族、复杂专利族、扩展专利族、本国专利族、内部专利族和人工专利族。当前国际主流数据库（包括 Inpadoc、Derwent Innovation、Fampat、智慧芽、Incopat 等）所采取的专利归并方式各不相同，也不直接对应 WIPO 的六种专利族。本报告中采用的是来自 Incopat 专利索引的专利族。盐湖相关专利家族国家数是指评估对象所拥有专利文献的盐湖相关专利家族分布的国家 / 地区或国际专利组织数量。

D16：盐湖相关专利篇均被引频次

定义：盐湖相关篇均专利被引频次是指一组盐湖相关专利所获得的平均引用次数，通过专利被引频次总数除以该组专利数量计算得到。

D17：盐湖相关专利施引国家数

定义：盐湖相关专利施引国家数是指一组盐湖相关专利的施引专利的来源国家数量，可以用来分析专利影响力在地域上的分布广度。

D18：盐湖相关 SCIE 论文作者数量

定义：盐湖相关论文合作者数量是指一组盐湖相关论文中所有作者的总和。

D19：盐湖相关 SCIE 论文发文机构数

定义：盐湖相关 SCIE 论文发文机构数是指论文作者所属机构数量的总和。

D20：盐湖相关专利发明人数量

定义：盐湖相关专利发明人数量是指被评估对象所持有的盐湖相关专利中所有发明人的数量。该指标囊括被评估对象所持有专利的全部发明人，不仅包括从属于评估对象的发明人，还包括专利的共同发明人。若同一发明人在多个专利中出现，仅统计一次。

D21：盐湖相关专利申请人数量

定义：盐湖相关专利申请人数量是指被评估对象所持有盐湖相关专利的申请人数量。

D22：盐湖相关博士毕业人员数量

定义：盐湖相关博士毕业人员数量是指盐研究机构培养博士的论文中标题中含有盐湖或者卤水的人数总和。

D23：盐湖相关国际合作论文数

定义：盐湖相关国际合作论文数是指盐湖相关一组论文中含一位或多位国际共同作者的论文总数。

D24：盐湖相关国内合作论文数

定义：盐湖相关国内合作论文数是指盐湖相关一组论文有两个或更多作者并且所有地址都在国内的论文。

D25：盐湖相关合作专利数

定义：盐湖相关合作专利数是指被评估对象持有两个及以上非个人申请人的专利数量。

二、国家盐湖创新指数评估方法

（1）数据归一化处理。由于创新指标体系各项指标的数据量纲存在差异，因此需要对所有的指标原始数据进行标准化处理，本测算方法在原始评分的基础上利用 min-max 归一化，使被评估年份 2000～2023 年评分映射在 [0,100] 区间：

$$D_{at} = (x_{at} - x_{\min}) \times 100 / (x_{\max} - x_{\min})$$

其中，D_{at}是评估 t 年份第 a 个指标得分进行 min-max 归一化后的值，x_{at}是评估 t 年份第 a 个指标数值，x_{min}是所有评估对象第 a 个指标在 2000～2023 年份间得分最小值，x_{max}是所有评估对象第 a 个指标在 2000～2023 年份间得分最大值。

（2）国家盐湖创新指数评估。三级指标均采用等权重处理，三级指标的平均值即为二级指标数值；二级指标的平均值即为一级指标的数值，一级指标的平均值为国家盐湖创新指数的最终数值。

附录三
机构盐湖创新指数指标体系

一、机构盐湖创新指数评估体系

总指数	一级指标	一级指标权重	二级指标	二级指标权重	三级指标	三级指标权重	指标界定及数据来源
a：盐湖创新指数	b1：盐湖知识创新	1/3	c1：盐湖知识创新产出	1/2	d1：盐湖相关 Web of Science 核心合集论文数	1/5	Incites
					d2：盐湖相关 Web of Science 核心合集论文被引排名前 10% 论文数	1/5	Incites
					d3：盐湖相关 Web of Science 核心合集中 Q1 区期刊论文数	1/5	Incites
					d4：盐湖相关国家/地方标准起草数	1/5	中国标准服务网
					d5：盐湖相关国家基金项目数	1/5	Letpub 基金数据库
			c2：盐湖知识创新影响	1/2	d6：盐湖相关 SCIE 篇均论文被引频次	1/4	PlumX
					d7：盐湖相关 SCIE 论文使用频次	1/4	PlumX
					d8：盐湖相关 SCIE 论文提及频次	1/4	PlumX
					d9：盐湖相关 SCIE 论文社交媒体频次	1/4	PlumX
	b2：盐湖技术创新	1/3	c3：盐湖技术创新产出	1/3	d10：盐湖相关发明专利授权数	1/2	Incopat
					d11：盐湖相关 PCT 专利数	1/2	Incopat
			c4：盐湖技术创新质量	1/3	d12：盐湖相关高被引专利数	1/4	Incopat
					d13：盐湖相关专利转让数	1/4	Incopat
					d14：盐湖相关专利平均权利要求数	1/4	Incopat
					d15：盐湖相关专利家族国家数	1/4	Incopat

续表

总指数	一级指标	一级指标权重	二级指标	二级指标权重	三级指标	三级指标权重	指标界定及数据来源
a：盐湖创新指数	b2：盐湖技术创新	1/3	c5：盐湖技术创新影响	1/3	d16：盐湖相关专利篇均被引频次	1/2	Incopat
					d17：盐湖相关专利施引国家数	1/2	Incopat
	b3：盐湖协作创新	1/3	c6：盐湖创新主体规模	1/2	d18：盐湖相关 SCIE 论文作者数量	1/3	Incites
					d19：盐湖相关专利发明人数量	1/3	Incopat
					d20：盐湖相关博士毕业人员数量	1/3	知网、万方和中国科学院学位论文数据库
			c7：盐湖创新协作水平	1/2	d21：盐湖相关国际合作论文数	1/3	Incites
					d22：盐湖相关国内合作论文数	1/3	Incites
					d23：盐湖相关合作专利数	1/3	Incopat

指标定义

d1：盐湖相关 Web of Science 核心合集论文数

定义：盐湖相关核心合集 SCIE 论文数是指 Web of Science 核心合集中收录的盐湖相关的（标题或摘要中含有盐湖相关表述的文章）论文数量。在本项目中，主要考量被核心合集的科学引文索引（Science Citation Index Expanded, SCIE）数据库收录的研究论文（Article）和综述（Review）。

d2：盐湖相关 Web of Science 核心合集论文被引排名前 10% 论文数

定义：盐湖相关被引排名前 10% 论文数（Documents in Top 10%）是指按盐湖相关的（标题或摘要中含有盐湖相关表述的文章）论文数量统计，被引频次排名前 10% 的论文数量。

d3：盐湖相关 Web of Science 核心合集中 Q1 区期刊论文数

定义：盐湖相关核心合集 SCIE 中 Q1 期刊论文数是指盐湖相关的（标题或摘要中含有盐湖相关表述的文章）论文数量中 Q1 期刊的数量。

d4：盐湖相关国家 / 地方标准起草数

定义：盐湖相关国家 / 地方标准起草数量，相关标准中标题须含有盐湖或者卤水。

d5：盐湖相关国家基金项目数

定义：盐湖相关国家基金项目数量，项目研究内容需和盐湖卤水研究直接相关。

d6：盐湖相关 SCIE 篇均论文被引频次

定义：盐湖相关 SCIE 篇均论文被引频次是指一组盐湖相关论文所获得的平均引用次数，通过论文被引频次总数除以该组论文数量计算得到。

d7：盐湖相关 SCIE 论文使用频次

定义：盐湖相关 SCIE 论文使用频次反映一组盐湖相关论文满足用户信息需要的次数（Captures），是摘要浏览次数、点击次数、下载量、播放次数等总和。评估对象每篇论文使用频次的总和为该组织的使用频次。

d8：盐湖相关 SCIE 论文提及频次

定义：盐湖相关 SCIE 论文提及频次是指关于一组盐湖相关论文的博客提及数、评论数、论坛主题数、新闻提及数、问答网站提及数等总和（Mentions），有助于发现人们如何与研究产生互动。评估对象每篇论文提及频次的总和为该组织的提及频次。

d9：盐湖相关 SCIE 论文社交媒体频次

定义：盐湖相关社交媒体频次是指在社交媒体平台关于一组论文的喜欢、分享、评分和转发数量等总和（Social Media）。评估对象每篇论文社交媒体频次的总和为该组织的社交媒体频次。

d10：盐湖相关发明专利授权数

定义：盐湖相关发明专利授权数是指被各个国家/地区专利受理机构授权或向世界知识产权组织（WIPO）提交申请并公开的盐湖相关发明专利数量。

d11：盐湖相关 PCT 专利数

定义：通过《专利合作条约》(Patent Cooperation Treaty，PCT)，可以只提交一份国际专利申请，即在许多国家中的每一国家同时为一项发明申请专利保护。PCT 缔约国的任何国民或居民均可提出这种申请。一般可以向申请人为其国民或居民的缔约国的国家专利局提出申请；也可以按申请人的选择，向设在日内瓦的 WIPO 国际局提出申请。PCT 专利通常被认为拥有较高的技术价值。

d12：盐湖相关高被引专利数

定义：高被引专利是指被引频次大于 10 的专利。盐湖相关高被引专利数是指评估对象拥有被标记为高被引的盐湖相关专利数量。

d13：盐湖相关专利转让数

定义：专利转让是指专利权人将其拥有的发明创造专利的所有权或持有权转移给他人的行为。在专利权转让中，转让专利权的一方为"转让方"，接受专利权的一方为"受让方"。一旦发生专利权的转让，转让方就不再对该专利拥有任何权利；受让方即成为该专利的新的所有者，有权行使专利权的所有权利。盐湖相关专利转让数是指评估对象拥有的专利中有发生转让行为的盐湖相关专利数量。

d14：盐湖相关专利平均权利要求数

定义：发明或实用新型专利权的保护范围以其权利要求的内容为准，权利要求以科学术语定义该专利所给予的保护范围。它们不论在专利申请还是专利诉讼中都起着最关键的影响。专利权利要求项数的多少则反映专利覆盖的深度和保护层次设计。在本报告中，盐湖相关专利平均权利要求数是指评估对象所拥有的盐湖相关专利中的权利要求项数的平均水平。

d15：盐湖相关专利家族国家数

定义：专利家族是指具有共同优先权的，在不同国家/地区或国际专利组织多次申请、多次公布或批准的内容相同或基本相同的一组专利文献。WIPO《工业产权信息与文献手册》将专利族分为六种：简单专利族、复杂专利族、扩展专利族、本国专利族、内部专利族和人工专利族。当前国际主流数据库（包括 Inpadoc、Derwent Innovation、Fampat、智慧芽、Incopat 等）所采取的专利归并方式各不相同，也不直接对应 WIPO 的六种专利族。本报告中采用的是来自 Incopat 专利索引的专利族。盐湖相关专利家族国家数是指评估对象所拥有专利文献的盐湖相关专利家族分布的国家/地区或国际专利组织数量。

d16：盐湖相关专利篇均被引频次

定义：盐湖相关篇均专利被引频次是指一组盐湖相关专利所获得的平均引用次数，通过专利被引频次总数除以该组专利数量计算得到。

d17：盐湖相关专利施引国家数

定义：盐湖相关专利施引国家数是指一组盐湖相关专利的施引专利的来源国家数量，可以用来分析专利影响力在地域上的分布广度。

d18：盐湖相关 SCIE 论文作者数量

定义：盐湖相关 SCIE 论文作者数量是指一组盐湖相关论文中所有作者的总和。

d19：盐湖相关专利发明人数量

定义：盐湖相关专利发明人数量是指被评估对象所持有的盐湖相关专利中

所有发明人的数量。该指标囊括被评估对象所持有专利的全部发明人，不仅包括从属于评估对象的发明人，还包括专利的共同发明人。若同一发明人在多个专利中出现，仅统计一次。

d20：盐湖相关博士毕业人员数量

定义：盐湖相关博士毕业人员数量是指盐研究机构培养博士的论文中标题中含有盐湖或者卤水的人数总和。

d21：盐湖相关国际合作论文数

定义：盐湖相关国际合作论文数是指盐湖相关一组论文中含一位或多位国际共同作者的论文总数。

d22：盐湖相关国内合作论文数

定义：盐湖相关国内合作论文数是指盐湖相关一组论文有两个或更多作者并且所有地址都在国内的论文。

d23：盐湖相关合作专利数

定义：盐湖相关合作专利数是指被评估对象持有两个及以上非个人申请人的专利数量。

二、机构盐湖创新指数评估方法

（1）对比机构选定标准。机构盐湖创新指数评估对象为 SCIE 论文数大于等于 20 篇或授权发明专利数量大于等于 12 件的高等院校或科研院所。

（2）数据归一化处理。由于创新成果的产出、创新影响的迭代、创新扩展的形成需要逐渐累积过程，同时兼顾盐湖学科产出量较少的因素，原始基础数据为盐湖所有年份总和，标记为 x_{ai}，为被评估对象 i 第 a 个指数最终指标得分。

由于创新指标体系各项指标的数据量纲存在差异，因此需要对所有的指标原始数据进行标准化处理，本测算方法在原始评分的基础上利用 min-max 归一化，使被评估对象评分映射在 [0, 1] 区间：

$$d_{ai} = (x_{ai} - x_{min})/(x_{max} - x_{min})$$

其中，d_{ai} 是评估对象 i 第 a 个指标得分进行 min-max 归一化后的值；x_{ai} 是评估对象 i 第 a 个指标分值；x_{min} 是所有评估对象第 a 个指标得分最小值；x_{max} 是所有评估对象第 a 个指标得分最大值。

（3）机构创新指数设置。在上述基础上，本研究将被评估对象的基础得分设置为 60 分，使被评估对象各级指标的得分范围为 [60, 100]，即排名第一的评估对象得分为 100 分，排名最后的评估对象得分为 60 分：

$$d_{ai}^* = d_{ai} \times 40 + 60$$

其中，d_{ai}^* 是被评估对象 i 第 a 个指标得分进行 min-max 归一化并加权处理后得到的数值。

三级指标均采用等权重处理，三级指标的平均值即为二级指标数值；二级指标的平均值即为一级指标的数值，一级指标的平均值为机构创新指数的最终数值。